LA HONTE

OUVRAGES DU MÊME AUTEUR :

La Mêlée Sociale (Bibliothèque-Charpentier).
Le Grand Pan id
Les plus Forts id
Au Fil des Jours id
Aux Embuscades de la vie id
Le Voile du bonheur, *pièce en un acte* (Bibliothèque-Charpentier).
Au pied du Sinaï (Floury, éditeur). (Epuisé.)
L'Iniquité (P. V. Stock, éditeur).
Vers la Réparation id
Contre la Justice id
Des Juges id
Justice Militaire id
Injustice Militaire id
La Honte id
L'Eglise, la République et la Liberté (P. V. Stock, éditeur).
Le cas Hartmann (De soldat à ministre) (Cornély, éditeur).

GEORGES CLEMENCEAU

LA HONTE

PARIS. — Ier ARR^T
P.-V. STOCK, ÉDITEUR
(Ancienne Librairie TRESSE & STOCK)
27, RUE DE RICHELIEU

1903

De cet ouvrage il a été tiré à part, sur papier de Hollande, douze exemplaires numérotés à la presse.

LA HONTE

L'AMNISTIE

I

Justice pour tous

On peut dire que depuis le jour de la condamnation, la grâce de Dreyfus fut prévue. Bien qu'ayant une opinion faite sur la question d'innocence, la Cour de cassation avait décidé que Dreyfus comparaîtrait à nouveau devant des juges militaires. J'ai approuvé cette décision, je l'ai sollicitée, et je suis bien loin, même aujourd'hui, de m'en repentir. L'affaire Dreyfus, moins le procès de Rennes, c'était un important supplément de lumière sur nous-mêmes qui, sans cela, nous aurait manqué. Il fallait cette épreuve pour que la mentalité de nos chefs militaires nous fût complètement connue. Maintenant aucun doute ne subsiste et nous savons complètement ce que signifient ces mots : « Justice militaire ».

J'ai toujours dit, mes lecteurs s'en peuvent souvenir, que, tout en poursuivant le salut de Dreyfus, je cherchais surtout, par le plein exposé de la vérité dans l'affaire, à amener dans le pays cette révolution mentale nécessaire à l'installation des grandes réformes de justice générale qui s'imposent. Il faut bien reconnaître que toutes les démonstrations théoriques n'ont jusqu'à présent abouti, après vingt-neuf ans de République, à aucun résultat. Je pensais et je pense toujours que, si quelque chose est de nature à frapper les esprits, à remuer le suffrage universel jusque dans ses profondeurs, c'est le spectacle d'une criante iniquité *sciemment commise* par les puissances du passé qui nous tiennent encore sous leur domination d'arbitraire.

La haute finance, les congrégations romaines, la faction militariste sont trois oligarchies redoutables à l'établissement d'une démocratie de justice et de liberté. Les congrégations romaines et la faction militaires parurent seules donner dans l'affaire Dreyfus. Leurs agents de la presse cherchèrent même à faire croire que la haute finance juive, insurgée contre la haute finance chrétienne, dans un intérêt de race et de religion, faisait tout son effort en faveur de l'accusé. Il n'est pas douteux que beaucoup de juifs — et c'est bien naturel — se sont intéressés au sort d'un juif persécuté comme juif, et ont tâché, en lui procurant la justice légale, d'assurer son salut. Mais l'expérience a pleinement démontré qu'il n'y a eu, à aucun moment, de scission véritable entre la haute finance juive et la haute finance chrétienne, uniquement préoccupées toutes deux d'une identité d'intérêt qui prime, à leurs yeux, toute autre considération.

J'ai raconté ailleurs ce mot d'un des premiers banquiers juifs qui, rencontrant un de mes amis (non juif), s'écria d'élan : « *Quelle chance que ce jugement de Rennes! Si Dreyfus avait été acquitté, c'est* NOUS *qui aurions payé pour lui!* ». Voilà le fond du cœur de la haute finance. Ni race, ni religion, ni considération d'humanité, ni appels de justice ne peuvent tenir devant cette pensée suprême : l'argent.

Si vous en voulez une autre preuve, pénétrez dans certains détails du complot que va juger la Haute-Cour. Je prends un seul fait : les trois cent mille francs offerts et *donnés* par certaines dames à M. le duc d'Orléans qui ne se fit pas faute d'accepter. Cherchez la provenance de cette somme : deux cent mille francs d'origine juive, *non française*, et cent mille francs d'une protestante *suédoise*. Tel est le point de départ de l'application du fameux programme : *la France aux Français*. Argent juif portugais ou allemand, argent protestant de Suède, tels sont les ressorts d'un complot dont tous les chefs véritables, comme le montre notamment l'exemple du général Roget, ont pris le plus violemment parti contre Dreyfus à la suite des congrégations et des prétoriens à panache qui furent l'instrument décisif de nos défaites. Tout cela se tient fermement uni par une même cause : la domination du dogme par le moyen du fer et de l'argent : l'argent sans nationalité, le fer impuissant contre l'étranger, mais impitoyable contre les citoyens désarmés.

Après ce que tout le monde sait aujourd'hui, je n'ai pas besoin de parler de l'intervention du clergé romain dans l'affaire Dreyfus. Lisez tous les journaux inspirés de Rome, écoutez le cardinal Rampolla, secrétaire d'Etat de Léon XIII, témoignant cyniquement sa joie de la condamnation de Dreyfus à l'ambassadeur autrichien auprès du Saint-Siège, étudiez le rôle du Père du Lac auprès des principaux personnages de l'Affaire, vous serez renseigné avec abondance. L'attraction du sabre et du goupillon se peut déterminer scientifiquement aussi bien qu'aucune autre force de la nature. Le dogme a sa force dans le ciel, dans l'invisible, dans l'inconnu. Il peut parler en maître tant que l'esprit humain, lent à s'ouvrir aux réalités du monde, n'est point secoué de sa torpeur par la curiosité de connaître. Mais quand l'inquiétude naît en lui, quant il sent le besoin de la liberté et, se la voyant refuser, la veut prendre, alors il faut au dogme un appui, et quel autre que la force matérielle, le sabre, la brutalité, ennemie naturelle de la raison? Césariens, prétoriens, militaristes, c'est la faction qui veut s'emparer de la France pour la soumettre au pouvoir romain sanctificateur, et maintenir sur le peuple qui l'entretient de son labeur l'exploitation financière des classes.

Pour nous ruiner dans l'esprit de la nation on a dit que nous étions les ennemis de l'armée. Est-ce donc être les ennemis de l'armée que de la vouloir puissante contre l'étranger seulement ? Est-on un ennemi de l'armée parce qu'on dit : « Le pouvoir civil est suprême ! » Est-on un ennemi de l'armée quand on constate que l'imbécillité prétorienne qui nous imposa le régime de décembre nous conduisit à Sedan et à Metz ? Est-on un ennemi de l'armée parce qu'on ne veut pas recommencer cette aventure ? Je ne le crois pas, mais ce que j'affirme hautement, c'est qu'on est, en ce cas, un bon Français, préoccupé d'abord de l'intérêt supérieur de la France.

Eh bien ! je le demande, quelle est dans la société la fonctiou de ce pouvoir civil suprême, sinon la garantie du droit, l'administration de la justice, l'établissement de la liberté ? Tout cela n'est pas absolu, je le sais. Les formes de la liberté ont été flottantes chez nous, au cours du siècle qui va finir. Le sentiment de la justice varie suivant les temps et les lieux, je ne l'ignore pas davantage. Mais vraiment dans quel pays de sauvagerie, l'homme en est-il encore à condamner *sciemment* un innocent, dans l'intérêt combiné d'une secte et d'une faction de violence ? Hélas ! à cette question il faut maintenant répondre : « Dans la République française ».

Le conseil de guerre de Rennes n'a pas saisi la chance qui s'offrait à lui de faire réparer par la justice militaire l'erreur de la justice militaire. Il l'a aggravée, *le voulant*. Il a fait sienne l'iniquité. Il en a accepté la responsabilité conscieute. Soit. L'oligarchie militaire s'est jugée elle-même, bien plus qu'elle n'a jugé Dreyfus. Et, chose admirable, parce qu'elle n'a pas pu être absolument étrangère à l'humanité, parce qu'elle n'a pas osé pousser jusqu'à l'extrême son acte abominable, parce qu'une morsure aiguë de remords lui a arraché des circonstances atténuantes (absurdes) et l'atténuation (inexplicable) de deux degrés de la peine, la mentalité césarienne s'est dénoncée elle-même, criant l'aveu de l'iniquité voulue.

Que restait-il à faire au pouvoir civil pour rétablir dans l'Etat ce qu'il se pouvait de justice ? D'abord, rayer la condamnation comme il en avait le droit et le devoir. C'est ce qui a fait la grâce immédiate, acte sans précédent, je suppose, surtout dans une affaire de trahison. Si Dreyfus était coupable, la grâce ne s'expliquerait pas. Non plus les circonstances atténuantes, non plus l'atténuation de la peine à deux degrés.

La grâce immédiate fut pour nous un premier soulagement. Mais ce n'est pas encore la justice, et c'est la justice que nous poursuivons. La justice pour l'accusé, la justice pour les criminels de tout ordre qui l'ont fait iniquement condamner, la justice pour l'Etat qui doit à tous les citoyens l'impartiale garantie des lois.

La justice pour l'accusé lui viendra de la Cour de cassation qui affirmera la puissance souveraine de la magistrature civile en brisant comme verre l'œuvre inique de soldats qui n'ont pas craint de méconnaître les lois.

La justice pour les criminels viendra de l'action publique soit du gouvernement, soit des citoyens qui ne permettront pas que des violations scélérates de la loi demeurent impunies.

La justice pour l'État, nous la trouverons enfin dans les réformes d'ordre politique et social qui seront la conclusion nécessaire de cette grande campagne pour le droit primordial des hommes à la sécurité, à l'honneur, à la vie, sous le règne impartial des lois.

24 septembre 1899.

II

La question juive

Il y a certainement une question juive en Algérie où nous avons conféré les droits politiques à l'une des races conquises en les refusant à l'autre. Il est vrai que le Juif pouvait rentrer de plain-pied dans notre civilisation, tandis que l'Arabe, qui ne consent pas à la réforme de son droit, ni de ses institutions, paraît nous offrir une société *inassimilable*. Est-ce à dire pour cela que le problème fût insoluble? Je ne le crois pas. Des mesures de transition s'imposaient, et il semble probable que les avantages pratiques accordés à ceux qui se seraient réclamés de tout ou partie de notre Code eussent pu déterminer l'évolution progressive de la communauté arabe vers les mœurs européennes.

On ne l'a pas même tenté. Et tandis qu'on mettait l'Arabe, fier, intelligent, guerrier, en dehors du droit civilisateur, tandis qu'on l'expropriait iniquement, tandis qu'on le livrait à toutes les suggestions de l'abandon et de la misère, on ouvrait la société conquérante à l'envahissement d'une race odieuse à l'Arabe vaincu plutôt que dompté. Ce qui est résulté de cet état de choses, tout le monde aujourd'hui le sait. Les Juifs se sont embrigadés au service des partis de gouvernement, comme font nos paysans de quelques provinces, et certains d'entre eux ont exploité les pouvoirs qui leur étaient conférés pour la bonne gestion des affaires publiques, avec autant de cynisme que nombre de nos parvenus. De là des récriminations, des querelles pour les profits de la puissance publique, au milieu d'incroyables abus. Députés, fonctionnaires, ont tour à tour rivalisé de parti pris, d'injustice, et l'on a cyniquement appliqué le grand principe qu'il n'y avait point de loi pour ceux que n'enrôlent pas les gens au pouvoir. Ainsi entretenues par les iniquités de chaque heure, les haines de race se sont avivées, exaspérées, et les émeutes d'Alger nous ont montré à quels excès abominables pouvaient se porter des Français prétendant au titre de civilisés.

S'il fallait philosopher là-dessus, je crois qu'il serait aisé de montrer que la responsabilité de ces faits incombe tout entière au gouvernement français qui a créé absurdement une situation intolérable, sans se préoccuper jamais des moyens d'y remédier. Mais il ne suffit pas de raisonner du passé, il importe d'agir pour ramener au plus tôt la paix dans notre colonie. Au point où l'on a laissé venir les choses, l'œuvre paraît malaisée. D'autant que les colons semblent chercher la solution du problème dans un retour au régime d'oppression des Juifs, tandis que c'est, au contraire, la libération des Arabes qu'il conviendrait de se proposer pour but, ainsi que l'a très bien montré Jaurès dans son remarquable discours à la Chambre.

Quoi qu'il en soit, si les faits que je viens de dire expliquent qu'il y ait une question juive en Algérie, il ne s'ensuit en rien, puisqu'ils sont particuliers à notre colonie, qu'ils puissent avoir en France le résultat d'ajouter une querelle de race et de religion aux conflits déjà trop nombreux qui arrêtent l'évolution républicaine. La question juive, chez nous, a été créée de toutes pièces par le parti clérical qui l'a trouvée dans les traditions de l'Eglise. Inaugurée d'abord comme machine de guerre contre la Révolution, qui déclara les hommes égaux, la quotidienne polémique contre « les Juifs, les francs-maçons, les athées » qui voulaient l'école neutre — c'est-à-dire soustraite aux influences du clergé — fournit bientôt les éléments d'une tactique nouvelle aux partisans de la domination de l'Eglise.

La France n'aime pas le gouvernement des curés, et toutes les fois qu'on lui fait entrevoir le retour du régime exécré, elle a dit de la façon la plus claire qu'elle entendait que le prêtre se confinât dans son temple. On ne peut espérer de soulever les masses pour la défense de croyances qui ne sont pas menacées. Combien plus aisé pour l'Eglise d'inscrire à son compte le monopole du patriotisme, de réclamer « la France aux Français » en dénonçant comme autant de mauvais patriotes les Juifs, les protestants, les libres-penseurs. Tout le parti catholique s'est rué d'ensemble à cette œuvre. Le péril juif avait remplacé le péril clérical. Trait de génie ! Rome, dans l'intérêt même de la France menacée par la finance cosmopolite, continuait, sous le couvert de l'intérêt national, sa pieuse entreprise d'envahissement universel.

Tel est le spectacle que nous avons présentement sous les yeux. Je ne me propose point de revenir, même indirectement, sur l'affaire Dreyfus. J'estime que la condamnation de Dreyfus ne résout rien, et que, le rideau tombé sur ce premier acte du drame, il faut de nécessité historique que l'évolution de cette énorme tragédie s'achève. Pour l'heure, il faut que la méditation fasse en paix son chemin, à mesure que les passions apaisées laissent place aux suggestions de justice, aux sollicitations de vérité. Toutes les explications nécessaires seront, en leur temps, données, car nulle puissance sociale, nulle timidité humaine, nul intérêt politique d'un jour, ne sauraient longtemps faire obstacle à la vérité.

Tout ce que je veux retenir aujourd'hui, c'est que les derniers événements ont paru précipiter le cours du mouvement antisémite jusqu'à la crise que je veux croire décisive. Pendant quinze jours, le palais de justice de Paris fut livré aux bandes des cercles catholiques faisant retentir les voûtes séculaires de l'ancien cri du moyen âge : « *Mort aux Juifs* ». Une troupe armée de gourdins, aux encouragements des officiers généraux qui venaient de dicter leur volonté au jury, se ruaient sur quiconque osait acclamer la République. Pour avoir crié : « *Vive la République* », il s'en fallut de peu que le fils d'un de mes amis ne fût jeté dans la Seine. De telles manifestations jettent trop de lumière sur le fond des pensées pour que l'équivoque se puisse beaucoup prolonger. Les émeutes d'Algérie ont montré de quel mince vernis de civilisation se recouvrait chez les fils de la Révolution française l'antique barbarie des aïeux. A Paris, l'antisémitisme des troupes de M. Drumont s'est trop manifestement révélé comme l'agent de la domination associée de l'Eglise et du pouvoir militaire. Il paraît impossible que même les esprits simplistes se laissent abuser plus longtemps.

Pour la grande guerre aux Juifs, sous la conduite obscure de l'Eglise, on avait cru pouvoir compter sur le concours irréfléchi des socialistes dont on prétendait exploiter au profit de l'iniquité les revendications de justice. Aux catholiques on dénonçait le Juif comme l'antagoniste éternel du christianisme qui n'est, après tout, qu'une secte juive. Aux socialistes on montrait l'ennemi sous les traits de la haute banque juive trop justement détestable. On n'oubliait que la haute banque chrétienne qui n'a pas moins de crimes sur la conscience, la haute banque chrétienne prête à se partager, à nos dépens, les dépouilles de sa rivale. On a lu les stupéfiantes déclarations de cet Algérien partisan de « la France aux Français » — Français lui-même depuis dix ans — qui annonça la révolution sociale par le moyen des coffres-forts jetés à la mer et des traités de commerce brûlés sur la place publique. Je ne conseillerais pas à tout autre de se permettre ces fantaisies. Il faut que M. Max Régis ait de bien belles protections pour que la justice de M. Méline lui ait témoigné tant de déférence.

Les socialistes ne sont point gens à se laisser abuser par de si grossières manœuvres. Leurrés par l'appât des combinaisons électorales, quelques politiques du parti ont semblé hésiter. La masse laborieuse est demeurée indifférente. Des militants se sont mis résolument en travers de cette révolution de rétrograde tartuferie.

Dans une remarquable conférence faite à Bruxelles, Elisée Reclus, avec la grande autorité qui lui appartient, a traité la question juive dans les termes suivants :

Les Juifs actuels ne sont pas des sémites : les seuls vrais sémites actuels sont les Bédouins, qui ressemblent certes aux Hébreux du temps d'Abraham, mais pas du tout aux Juifs d'à présent. Ceux-ci sont une race très mélangée, dont le fond est arménien, mais qui comprend beaucoup plus encore d'éléments slaves, finnois, mongols, que d'éléments sémites. Il y eut une période de propagande religieuse juive qui amena la conversion au judaïsme d'un grand nombre d'Arméniens. C'est ceux qui ont fait souche en Russie, et presque tous nos juifs viennent de là ; ils y convertirent au judaïsme les Khazars, et actuellement les deux tiers des Juifs que l'on traque sous prétexte d'antisémitisme sont des Finnois.

Mais si les Juifs ne sont pas sémites et s'ils forment au contraire une race très mélangée, les persécutions qu'ils ont subies en ont fait une caste, avec un genre de vie, des habitudes d'esprit, de mœurs spéciales, absolument comme les Tziganes. Et les juifs persécutés et cosmopolites ont été le ciment des populations du moyen âge, ils ont rempli dans l'histoire de l'art, des sciences, de la politique, un rôle énorme ; ils ont fourni notamment aux socialistes beaucoup plus de penseurs et de lutteurs, proportionnellement, que les chrétiens : comme Spinoza, Marx et Lassalle étaient Juifs.

Il y a des Juifs très riches, mais il y a des capitalistes tout aussi redoutables, sinon plus parmi les Américains, les Anglais, les chrétiens de toute nationalité. Mais, par contre, il n'est pas de race qui compte autant de pauvres, de plus misérables et de plus exploités que les Juifs. Dans les grandes villes de Russie, à Amsterdam, à

Londres, à New-York, c'est dans les quartiers juifs que l'on trouve le prolétariat plongé dans la misère la plus abjecte, bien que la charité et la bienfaisance juives soient plus actives et plus généreuses que celles des chrétiens.

La question antisémitique se réduit alors à une rivalité de caste capitaliste, à des préjugés religieux et à une régression du patriotisme. Les Juifs ne sont plus des intermédiaires indispensables; au lieu de les massacrer, il faut les résorber dans l'humanité, qui confond les races et synthétise la civilisation.

A mon sens, on ne peut pas mieux dire. Le problème capitaliste n'est pas un problème de race ou de religion. Le prolétariat juif est peut-être de tous le plus misérable. Quand on ferait flamber tous les *ghettos* de la terre, cela n'émanciperait pas un seul être vivant. Je suis trop imbu d'hellénisme pour ne pas croire que l'invasion de la pensée juive nous a été funeste. Voyez ce que le judaïsme chrétien lui-même a fait de nous après quinze cents ans. Mais ce n'est point par des persécutions de dissidents que nous réussirons à accomplir en nous-mêmes l'évolution libératrice qui est la clef de la transformation sociale attendue.

A considérer l'ensemble des milliardaires du monde, la haute banque juive n'en est qu'une minorité. Quand, plus heureux que le crucifié juif, nous aurons éveillé la grande pitié des faibles dans l'humanité tout entière, quand nous aurons enrayé l'esprit de lucre sans frein, cause de tant de maux, les égoïsmes féroces des juiveries ou des chrétientés, vaincus du même coup, devront se réconcilier dans la justice et dans l'amour.

III

La question de l'armée

Y a-t-il une question de l'armée ? Et, dans ce cas, qu'est-ce que la question de l'armée ?

Pour ma part, je n'hésite pas à répondre qu'il y a une question de l'armée, et que cette question consiste à savoir si nos chefs militaires feront l'effort de se renfermer dans leur rôle de défenseurs de la France contre l'étranger, ou s'ils réaliseront la prétention qu'ils affichent de nous gouverner par le sabre.

Il semblait que, depuis nos défaites, les généraux français auraient dû avoir exclusivement à cœur de refaire l'armée vaincue, de lui rendre la force d'organisation et de science qui lui avait manqué si cruellement au jour de l'épreuve.

Bien coupables envers la patrie, les chefs dont l'ineptie prépara pendant vingt années la grande banqueroute militaire. Il semblait que la nation qui avait fait une révolution politique ne reculerait pas devant la révolution militaire. Il semblait que le peuple français serait unanime à répudier les présomptueux incapables qui avaient amené l'invasion du territoire et causé le démembrement de la France. Il n'en fut rien. La guerre civile déchaînée fit rentrer dans Paris, en vainqueurs, ivres de vengeance, les soldats qui auraient dû revenir tête basse des plus tristes capitulations de l'histoire. Ils avaient remporté sur des Français la victoire qui leur avait échappé devant l'étranger. Ils jugeaient, et les politiques vainqueurs jugeaient avec eux, que c'était assez pour leur gloire. On les célébra, on les encensa, on porta le plus coupable d'entre eux, après Bazaine, jusqu'à la première magistrature de l'État. Dès lors, tout leur fut permis. Ils étaient maîtres de la France. Pourquoi se seraient-ils pliés au laborieux devoir d'un effort sur eux-mêmes, pourquoi auraient-ils tenté de se corriger, de se réformer, de faire mieux que jadis ? Pourquoi auraient-ils compris la leçon qui leur fut infligée, alors que le peuple lui-même, si fort intéressé pourtant à être bien défendu, ne la comprenait pas ?

On continua donc aussi brillamment que l'on put l'armée de parade de l'Empire, l'armée de faste, l'armée d'ignorance. A l'heure où toutes les dépenses d'Etat étaient restreintes au minimum de ce qui se pouvait faire, on dépensa sans compter pour l'armée. Gambetta crut gagner les officiers à la République en relevant leur solde dans une proportion considérable. Sous le nom de commandements de corps d'armée on créa des satrapies qui se sont naturellement et logiquement accrues par l'institution des « inspecteurs d'armée ». Un journal aussi peu suspect d'antimilitarisme que *l'Autorité* vous dira comment dans ce beau métier on se fait des appointements fabuleux en faisant « *suer le kilomètre* » sous prétexte d'inspection.

Et qu'avons-nous eu pour cela ? Principalement du décor. J'ai lu dans les journaux de grands articles à la gloire de M. de Miribel, et la vérité est que M. de Miribel fut certainement un travailleur. Ses capacités étaient-elles à la hauteur de la réclame que les monarchistes firent autour de son nom ? C'est une autre affaire. J'ai de bonnes raisons de savoir que ceux-là même qui lui avaient remis le sort de l'armée française reconnurent un peu tard qu'il se trouvait fort loin d'être le génie annoncé. Il a quelque part une statue... Combien plus facile aux soldats de nos jours d'obtenir des statues que des victoires.

Passons. Miribel légua son œuvre à Boisdeffre : c'est tout dire. A Boisdeffre le plus incapable peut-être de nos généraux, le chef d'état-major toujours absent, l'homme effrayé de toutes les responsabilités, offrant pour toute garantie une soumission de mouton bêlant aux volontés du Père Du Lac, son confesseur et son maître. Tout n'a pas encore été dit sur Boisdeffre de ce qui se peut dire, mais le public en sait assez pour l'avoir unanimement jugé la plus reluisante inintelligence de l'armée. Que penser de Miribel qui se choisit un tel successeur ? Que penser de Miribel qui eut pour homme de confiance Henry, prêt, pour garder la faveur du maître, à tous les soins de l'ordre domestique ?

Quand on voudra connaître la genèse de l'Etat-Major de Boisdeffre, à jamais célèbre dans l'histoire par ses scélératesses dans l'affaire Dreyfus, il faudra remonter des créatures au créateur, de Boisdeffre et de Henry jusqu'à Miribel leur inventeur. Pour l'enseignement de la France, cette histoire sera faite quelque jour.

Qu'est-ce que fut, au vrai, l'œuvre militaire de ce temps, on ne le saura que trop bien. J'ai déjà dit que Miribel, au moins, n'épargna point ses efforts. Depuis lors, qui donc a travaillé sérieusement soit à l'Etat-Major, soit au ministère de la guerre ? Ce n'est certes ni Billot, ni Zurlinden, et pour cause. M. de Freycinet, manquant de caractère, a laissé l'autorité à qui l'a voulu prendre, et s'est perdu dans ses dossiers, sans jamais aboutir.

Le résultat de tout ceci, c'est que notre défense militaire est fort loin d'être au point d'organisation que nous aurions le droit d'exiger. Je le dis aujourd'hui. Je le prouverai quelque jour. Si bien que cette « grande muette » qui parle si haut, cet état-major infaillible qui prétend avoir tous les droits contre la loi, contre la justice, contre la vérité, ces soldats qui veulent parler en maîtres dans la République, ces officiers révoltés, depuis Hardschmitt et Saxcé jusqu'à des Michels, jusqu'à la garnison de Montélimar, prétendent commander à la société civile avant même de s'être mis en règle avec le premier devoir militaire.

Au nom de quoi prétend-on nous en imposer? Au nom de quoi détruire toute liberté de parole, tout droit, toute administration de la justice en France? Au nom des défaites d'il y a trente ans? Au nom du désastre militaire de Madagascar, dont le poids est sur Mercier? Au nom de l'insuffisante préparation de la défense remise entre les mains d'un jésuite imbécile, chef de l'Etat-Major? En vérité, les gens qui se proposent de nous gouverner par le sabre devraient s'interroger d'abord et se demander à eux-mêmes leurs titres. La pensée ne leur en vient pas. Incapables, ignorants, paresseux, ils ne savent rien, sinon que leur sabre est trempé d'eau bénite, et cela leur paraît suffisant.

Les libres citoyens de la République française auront d'autres pensées. Ils veulent une armée forte pour la défense du territoire, une armée laborieuse et savante, confinée dans ses devoirs, qui sont assez grands, assez hauts, pour suffire à toute activité. Ils proclament que l'armée sera respectée, honorée, tant qu'elle se cantonnera dans la tâche militaire que lui assignent les nécessités du salut commun. Mais la société civile, prête à respecter, à honorer la société militaire qu'elle entretient de son labeur, veut être, en même temps, respectée, honorée à son tour. Et ce respect auquel elle a droit, lorsque tant de soldats factieux le lui refusent aujourd'hui, je dis que c'est au gouvernement de l'imposer.

Est-il besoin de citer les actes? Ils sont présents à l'esprit de chacun. Toute l'affaire Dreyfus n'est qu'une longue rébellion des chefs militaires — parmi les plus honteusement incapables — contre la justice et contre les lois. Un conseil de guerre qui n'a pas voulu savoir la vérité a acquitté un traître. Croit-on qu'une telle abomination passera sans une répercussion de châtiment. Un conseil de guerre qui ne savait que trop bien la vérité a condamné un innocent, et par son verdict même a fait l'aveu de son forfait. Croit-on que de tels actes passeront sans retentissement dans la conscience française, et qu'aucune expiation n'en sera demandée ? Ce serait une erreur. Tout se paye. Pour que la France demeure à l'état de nation civilisée, il faut que les criminels de tout ordre soient mis en demeure de rendre leurs comptes à la loi. Tout se prépare pour cela. Et quand la société civile aura fait prévaloir sa discipline légale au regard de tous les citoyens, il se trouvera du même coup que la société militaire rendue à ses occupations techniques en sera fortifiée.

C'est dire qu'en ce temps il ne se trouvera plus d'officiers comme à Montélimar pour s'insurger contre les pouvoirs publics et jeter l'outrage au premier magistrat, représentant suprême de la France devant l'étranger. C'est dire qu'en présence de tels actes, le ministre de la guerre saura punir tous les coupables au lieu de rejeter la responsabilité sur le seul d'entre eux qui ait refusé de chercher un refuge dans le mensonge. Partout où se manifesterait l'indiscipline, M. de Galiffet avait annoncé qu'il punirait les chefs de corps. Non seulement il n'a pas tenu sa parole, mais dans le scandale de Montélimar il aide les autorités militaires à soustraire les coupables au châtiment. Il lui en sera demandé compte à la tribune de la Chambre, car, tolérée plus longtemps, la révolte des jésuites bottés ne peut nous conduire qu'aux violences de la guerre civile.

Ils ne l'ignorent pas, ces braves, qui rêvent d'employer leurs canons, leurs fusils, contre des populations désarmées. Dira-t-on que je calomnie ? Lisez la chanson imprimée à onze cents exemplaires par la presse régimentaire dans une garnison de Bourgogne, que je suis prêt à nommer si le ministre le demande. Cette chanson, composée par un officier dont je sais le nom, on oblige les hommes à la chanter dans les marches. Il y est dit que les partisans de la justice sont des « vendus » et le refrain du troisième couplet se termine ainsi :

La Grande Muette
Veille et se tient prête
A montrer les dents ;
Pour sauver sa renommée,
A verser son sang
Au dehors *comme au dedans.*

Est-il menace de guerre civile plus caractérisée ? Peut-on tolérer qu'au nom de la discipline on contraigne les Français enrégimentés dans un but de défense nationale à jeter dans les rues de nos villes ces appels au coup d'État ? Dans quel pays cela demeurerait-il impuni ? Y a-t-il un ministre de la guerre ? Y a-t-il un gouvernement ?

14 *octobre* 1899.

IV

Connais-toi, toi-même

Les attaques obliques de M. Piou et de M. Trannoy ont apporté un regain de force au gouvernement. Nous n'avons plus qu'à désirer qu'il lui vienne enfin la pensée d'en faire usage.

M. Piou interrogeait le cabinet sur l'abus qu'il y a, suivant lui, à se servir de dispositions dont il ne conteste pas la légalité contre les accusés de la Haute-

Cour. Ces scrupules lui viennent un peu tard. Je reconnais avec lui qu'on ne doit juger des accusés que sur des documents (*authentiques*, n'est-ce pas, monsieur le député?) et sur des témoignages, et que des rapports anonymes de police, s'ils ne sont corroborés par rien, constituent des preuves de nulle valeur. Il me semble même que personne n'a jamais soutenu le contraire, sauf les représentants de la monarchie, à qui nous devons les lois qui remplissent de lamentations notre monarchiste éloquent. Des notes de police ont été produites devant la Haute-Cour, comme dans tous les procès de ce genre.

Il n'est pas douteux qu'il y ait là un fatras, et que le vrai et le faux trop souvent s'y confondent. Je n'ai vu nulle part que juges ou publicistes y aient prétendu découvrir une preuve décisive. C'est aux témoignages subséquents, par les faits qui seront révélés, c'est à l'accusation, c'est à la défense, par leur interprétation contradictoire, d'en faire le triage. Corroborées, ces sortes d'indications, fournissant un fil conducteur, peuvent être précieuses; isolées, elles ne signifient rien : voilà tout ce qu'on peut en dire.

Cependant, pour enlever tout prétexte de biaiser aux juges de parti pris — comme il s'en rencontre trop souvent dans les procès politiques, et même dans les autres — je consentirais volontiers à ce qu'on cessât de faire usage de ces sortes de « documents ». Pour ma part, si j'étais juge de la Haute-Cour, il ne me viendrait pas à l'esprit de condamner qui que ce soit sur des notes anonymes d'agents dont la valeur morale se tarife à la caisse de la préfecture.

M. Piou voit ainsi que j'entre dans son sentiment sans trop d'efforts. Mais, maintenant que je lui ai ouvert mon cœur, toutes portes battantes, je serais trop heureux s'il voulait bien me laisser pratiquer sur les mystères du sien le plus petit jour de souffrance. Comment se fait-il que l'excellent légiste de l'Eglise et du roi soit si profondément choqué d'un abus où l'Eglise et le roi se sont complus de toute éternité, quand ils n'ont pas fait pire, alors que le même homme de loi n'a pas trouvé une parole de blâme ou de protestation contre les faussaires, les faux témoins, les bandits galonnés qui ont obtenu la condamnation d'un officier français par le moyen de pièces fausses, pas plus que contre la tourbe de soutane, de plume, de matraque ou d'épée qui s'occupe, sous la présidence de Mercier, à élever un monument en l'honneur du faussaire ? Qui nous expliquera cette contradiction monstrueuse ? Combien je regrette qu'il ne se soit pas trouvé un membre du Parlement pour soumettre la difficulté à M. Piou lui-même.

Quoi ! On a condamné un homme sur des pièces secrètes, sans qu'il lui fût possible même de soupçonner l'accusation, et cela ne vous a pas ému, monsieur le jurisconsulte ! Quoi ! Vous avez vu acquitter un traître après une instruction où la collusion du juge instructeur avec l'accusé est démontrée par une pièce reconnue authentique, celle-là, et vous n'avez rien dit, et vous avez refoulé vos protestations de juriste au plus profond de vos entrailles ! Quoi ! Des rapports de police vous ont paru probants quand ils visaient un autre Dreyfus qu'Alfred Dreyfus, et nous représentaient comme un joueur un homme qui n'a jamais joué ! Quoi ! La tentative de Mercier et de Chanoine pour introduire un faux dans le dossier secret à Rennes ne vous a pas révolté ? Quoi ! Vous vous êtes trouvé sans voix devant le faux témoignage de Mercier, prouvé par Freystætter ? Quoi ! La forfaiture avouée de Mercier n'a pas fait tressauter votre âme généreuse ? Que dis-je ? Loin de protester, loin de requérir contre le crime du haut de la tribune française, vous avez pris ce faussaire, ce faux témoin, cet homme convaincu par son propre aveu de forfaiture, et vous l'avez placé sur le pavois, comme le représentant de la France, comme le grand témoin de « l'honneur de l'armée » ? Voilà ce que vous avez fait, ou, si vous aimez mieux, voilà ce qu'a fait votre parti, et vous catholique, et vous royaliste, vous avez accepté votre part de solid rité dans ces actes en les subissant en silence, en les secondant de votre action politique, et ne trouvant de voix pour protester qu'en faveur de ceux qui s'y sont associés avec le plus d'éclat.

Pour être d'étiquette républicaine, et par là de plus insinuante perfidie, la critique du méliniste Trannoy n'en était pas plus difficile à réfuter, s'il s'était trouvé quelqu'un pour s'en donner la peine. Mais tout le monde s'est tu sans que j'en puisse deviner la cause, et c'est une merveille que, dans ces conditions, un gouvernement qui n'ose pas se manifester ait obtenu trente voix de majorité avec soixante voix d'abstention. On sait que le « modéré » Trannoy demandait au gouvernement de traiter le congrès socialiste, qui cherche à faire sortir légalement la réforme sociale de nos institutions républicaines, comme il a fait des conspirateurs monarchistes qui arrêtent un général à la tête de ses troupes pour lui proposer la guerre civile. Je conviens qu'il est assez triste d'être obligé de répondre à de pareilles sottises, mais le Parlement, après tout, est institué pour parler, et un orateur tel que M. Waldeck-Rousseau ne devrait perdre aucune des occasions qui se présentent pour éclairer la Chambre et le public sur les idées dont s'inspire son gouvernement.

Pour nous, il me semble que nous ne pouvons rien souhaiter de mieux que de voir les réformateurs de tous noms — si révolutionnaires qu'ils se croient et se disent — s'organiser publiquement pour l'action légale et discuter devant tous leur méthode, leurs idées, leurs espérances. La présence d'un socialiste révolutionnaire au gouvernement, loin d'être un gage de désordre, comme les amis de M. Méline essaient de le faire croire, est au contraire la preuve la plus tangible que la révolution s'humanise. Rien n'en témoigne si haut que les deux votes contradictoires du congrès. Le premier, tout d'absolutisme, pose le dogme dans son intégralité. Le second, tout de relativité, pour rendre le dogme humainement applicable, le met en morceaux. Cela paraît absurde, et les deux éléments de la proposition sont, en effet, inconciliables. Mais outre qu'une assemblée d'hommes n'aboutira jamais à une unité logique de pensée, il faut savoir gré au congrès socialiste d'avoir si heureusement résumé l'antinomie nécessaire qui est en lui : l'idéalisme transcendental qui est sa raison d'être et le besoin criant de faire, au prix de certains sacrifices, un peu plus de justice tous les jours.

De cela, il n'est pas un républicain qui ne dût se réjouir, car si la République n'est pas une évolution facilitée de justice, elle n'est qu'une clameur sans but, un désordre sans résultat. C'est l'aspiration de justice qui a fait le parti républicain, c'est la réalisation de justice qui doit le maintenir. Les révolutionnaires, gardiens d'idéalisme, veulent une justice plus prompte. Qu'ils en déterminent les conditions, qu'ils se les expliquent publiquement à eux-mêmes, pour leur profit personnel et pour le profit des autres; qu'ils cherchent à conquérir par leurs démonstrations les suffrages de leurs concitoyens, rien n'est plus désirable, puisque c'est la paix civile organisée. Depuis qu'il est institué, le suffrage universel, où des rêveurs avaient vu le maître instrument des réformes, s'est toujours montré farouchement conservateur. Quand il acceptera telle ou telle réforme sociale, c'est qu'elle sera mûre, comme on dit, c'est-à-dire arrivée à ce point où la maturité prolongée changerait de nom. Je sais bien que, par l'initiative du gouvernement, les choses pourront — devront — aller d'un pas plus rapide. Mais nous n'en sommes pas là, faute de volontés agissantes. Et c'est ainsi que s'explique le retard de la République française pour les lois d'assurances et de retraites ouvrières au regard de l'empire allemand.

Pour moi, je suis de ceux qui ont vu dans l'affaire Dreyfus, par l'effroyable constatation d'une injustice voulue, et maintenue au prix même du crime, un moyen de réveiller les énergies en sommeil. Voilà pourquoi, quand d'autres s'arrêtent à mi-chemin, je vais résolument jusqu'au bout. Le crime est trop flagrant pour que les âmes de simple équité n'en reçoivent pas le contre-coup douloureux. Le crime est trop effroyable pour que le parti pris des sectes d'Eglise qui s'obstinent à le soutenir ne choque pas ce qui reste en nous d'esprit de justice ou même de vulgaire pitié. Le crime menace trop dangereusement l'ordre social tout entier pour que chacun ne s'éveille pas à la défense de ses garanties de vie, de sécurité légale, de liberté, d'honneur. Si nous obtenons enfin du peuple français la double réparation qu'il se doit à lui-même : justification de l'innocence et châtiment du crime, un grand pas sera fait vers d'autres réparations d'ordre social non moins urgentes, parce que nous aurons créé ou plutôt rappelé chez nos concitoyens la mentalité nécessaire. Les forces d'injustice seront pour un temps maîtrisées. Voyez quelle est leur cohésion pour la résistance et admirez avec moi que nous sachions si mal profiter de leur exemple. Les ennemis de la République de justice seront vaincus, et nous comprendrons peut-être que l'art de chanter les réformes n'est que parade et cabotinage quand il n'est pas suivi de la volonté de les faire.

17 *Décembre* 1899.

V

Le Lieutenant Zola

Le conseil des ministres, d'accord avec le ministre de la guerre, a décidé de communiquer à Zola le dossier de son père gravement diffamé par le *Petit Journal.* A bout d'arguments contre le grand écrivain qui osait demander la justice égale pour tout le monde, les amis de l'Etat-Major n'avaient trouvé rien de mieux que ce coup de traîtrise : essayer d'atteindre Zola dans l'honneur de son nom, déshonorer son père.

Nous apprîmes alors que le lieutenant Zola avait été « chassé de l'armée pour malversations » et que « la preuve » s'en trouvait dans son dossier au ministère de la guerre. L'expérience du *document libérateur* qui s'envola *spontanément* de l'armoire de fer pour venir au secours du traître Esterhazy, déjà nous avait appris que les pièces secrètes ne restent point dans les dossiers quand les faussaires ont besoin qu'elles se promènent. Aussi, n'éprouvai-je qu'une médiocre surprise lorsque le *Petit Journal* publia deux lettres du colonel Combes prétendant établir « l'indignité du lieutenant Zola ».

Ces lettres, si elles existaient, devaient faire partie d'un dossier que nul n'avait le droit de communiquer au public. Il était donc tout naturel que l'Etat-Major qui, depuis cinq ans et plus, piétine toutes les lois et tous les règlements pour prouver l'innocence d'un traître et la trahison d'un innocent, livrât à tous les vents de la publicité des documents que le devoir professionnel lui commandait de tenir secrets. Qu'arriverait-il, je vous le demande, si demain l'on mettait au pillage les centaines de milliers de dossiers qui gisent dans la poussière de la rue Saint-Dominique, pour en extraire des motifs d'accusation contre quiconque, sans permettre, bien entendu, de prendre connaissance des pièces en réponse? Ce ne serait qu'un cri d'indignation dans toute la France. Mais en ce temps tout était accepté des faussaires, tout était permis contre Zola.

L'auteur de l'immortel pamphlet *J'accuse* reçut le coup sans faiblir. Il dit la vie de travail de son père, l'exemple de courage et d'honneur venu du foyer de famille à celui qui devait l'illustrer par les dons les plus rares et le plus beau labeur. Il dit ce qu'il savait, produisant les pièces qui prouvaient en quelle estime avait été tenue par les gouvernants d'alors la personne de l'ingénieur Zola, quelles hautes approbations furent la récompense de ses efforts. Y avait-il vraiment une tache, même légère, dans le passé? Emile Zola n'en pouvait rien savoir. Les siens ne l'eussent point pris pour confident. Même en ce cas, une heure de défaillance eût été noblement rachetée par une longue vie de travail opiniâtre et de probité reconnue. De quelle fange doivent être pétris ces hommes qui, pour abattre le fils, en tout cas innocent, dont le seul crime est de demander justice, osent violer publiquement la sépulture de son père dans l'espoir d'y trouver une arme empoisonnée? Lâchement frappé dans le dos quand il offrait sa poitrine à l'ennemi, Zola pouvait dire : « Quoi qu'il ait fait, mon père a gardé mon respect, mon amour. S'il a failli, je l'honore plus peut-être, suivant la parole du Maître, pour avoir fait sa rédemption par une noble vie. Et j'ai le droit de le dire, ayant moi-même placé son nom, mon nom, sur la hauteur où tant de bas outrages ne peuvent l'atteindre ». Quels cœurs de vilenie auraient pu protester contre un pareil langage?

Mais, enfin, le père de Zola avait-il vraiment commis la faute qui lui était reprochée ? La question paraissait d'autant plus douteuse que ceux qui fournissaient les pièces accusatrices à la publicité étaient les menteurs notoires de l'Etat-Major, les fabricateurs de faux dont aucun gouvernement jusqu'ici n'a voulu réprimer les crimes. Ceux qui s'indignaient le plus haut de l'acte *supposé* du lieutenant Zola souscrivaient pour le monument de Henry le faussaire, et proclamaient le faux « *légitime* ». Était-ce montrer un excès de défiance que de soupçonner l'authenticité de pièces venues de cette source ? Un écrivain distingué, M. Jacques Dhür, les argua de faux, dans une discussion très serrée, et jusqu'à ce moment nul n'a tenté de lui répondre.

Zola, comme on pense bien, s'était hâté de demander la communication du dossier de son père. Mais l'Etat-Major veillait. Ce même Etat-Major qui avait livré les « lettres du colonel Combes » au *Petit Journal* fit répondre par le ministre, sa créature, que « ces pièces étant secrètes, ne pouvaient être communiquées ». Il est vraiment difficile de descendre plus bas dans l'ignominie. Les mêmes gens qui violent le secret d'Etat pour atteindre dans l'honneur de son nom un citoyen qui n'a jamais failli, lui refusent la communication des documents nécessaires à sa défense. Le dossier n'est pas secret pour le faussaire Henry, qui accuse Zola. Il est secret pour Zola, qui veut répondre au faussaire.

J'ai hâte de rendre cette justice à M. de Galliffet, comme au gouvernement actuel, qu'il ne s'est pas trouvé un seul de nos ministres pour s'approprier cette monstrueuse théorie. Sur la demande d'Emile Zola, M. de Galliffet a ouvert une enquête pour savoir comment les pièces avaient été communiquées. Il n'était pas besoin de grands efforts pour que la vérité fût connue. M. de Galliffet, par lettre officielle, informe Zola que le dossier de son père *a été remis pour quelque temps par le sous-chef du bureau des archives à un officier actuellement décédé* (remarquable pudeur de l'Etat-Major qui, glorifiant Henry le faussaire, n'ose le nommer). Cet officier, allègue M. de Galliffet, *avait qualité pour prendre connaissance du dossier en question*. Est-ce bien sûr ? A qui fera-t-on croire que ce dossier Zola pût intéresser la défense nationale en quelque façon ? Cette phrase n'a qu'une explication. On veut couvrir à tout prix le sous-chef des archives et les chefs qui lui ont donné l'ordre de manquer à son devoir. Il n'est que trop visible que le même esprit règne toujours à l'Etat-Major. La conduite scandaleuse des Chamoin, des Deloye au procès de Rennes en a fourni des preuves surabondantes.

Mais l'enquête a donné d'autres résultats infiniment plus graves. M. de Galliffet informe Zola que des « deux lettres du colonel Combes », reproduites par le *Petit Journal*, l'une ne figure pas au dossier. La seconde seule s'y trouve. La première est-elle un faux ? Cela ne serait pas pour surprendre, puisqu'il est établi maintenant que la communication des pièces vient du colonel Henry, le plus faussaire des faussaires. En tout cas, cette pièce n'est pas au dossier, et ceux qui ont prétendu qu'elle s'y trouvait sont dès à présent convaincus de mensonge. Où est le document ? Il faut qu'on le montre pour que l'authenticité en soit établie. Aurait-il été simplement falsifié ? Puis l'aurait-on fait disparaître, précisément parce qu'il portait les traces du crime ? Tout est possible. Il n'y a plus de surprise pour nous après les falsifications sans nombre des dossiers publics et secrets de l'affaire Dreyfus. Pourquoi Henry a-t-il donc gardé le dossier *quelque temps* ? A quelles manipulations l'a-t-il soumis ? La seconde lettre elle-même est-elle intacte ! Est-il bien sûr qu'elle n'ait pas été *maquillée* ? Elle a besoin d'être regardée de très près. L'œil de Labori ne sera pas de trop.

Grâce à l'acte loyal du gouvernement, Zola pourra se livrer aux investigations nécessaires. Mais les investigations ne suffisent pas. Il faut une sanction légale.

La publication de ces pièces suspectes dans le *Petit Journal* suppose la complicité d'un civil. Qui donc s'est fait le complice de Henry dans cette infamie? La justice a le devoir de le rechercher et d'en tirer les conséquences que le Code prévoit.

Seulement, le ministère le permettra-t-il? Eh bien! non. Si la candidature impudente du criminel Mercier obtient pour toute réponse l'amnistie, c'est-à-dire l'effondrement de la justice, l'anéantissement des lois. il sera interdit à Zola par les ministres et par les Chambres d'obtenir la réparation d'honneur qu'il doit à la mémoire de son père. Mes lecteurs se souviendront que je n'ai pas attendu cette affaire pour revendiquer le droit de Mme Henry de poursuivre son procès contre M. Joseph Reinach. Le cas de Zola est pire, puisque l'accusation vient de source officielle, cette fois. Je ne puis croire encore que des républicains tiennent à déshonorer définitivement la République en la solidarisant avec Henry le faussaire. Les souscripteurs de la *Libre Parole*, en acclamant le faussaire, n'ont parlé que pour eux-mêmes. Les Chambres demain engageraient la France elle-même. Quand un citoyen se présente pour rendre l'honneur à son père, à son nom, par les moyens de la loi, il ne sera pas dit qu'une loi « républicaine », au mépris de toutes les garanties du Code, le condamne à rester éternellement sous le poids d'une suspicion infamante. A qui demande justice, le gouvernement républicain ne peut pas répondre : « Je ne dois de protection qu'au crime. »

25 *Décembre* 1899.

VI

Par la justice, l'amnistie

A l'approche des élections sénatoriales, M. Méline a cru devoir lancer son petit manifeste de gouvernement. Mes lecteurs ne me pardonneraient pas de discuter sérieusement cette farce de politicaille. L'homme qui lutte pied à pied, aussi bien dans la presse que par ses amis du Sénat, pour faire acquitter les auteurs — royalistes et césariens — de la conspiration anti-républicaine, l'homme qui s'est mis au service de la Congrégation pour l'écrasement de l'innocence, l'homme qui a pris la tête du parti des faussaires et n'a pas craint de faire lui-même usage de faux, nous donne son avis sur la façon dont il convient d'achever la République poussée par ses efforts jusqu'au bord de l'abîme.

Dans ce fatras d'équivoques sottises je ne retiens qu'un mot : Il faut s'opposer « *par tout ce qui est nécessaire* » au réveil de l'affaire Dreyfus. Formule ingénieuse pour recommander l'amnistie. *Ce qui est nécessaire*, c'est de ne pas appliquer la loi aux faussaires, aux faux témoins, et particulièrement au général qui s'est reconnu coupable de forfaiture. *Ce qui est nécessaire*, c'est de laisser la tache ineffaçable au front de l'innocence, et d'assurer l'impunité du crime. *Ce qui est nécessaire*, c'est de mettre le gouvernement de la République au service de la Jésuitière, de revenir aux violences des guerres religieuses, et de proclamer l'impuissance de la justice légale devant la volonté de l'Eglise.

Ce qui est nécessaire, c'est que, l'arbitraire du froc et du sabre devenant la seule loi de la République française, nous ne gardions plus que l'étiquette des institutions républicaines jusqu'au jour où, « par la grâce de Dieu », nos maîtres rendront son véritable titre à la suprématie romaine. C'est en effet le sens manifeste, inéluctable, de la politique d'amnistie, et si je comprends que les royalistes, les césariens, les jésuites de toute robe s'y rallient hautement, donnent du même effort contre la justice et la loi, il est plus difficile d'expliquer que le gouvernement de « défense républicaine » en prenne l'initiative et joue son existence pour servir les plus furieux ennemis du régime républicain.

Qui nous dira pourquoi MM. Waldeck-Rousseau et Millerand s'entêtent dans l'acte injustifiable qui est tout le pivot de la politique clérico-monarchiste ? Le gouvernement de « salut » préparant, imposant, exécutant la mesure voulue de ceux-là même qui nous ont conduits au pire de l'anarchie ! Waldeck-Rousseau et Millerand menant les Républicains dans les voies de M. Méline, du père du Lac, du général Mercier ! Qui rendra compte de ce phénomène ? Pour une fois, tous les partis seraient d'accord, ceux qui veulent développer la République et ceux qui veulent la détruire. Et pourquoi ? Pour violenter la justice républicaine qui se dit égale pour tous, et anéantir les garanties de droit légal que la Révolution française proclama si bruyamment parmi les peuples et les rois. Oui, tous les partis seraient réunis dans cette œuvre de monstrueux reniement.

Tous les partis, jusqu'au parti socialiste lui-même, officiellement représenté dans le gouvernement actuel, depuis l'approbation explicite donnée à Millerand par le récent congrès de Paris. Cela, vraiment, je ne veux pas le croire. La politique a ses exigences, mais les cœurs généreux ne se laissent pas longtemps asservir. Jaurès eut, il y a deux ans, des révoltes qui feront sa gloire. Dans la crise actuelle, plus grave peut-être que tout autre, j'attends son acte avec confiance. On ne peut pas partir en guerre pour la réformation du monde, prêcher la transformation économique des sociétés humaines, se faire l'investigateur d'un mouvement qui ne doit aboutir à rien moins qu'à la création d'une humanité nouvelle, et trébucher, dès le premier pas, au premier caillou de l'iniquité bourgeoise. Cela ne sera pas. Cela ne peut pas être.

En attendant que tous les nobles représentants de l'esprit français s'éveillent au devoir, la presse gouvernementale continue sa campagne pour l'amnistie, qui doit aboutir à faire du scélérat Mercier — élu sénateur par les royalistes bretons — le chef du syndicat antirépublicain. Les choses en sont arrivées à ce point que M. Henry Fouquier, dans le *Temps*, reproche amicalement à M. Cornély, l'inventeur de la politique de *l'éponge*, de n'avoir pas assez de foi dans le succès de la mesure recommandée par le *Figaro*. Plus ardemment que M. Cornély lui-même, M. Fouquier veut *éponger* Mercier. Si l'éponge ne suffit pas, qu'on y mette la pierre ponce et le savon noir. Il faut que Mercier devienne blanc comme neige.

Les raisons que donne M. Fouquier pour expliquer la nécessité de ce lessivage sont au nombre de deux : l'une d'ordre pratique, l'autre d'idéalisme chrétien. D'abord M. Fouquier veut qu'on suspende les lois en faveur de Mercier à cause de l'Exposition. Il paraît qu'on ne peut pas rendre la justice pendant la grande foire. M. Fouquier ne veut pas qu'il y ait de vitrine, au Champ-de-Mars, pour l'exposition de la loi. Ce n'est pas à dire, assurément, que les tribunaux vont cesser de fonctionner aussi longtemps que les petites Javanaises ou les Mousmés du Japon raviront nos regards. Oh non ! On ne manquera pas, pendant ce temps, d'administrer prison, bagne et guillotine même au vulgaire troupeau. Mais un général, y pensez-vous ? Un si grand seigneur ne se saurait juger au cours de la grande kermesse à laquelle nous convions l'étranger, après l'avoir couvert d'injures. Quel désastre si cela pouvait diminuer la foule aux tourniquets! Non! non! tout à la joie! Entrez, messieurs, entrez. Clarinette et grosse caisse. Rien ne troublera vos ébats. Il n'y aura ni loi, ni justice en France aussi longtemps que vous nous ferez l'honneur de venir chercher des plaisirs, licites ou non, dans la grande auberge du monde.

Si M. Fouquier est *expositionniste* à sa façon, cela ne nuit en rien à sa vue idéaliste des choses. Il est, en même temps, évangéliste, ai-je dit, mais d'un évangélisme très particulier. La nuit de Noël l'emplit de pensées chrétiennes, le sature d'un besoin de pardon. Une passion lui vient soudainement de répandre, avec l'aide du socialisme de Millerand, dont il fait profession de se détourner, la grâce de Dieu dans le monde. Noël! Noël! Paix aux hommes sur la terre! Gloire au fils de l'homme sur les hauteurs! Pour ma part, je l'avoue, je ne saurais demeurer insensible à ces adjurations de pitié, même quand elles s'étayent d'appels moins évangéliques à la caisse de l'exposition. Je ne tiens pas du tout à boire le sang de Mercier qui doit être tout poison, comme le sang de la Gorgone, dont la Créuse d'Euripide tente de faire un si fâcheux usage contre son propre fils.

Je rêve, moi aussi, la pacification des esprits, la réconciliation des cœurs. Je ne demande qu'une seule condition. C'est que la pacification prétendue ne soit pas une préparation pour une reprise de violence, c'est que la réconciliation qu'on nous offre ne soit pas une embuscade de traîtrise. Amnistier Mercier? Et Dreyfus sa victime, qu'en faites-vous Fouquier? Vous savez qu'il n'a pas trahi. Vous savez que Mercier, par ses faux, par son faux témoignage, par sa forfaiture avouée, l'a fait stigmatiser comme traître au moyen d'un jugement qui se dément lui-même. Présentement, jusqu'à revision du procès, Dreyfus, parce qu'il est juif, est officiellement un traître.

Trouvez-vous cela bon, et quand votre amnistie le cloue au poteau d'infamie faites-vous œuvre de réconciliation par la justice ou de haine par l'iniquité? Et puis Mercier a-t-il fait tort seulement à Dreyfus, ou n'a-t-il pas causé, en même temps, le pire dommage à la France elle-même. Votre abandon de la justice, votre répudiation de la loi réconcilie-t-elle l'intolérance traditionnelle de l'Eglise avec la liberté de l'homme que nous commençons à peine d'organiser? Faites-vous la paix entre l'arbitraire et le droit en sacrifiant le droit à l'arbitraire? Amnistiez-vous vraiment un homme ou lui livrez-vous la place que vous avez mission de défendre, lorsque votre faiblesse, sous prétexte de pardon, l'installe comme chef de ceux qui veulent détruire l'institution républicaine? Préparez-vous l'union des cœurs quand vous courbez honteusement la loi sous la fraude et la menace du sabre, ou semez-vous la révolte et l'esprit de revanche?

Qu'est-ce que cette force du peuple choisissant ses représentants pour faire la loi, des ministres parlant et agissant au nom de la loi, des juges prétendant appliquer la loi, de la force publique se vantant d'être au service de la loi, si tout cela doit aboutir à la défaite de la loi par la déroute du peuple, de ses législateurs, de ses ministres, de ses juges et de sa gendarmerie devant le premier criminel galonné qui se rencontre? Que sert-il au mouton sans défense de bêler le pardon devant le loup? Oui, il faut le pardon, oui, il faut l'amnistie, mais quand le pardon et l'amnistie seront pour le gouvernement une preuve de force, non pas une excuse de lâcheté. Pour faire une amnistie qui ne soit pas un mensonge, il faut préalablement en accepter, en vouloir, en réaliser les conditions nécessaires, et ces conditions se résument dans un mot : la justice d'abord.

1er Janvier 1900.

VII

La Flétrissure

Le bruit a couru de la prochaine arrestation du général Mercier, il y a quelques jours. Je n'y ai point donné créance. Une demande de poursuites est devant la Chambre, une proposition d'amnistie au Sénat. Il faut qu'une des deux procédures l'emporte sur l'autre, et c'est du Parlement que doit venir la solution attendue.

Si le général Mercier avait dû être arrêté, c'est au moment de la constatation de ses crimes, dans le prétoire de Rennes qu'on nous eût donné ce spectacle. Il avait avoué sa forfaiture. Freystætter l'avait convaincu de faux témoignage et d'usage de faux. Faites-vous seulement soupçonner d'un de ces actes réprouvés du Code, et vous verrez ce qui vous arrivera. Il n'est rien arrivé à Mercier, qui, par surcroît, reconnaissait avoir détruit des pièces du dossier établissant son crime. Jouaust et sa troupe de juges n'en voulaient qu'au Juif. Quand on a la permission de la sacristie, on peut violer toutes les lois sans que la République ose vous demander des comptes. Bien plus, Mercier, impuni, est maintenant candidat au poste de législateur. C'est lui qui fera des lois pour ceux que le père Du Lac ne prendra pas sous son aile. On ne peut pas porter plus loin le défi.

Peut-être même l'a-t-on déjà poussé trop loin. En appelant les électeurs de l'Eglise et de la monarchie à contresigner ses crimes, en se faisant un tremplin de sa scélératesse pour s'élever d'un bond à la dignité de chef de parti, M. Mercier et ses conseillers de robe noire avaient trop compté, semble-t-il, sur la lâcheté des parlementaires.

A vrai dire, la plupart de ceux-ci n'étaient pas d'une mentalité bien différente des juges de Rennes. Ils laissaient écraser l'innocent parce que cela leur devait épargner des ennuis. Défendre la justice et la loi ne va pas sans périls : nous l'avons vu, dans ces derniers temps, par de trop nombreux exemples. Tant que Mercier ne fut que criminel de droit commun, tant qu'il n'avait pris qu'un misérable hérétique pour victime, nos « *représentants* » trouvaient bon de le laisser faire. Mais Mercier, chef de parti, avec ses qualités de cynisme et d'audace, avec le prestige de ses victoires contre la loi, cela devenait une question d'intérêt personnel pour messieurs les hommes d'Etat. C'est pourquoi j'annonçais, dès la publication du projet de candidature, que l'amnistie avait reçu le coup de mort. Le seul fait que dans les cercles politiques on ait pu croire à l'arrestation imminente de Mercier montre combien l'idée d'amnistier les bandits est étrangère aux préoccupations du jour.

Maintenant, je dois dire que de là à l'idée de soumettre les actes de Mercier au plein contrôle de la loi, il y a encore une distance. Le Sénat ni la Chambre ne paraissent actuellement disposés à suivre le cortège du scandaleux triomphateur. On renonce à déclarer qu'il est au-dessus des lois. Mais aura-t-on le courage de le livrer aux tribunaux compétents ? Ce serait mal connaître le Parlement que de supposer qu'il ne sera pas cherché de solution intermédiaire. Entre l'impunité et le châtiment de la loi, qu'y a-t-il? On me dit que les ministres, en ce moment, « étudient » *la flétrissure*. On amnistierait Mercier, après avoir voté que c'est le plus infâme bandit. Si l'on considère ce projet comme une simple étape dans le retour du gouvernement au principe de l'égalité des citoyens devant la loi, il n'y a rien à en dire. Mais si, d'aventure, quelqu'un se trouvait pour y voir les éléments d'une solution définitive, mieux vaudrait, dès à présent, dissiper cette illusion.

Je laisse de côté les difficultés de droit insurmontables que tout le monde a signalées dans un projet qui détruit le droit des citoyens à la réparation de tout dommage. Cette objection décisive fût-elle écartée, et elle ne peut pas l'être, l'amnistie avec flétrissure demeurerait à la fois un contre-sens légal et un acte de lâcheté si caractérisée que les ennemis de nos institutions n'y pourraient voir — surtout après l'indulgence merveilleuse de la Haute-Cour envers certains accusés — qu'un encouragement à de nouvelles entreprises.

Un contre-sens légal ? C'est l'évidence même. Car il faut que le Sénat, pour flétrir Mercier, le déclare par là-même coupable. Or, comment peut-il déclarer coupable un homme qu'il n'a pas le droit de juger ? Cette difficulté est assez grave. Qu'une assemblée politique flétrisse un ministre pour ses actes politiques, le spectacle est assez commun, et cette sorte de condamnation étant inoffensive — parfois même glorieuse — le public ne s'en émeut guère. Mais ce n'est pas pour ses actes politiques qu'il s'agit de juger Mercier. Ce sont des crimes de droit commun qui sont relevés contre lui, et des pires. Aux termes de la loi, le Sénat n'a pas le droit de se prononcer là-dessus. S'il veut joindre sa violation de la loi à celles de Mercier, il le peut, puisqu'il n'y a pas dans l'Etat de puissance supérieure à celle du Parlement, mais il ne fait par cela même qu'aggraver l'anarchie où nous sommes, que porter le coup le plus funeste aux institutions de droit républicain qu'il prétend servir. Nous demandions une solution légale. Par une décision de pur arbitraire, on aggraverait la crise en proclamant qu'il n'y a pas plus de lois pour les législateurs que pour les juges.

Et ici, il faut bien que je dise la merveilleuse raison que les partisans de la flétrissure se murmurent discrètement à l'oreille pour justifier la violation des lois par laquelle ils se proposent absurdement de venger la loi violée. « Au moins, nous condamnerons Mercier, disent-ils, tandis que les tribunaux militaires l'acquitteraient sûrement. » Voilà, je le reconnais, une question clairement posée. Ainsi nous en sommes là qu'après avoir acquitté un traître, après avoir condamné deux fois un innocent, les tribunaux militaires, si durs au simple soldat, ne sont plus même considérés comme capables d'appliquer la loi à un officier supérieur pour crimes de droit commun. Quant à moi, j'hésite encore à leur faire cette injure. En tout cas, c'est un étrange remède de proposer au Parlement de violer la loi pour empêcher les soldats de le faire. A chacun sa responsabilité. Que le Parlement reste dans son rôle et que l'armée fasse de même. Si nous en sommes arrivés à ce point d'anarchie militaire, dont les partisans de l'amnistie avec flétrissure tirent argument, sachons-le le plus tôt possible, afin de guérir le mal, s'il en est encore temps. Faute de quoi c'est la société civile elle-même qui sombre.

Et comment en serait-il autrement, d'ailleurs, quand on verrait les assemblées issues du vote populaire, la plus haute expression de l'Etat, mettre en déroute la justice des lois devant le bandit triomphant, proclamé officiellement coupable. J'ose dire que parmi les actes de lâcheté inscrits par tant de Parlements aux fastes de l'histoire, celui-là occuperait une place à jamais fameuse. Reculer devant le crime n'est pas une nouveauté, ni pour l'homme isolé ni pour l'homme en troupeau. Mais au moins, en ce cas, se donne-t-on, d'ordinaire, l'excuse d'alléguer que le crime est douteux, ou ancien, ou que le mal qui en est résulté ayant disparu, et le criminel ayant assez souffert, il y a plus d'avantage social à chercher la paix dans l'oubli qu'à punir. Présentement, rien de tel ne serait valable. Le crime n'est pas douteux : il est avoué. Le crime n'est pas ancien : il est d'hier. Le mal qui en est résulté, loin de s'être atténué, ne fut jamais si vif, puisqu'il s'incarne dans un traître impuni, dans un innocent déshonoré. Enfin, l'on ne peut dire que le criminel ait expié sa scélératesse en quoi que ce soit, puisque Mercier, par ses Billot, par ses Méline, par ses Boisdeffre, ses Gonse, ses Henry, ses Chamoin, ses Deloye-Triponé, ses Jouaust, n'a fait que marcher de triomphe en triomphe.

Cherchez une excuse : il n'y en a pas. Pour la cause, elle est trop manifeste, et toute la phraséologie des rhéteurs ne trompera personne aussi bien en France qu'à l'étranger. On flétrit Mercier, pour se donner une apparence mensongère de justice. On l'amnistierait par peur des puissances de réaction qu'il représente. Dès lors il apparaît à tous que ce vote ne serait rien de moins que la condamnation de la République par les républicains eux-mêmes. S'ils reculaient devant un criminel de droit commun par la seule raison qu'il est le protégé de l'Eglise et de la Monarchie, ils proclameraient que la République est hors d'état de lutter contre ces deux puissances. Ils exciteraient l'action des moines et prétoriens. Ils créeraient la mentalité des coups d'Etat chez les sabreurs et chez les foules passives qui ne verraient plus de recours que dans la soumission.

C'est pourquoi je ne vois d'espérance pour la République, et pour la société civile qu'elle représente, que dans la justice par l'exécution impartiale des lois.

6 *janvier* 1900.

VIII

A la Caserne.

Le général André vient de soulever, par voie d'ordre du jour, une question d'ordre social qui intéresse l'unanimité des Français. Il s'agit du régime de la caserne. Le général André se plaint de voir dans les chambrées des journaux hostiles au gouvernement. La vérité est qu'il n'en peut pas voir d'autres parce que MM. les officiers de la Jésuitière punissent impitoyablement tout homme qui ne fait pas sa pâture des feuilles antisémites, césariennes ou royalistes.

L'étonnement du général André est donc ce qui doit étonner tout d'abord, car nul n'ignore que le meilleur moyen pour un soldat d'encourir le déplaisir ou la haine de ses chefs, est d'exhiber une gazette où le gouvernement républicain ne soit pas traîné dans la boue. L'affirmation semblera peut-être trop absolue. Il y a des officiers républicains, mais il ne faut pas oublier qu'ils vivent dans l'insécurité de chaque jour sous la terreur des Jésuites à galons. Le général André — qui est, je suppose, un de ceux-là — a, par un inexplicable hasard, décroché les étoiles, et sa première préoccupation est de soustraire ses soldats à la propagande de révolte que la faiblesse gouvernementale a jusqu'ici tolérée. Le sentiment est bon, et ce n'est pas moi qui pourrais le blâmer. Nous avons vu, sous le ministère actuel, un chef de corps punir de deux mois de prison un soldat coupable d'avoir été trouvé porteur d'une feuille « dreyfusarde », c'est-à-dire réclamant la justice dans l'armée. Il paraît que le général André n'est pas, comme M. de Galliffet, de ceux qui reculent devant leurs subordonnés. Ce que le chef de l'armée n'ose pas faire, un simple général l'accomplit d'un trait de plume dans sa troupe. Leçon qui, je le crains bien, ne sera pas comprise. Tentative condamnée d'avance à l'insuccès par la simple raison que la force principale du haut commandement est aux mains d'hommes ouvertement hostiles à la liberté, à la justice républicaine.

Je viens de prononcer le mot de liberté et j'entends déjà cette objection qui s'élève : « On ne peut pas avoir la liberté à la caserne ». Au risque de choquer les vieux préjugés des têtes de bois, je réponds hardiment : Pourquoi pas ?

Hélas ! nous sommes tous, plus ou moins, victimes des mots, et beaucoup de gens qui se croient de bons républicains n'ont pas encore compris que *la caserne* du service universel n'était pas du tout *la caserne* du service mercenaire, ni *la caserne* du service restreint. C'est le même mot, mais ce n'est pas la même chose.

Je n'apprendrai rien à personne en rappelant que les partis monarchistes ont énergiquement combattu l'institution du service obligatoire pour tous. L'armée professionnelle, dont ils avaient fait leur instrument de règne jusqu'alors, allait leur échapper. Sans doute, il était arrivé qu'elle leur fît banqueroute aux jours de révolution, mais on avait toujours l'espoir que cela ne se reverrait plus. En tout cas, d'un soulèvement populaire à l'autre, on avait au moins vingt ans d'exploitation sociale assurée. Tout cela allait changer. La démocratie, après s'être emparée de la politique, allait envahir l'armée. C'était « la fin de tout », disait-on. Le mot est excessif. Cependant, j'avoue que c'était la fin de quelque chose.

Pour parer à ce « *mal* » que n'a-t-on pas tenté ? Les moines redoublèrent d'effort pour s'assurer la possession du corps d'officiers, tant par l'appât de l'avancement hâtif aux « bien pensants » que par la terreur des carrières brisées, et chaque jour nous apporte le témoignage d'un nouveau succès de l'oppression romaine. Le résultat n'est que trop connu. Ce fut le maintien — peut-être même l'aggravation — dans la démocratie républicaine régnante du régime des casernes institué par les oligarchies vaincues. Le code militaire, draconien, donne au commandement de tels moyens d'action qu'aucune résistance n'était possible. De fait, trop de chefs ont pu tout se permettre contre leurs hommes impunément. L'affaire Dreyfus nous a apporté là-dessus d'incroyables révélations, et tout homme de bonne foi est obligé de convenir que les pires précisions du pamphlet de Zola se trouvent dépassées. Je n'insiste pas là-dessus, ce n'est pas mon sujet.

Ce que je veux dire — et ce qui est d'une telle évidence que la démonstration n'en paraît pas même nécessaire — c'est que la transformation de notre institution militaire appelle une transformation correspondante du régime mental du soldat.

On a tantôt fait de dire : « L'officier commande et le soldat obéit. » Cela est le fondement de l'armée, et je ne propose point de faire commander le général par le pioupiou. Je prétends seulement qu'il y a plusieurs sortes d'obéissance. L'obéissance de la brute mercenaire, l'obéissance du malheureux qui ne porte l'uniforme que faute d'argent pour se racheter et subit passivement la fatalité comme une pauvre bête forcée, est fort différente de l'obéissance du libre citoyen qui se soumet à une discipline jugée par lui-même rigide, mais nécessaire à la défense de la patrie.

Dans la caserne de la démocratie, c'est un autre monde — et par suite une autre mentalité — que dans la caserne du régime censitaire. Il faut un autre traitement, c'est-à-dire des moyens d'action plus élevés pour une intellectualité plus haute. On prend au citoyen, dès le plus bel âge de sa vie, son temps, sa force, sa bonne volonté d'apprendre et de faire, en vue d'un but déterminé qui est la conservation nécessaire du foyer national. On a le droit de lui demander ce sacrifice. Il a le devoir de le faire. Mais si on lui prend son corps, on ne lui prend pas son âme, on ne pourrait pas la prendre. Je vais plus loin. Le développement des aptitudes physiques et intellectuelles qui feront de lui le bon soldat, au sens moderne du mot, sera d'autant plus grand qu'on fera un plus vif appel à ses sentiments de dignité, de noblesse individuelle, au lieu de les écraser brutalement sous une règle irraisonnée. Voyez ce que font présentement les Boers contre les soldats de la caserne censitaire.

Ah ! je sais bien que cela appelle des changements profonds qui ne seront pas l'œuvre d'un jour. J'y vois une raison de plus pour se mettre dès maintenant à l'œuvre. Le changement ne peut pas venir d'en bas. C'est le commandement qui doit se transformer d'abord. Un grand pas sera fait quand les chefs comprendront que le pouvoir qui leur est remis doit être de libération, non de tyrannie, qu'ils doivent l'exercer pour maintenir la patrie dans son indépendance, non pour opprimer à plaisir, chaque jour, des hommes préalablement mis dans l'impossibilité de se défendre. C'est une révolution mentale qui s'accomplira tôt ou tard. Quiconque peut donner un ordre. Il est plus facile de commander que d'être digne du commandement, car le commandement, avec les qualités mentales qu'il suppose, exige les plus hautes vertus. Quand les Jésuites, par leur intervention souterraine, ne troubleront plus la sélection naturelle des chefs dans notre armée, la race française ne sera pas en peine de produire les hommes qu'il faudra. Et dans la troupe aussi on verra s'accomplir la réforme correspondante. Le niveau intellectuel et moral s'élèvera, rendant les moyens de coercition plus rares, imposant à des chefs respectés le respect de la dignité humaine.

Nous n'en sommes pas là, et je ne saurais dire à quel moment les premiers symptômes de cette révolution morale apparaîtront à tous les yeux. Ce que j'affirme, c'est que le service militaire universel doit aboutir à l'une de ces deux conséquences : la société civile sera militarisée ou la société militaire sera civilisée. L'affaire Dreyfus a posé la question d'une façon admirable. Nous avons vu des gens soutenir qu'il ne devait pas y avoir de justice dans l'armée, et que la raison d'Etat tenait lieu de loi. Si ce principe avait triomphé, le régime militaire était installé chez nous. Assez de justice a pu triompher — grâce à nous — pour que le droit humain soit dès maintenant assuré de garder ses garanties contre les entreprises d'arbitraire. Il s'agit maintenant d'introduire dans l'armée tout ce qui est compatible de *civilisation*, au sens le plus général du mot, avec le maintien de la force maximum de l'ensemble.

La liberté militaire ne peut pas être la liberté civile intégrale, cela est sûr. Mais une liberté cependant peut et doit être laissée au soldat-citoyen. Au premier rang, la liberté de lire qui est reconnue aux chefs et que les chefs n'ont pas le droit de supprimer à des hommes dont quelques-uns au moins ont une culture supérieure. Comme la société civile évolue par une compréhension meilleure de ses conditions d'ordre et de paix, de même la société militaire ne peut se développer suivant ses fins que par un accroissement de lumières. Livre ou journal, laissez entrer toute écriture : l'esprit trouvera sa voie.

Au fond, le général André refusant l'entrée de la caserne aux journaux ennemis du gouvernement s'inspire du même principe que ceux de ses collègues qui interdisent au pioupiou la lecture des journaux républicains. Sans doute, il n'est pas désirable d'instituer des discussions politiques parmi les soldats, bien qu'elles fussent assurément d'un pouvoir d'éducation supérieur aux grossièretés ordinaires des chambrées. Mais s'il ne manque pas de moyens de supprimer sous les armes les querelles de partis, la liberté de penser, la liberté de lire, la liberté d'apprendre doit être maintenue intacte parmi les citoyens accomplissant le devoir militaire.

Quel ministre républicain délivrera le soldat français de la traditionnelle oppression de sa pensée? L'autocratie d'Eglise, l'arbitraire des oligarchies chassées de la société civile ne peuvent pas dominer plus longtemps dans la société militaire faite aujourd'hui de tous les citoyens.

7 *Janvier* 1900.

IX

Gouverner, c'est agir

En rentrant à Paris, après une absence de huit jours, j'apprends que la chute du ministère est prochaine. L'élection de M. Deschanel aurait sonné le glas funèbre, et M. Loubet, prochainement, serait mis en demeure de faire appel aux lumières de MM. Méline, Dupuy, Ribot, futurs organisateurs du grand parti Mercier. J'avoue que la confusion politique est assez grande. Le verdict incohérent de la Haute-Cour atteste dans le Sénat un tel désarroi de la pensée qu'il y a lieu de s'étonner si, à la Chambre, la défaite significative de M. de Mahy paraît en contradiction du triomphe de M. Deschanel. En vérité, cela n'est pas plus extraordinaire que de voir les royalistes de la Loire-Inférieure choisir pour représentant au Sénat un prétendu républicain, par l'unique raison qu'il a mérité le bagne.

Je n'ai point la présomption de vouloir raisonner du déraisonnable. On ne met pas en formules de précision mathématique le hasard des coups de folie qui, depuis quelques années, ont été la principale manifestation « intellectuelle » de nos politiciens. Il me paraît donc vain de faire un pronostic. Tout ce que j'oserai dire, c'est que le ministère a son sort dans les mains, et qu'il dépend de lui, par une offensive hardie, de mettre en déroute le fugace Deschanel et sa bande. La bande de M. Deschanel, chacun sait exactement, aujourd'hui, de quoi elle se compose. Toute la droite en est : royalistes, césariens, cléricaux, tout ce qui conspire le renversement de la République, et, pour faire l'appoint de cette fraction, les « républicains » de frontières qui cherchent un bénéfice dans tous les camps. On a dit que le scrutin public eût donné la majorité à M. Brisson. Il est permis de le croire, car nos jeunes « arrivistes » — « talentueux » ou non — qui, ayant perdu le portefeuille, s'efforcent de le reconquérir, ne trouveront du cœur pour poignarder le ministère que lorsqu'ils le verront à bas. C'est eux qui ont conduit l'action pour M. Deschanel, candidat de l'Eglise et de la monarchie. C'est eux qui demain s'offriront pour « sauver la République » en la rendant « acceptable » à ceux-là précisément qui rêvent de l'étrangler.

Ce que j'admire, c'est que Waldeck-Rousseau et Millerand, qui connaissent ce jeu, s'y prêtent avec tant de complaisance. Ce qui me confond, c'est qu'au lieu de reculer indéfiniment devant l'ennemi, la tentation ne leur vienne pas une fois de l'aborder de front en posant nettement les questions qu'embrouille avec tant d'art la politique d'intrigue. Quand on le leur conseille, ils répondent qu'il n'y a pas de majorité dans la Chambre pour les solutions franches. Comment le savent-ils, puisqu'ils n'ont même pas essayé de dégager cette majorité, puisqu'ils ne peuvent se résoudre à comprendre que toute force attire toute faiblesse, puisque la peur de tout a remplacé chez eux le beau désespoir dont Corneille fait le secours des invincibles ?

Nos ministres sont très fiers d'avoir déféré les conspirateurs à la Haute-Cour. Je reconnais que la méthodique traîtrise de M. Dupuy semble leur faire un mérite de cet acte de devoir élémentaire. Mais, vraiment, qui considérera comme une action de vigueur le fait, par un ministère de défense républicaine, de n'avoir point livré la République à l'ennemi ?

Je ne dis rien des « faiblesses » gouvernementales, au procès de Rennes, aboutissant au triomphe du crime, qui, par la voix du sénateur Mercier, maintenant demande son salaire. Une heure d'énergie, en ce temps, changeait tout. Il n'était besoin que d'appliquer la loi pour faire rentrer dans l'ombre, d'un seul coup, tous les partis de réaction jouant leurs chances sur le faux, la forfaiture et le faux témoignage. Jamais devoir ne fut plus clair, jamais obligation plus impérieuse. Waldeck-Rousseau et Millerand n'osèrent pas, comme Brisson n'avait pas osé lorsque le faux de Henry découvert, le rendit, pour un jour, maître de la situation. Le gouvernement républicain n'osa pas, mais la bande criminelle, rassurée par la lâcheté de ses adversaires, put tout oser, et, de fait, osa tout impunément. Demain, nous ferons la justice, disaient en grand secret les ministres à leurs amis ; demain, nous appliquerons la loi. Ce demain-là n'est pas venu, ce demain-là ne pouvait pas venir, car ceux qui ajournent le courage n'ont jamais pour ressource que d'en retarder indéfiniment l'échéance. C'est ce que nous avons vu. Si bien que le jour est venu, où le gouvernement qui promettait la justice pour « plus tard » a fini par proposer assez cyniquement d'amnistier le crime, et de laisser l'innocence légalement déshonorée. Je dois dire que beaucoup de républicains parlementaires refusèrent, dès l'abord, leur part de cette honte, et, à l'heure où j'écris, toute politique ministérielle se bornant à ajourner les procès connexes à l'affaire Dreyfus, nul ne saurait dire ce que le gouvernement se propose de faire de son projet de loi condamné d'avance.

Vis-à-vis des congrégations qui, disposant de ressources indéfinies, mènent à la bataille contre les institutions républicaines tous les ennemis de la liberté de conscience, est-ce à dire que l'action ministérielle se soit montrée beaucoup plus résolue ? Qui ne voit que le fameux projet du « stage scolaire » dans les établissements de l'Etat rencontre des objections décisives ? Quoi de plus injuste que de punir un enfant d'un fait résultant de la volonté paternelle ? D'après le projet de loi qui nous est présenté, d'Alembert, élève des jésuites, ne serait pas admis à enseigner les mathématiques dans un de nos collèges, Voltaire, élève des jésuites, serait refusé comme professeur de nos Universités. Atteinte à la liberté : cela n'est pas douteux. Atteinte au bon sens surtout. Et tout cela, pourquoi ? Simplement pour que le gouvernement ne nomme pas aux fonctions publiques des ennemis du régime républicain. J'aurais cru qu'il n'y avait pas besoin de loi pour cela, et qu'il suffisait d'un acte de volonté. Si tel homme qui se sera soustrait aux influences cléricales de sa jeunesse est un bon républicain, nommez-le. Si tel élève de l'Université est passé aux jésuites, ne lui confiez pas la garde des institutions républicaines. A-t-on donc empêché le gouvernement de chasser les mauvais serviteurs et de les remplacer par des serviteurs fidèles ? Qu'il commence par là, et quand il aura fait cette œuvre nécessaire, nous verrons ce qui peut être utile pour l'aider.

Quant aux congrégations, c'est au nom de la liberté même qu'il faut les atteindre. L'association est un développement de la liberté, la congrégation en est la négation même, puisqu'elle a pour fondement la suppression des individualités dans l'obéissance absolue à un chef qui n'est même pas Français. M. Bourgeois, en un récent discours, l'a reconnu lui-même, car M. Bourgeois est un homme aussi capable de raisonner qu'il est incapable d'agir :

Je ne rentre pas dans les détails de la loi. Je souhaite que la discussion s'engage rapidement devant la Chambre. On doit voter un projet qui repose sur des idées justes et les principes du droit civil. Le droit civil ne veut pas qu'on puisse aliéner sa personne, vouer une obéissance perpétuelle envers un homme qui n'est pas même un citoyen. On ne peut accumuler des biens de mainmorte dans un but obscur, mystérieux, sans que la société vienne à péricliter. Si la loi que la Chambre votera est claire, si cette loi s'inspire des principes conformes au développement des sociétés libres, la première bataille sera gagnée et elle sera suivie de toutes les autres.

Par quelle prodigieuse inconséquence, M. Bourgeois, partant de ce principe que la congrégation est en contradiction avec les principes du droit civil, peut-il conclure à son maintien, c'est ce que je ne me charge pas d'expliquer, ni lui non plus, probablement. Il avait à peine émis sa pensée, qu'il l'enveloppait de ses habituelles réticences. Il n'importe. J'enregistre son aveu, et je dis qu'il n'y a qu'une loi qui vaille. Pleine liberté des associations pour tout le monde, libres-penseurs ou cléricalisants, suppression de la congrégation monacale fondée sur l'aliénation (interdite par le Code) de la personnalité humaine, et retour des biens de mainmorte à l'Etat. Est-ce là le programme de M. Bourgeois ? Il s'est bien gardé de le dire, et s'il l'avait dit, l'expérience nous enseigne qu'il se fût bien gardé de le mettre à exécution. Est-ce là le programme de M. Waldeck-Rousseau et de son coadjuteur révolutionnaire Millerand ? Qu'ils le fassent connaître, et qu'ils combattent pour la liberté au lieu de courir au-devant de la défaite dans une folle bataille contre la liberté.

Hélas ! Nous n'en sommes pas là. Mais il apparaît bien que ce n'est pas l'élection de M. Deschanel qui menace le gouvernement, puisque le gouvernement n'est en somme menacé que par lui-même. De reculade en reculade, où va-t-il ? Ne voit-il pas qu'il a tout fait pour encourager ses ennemis, pour décourager ses amis ? Ne voit-il pas que l'élection de M. Deschanel — dont M. Syveton, disciple de Déroulède, mène grand tapage dans le journal « du Juif immonde » du descendant de Philippe-Egalité — est en somme une manifestation négative dont rien ne pourrait sortir si le gouvernement osait enfin risquer le combat contre la coalition antirépublicaine qui se donne un prétendu républicain pour porte-drapeau ? Ne comprend-il pas les avertissements de M. Bourgeois, lorsque ce politique dénonce le suprême péril : « le mécontentement, la lassitude, l'impatience ». Si M. Bourgeois était ministre, c'est Millerand sans doute qui l'avertirait. Les rôles sont changés. Qu'importe ? Si le gouvernement le veut, il peut demain rassembler en faisceau toutes les bonnes volontés républicaines. Que faut-il pour cela ? Simplement donner confiance à l'esprit de justice et de liberté, en renonçant aux demi-mesures qui mécontentent tout le monde, en entrant dans l'action contre l'oppression cléricale, en faisant, non plus par la parole, mais par l'acte, un peu plus de République tous les jours.

14 *Janvier* 1900.

X

Signes des temps.

La circulaire du général Mercier aux électeurs sénatoriaux de la Loire-Inférieure ne me paraît pas un document négligeable. On m'écrit de Nantes que le distingué bandit est assuré d'une grosse majorité. Je n'en aurai point de surprise puisque le clergé de Rome a décidé que la France devait appeler dans ses conseils l'homme qui n'a d'autre titre à la représenter que l'impunité de ses crimes. On aperçoit que, dans ces conditions, il était difficile au futur sénateur de soumettre des vues politiques aux électeurs dont il sollicite les suffrages. Chacun sait que la majorité est royaliste dans le collège électoral choisi par M. Mercier. Mais royaliste autoritaire ou prétendue libérale, cette majorité est surtout cléricale, c'est-à-dire aux ordres des moines romains. L'élection de Mercier ne sera pas faite par les moutons en troupeau conduits au scrutin sous la houlette sacrée, mais bien par la Congrégation qui les paît, suivant la parabole de l'Ecriture.

Chacun a pu voir, au cours de ces deux dernières années, que la Congrégation s'était ouvertement déclarée du parti des faussaires. Dans un intérêt de domination, elle a fait campagne contre la justice, elle a fait campagne contre la loi, elle a fait campagne contre l'innocence. Elle a organisé le mensonge et le faux témoignage, elle a glorifié le faux dans Henry, la trahison dans le Uhlan. Tout en criant *La France aux Français*, elle a installé la domination de Rome sur la France. On ne poussera jamais plus loin le défi à la raison, au sens commun le plus vulgaire.

Cela, on ne peut pas demander au général Mercier de le dire, puisque nous n'en sommes pas arrivés à ce point de cynique franchise. Le désir d'*étriper* juifs, protestants et libres penseurs peut s'étaler sous de pieuses plumes dans les listes de souscription au monument Henry. L'heure n'est pas encore venue d'insérer ces *revendications* dans les programmes électoraux. D'où les entraves aux expansions d'éloquence qui seraient si naturelles au chef de l'armée des faussaires, au général des moines brûleurs. De fait, il n'aurait qu'une parole sincère à dire : « Serviteurs de la puissance romaine, vos curés vous ont dit de voter pour moi : obéissez. » Mais cela encore ne doit pas être dit si crûment. Non que ce langage fut pour choquer les électeurs papalins. Seulement, il y a la galerie dont les scrupules veulent être respectés. On ne veut pas donner prise à nos critiques. Et comme il faut cependant parler, on s'applique à parler pour ne rien dire.

Mercier, j'en conviens, excelle dans ce rôle. Sa circulaire aux délégués sénatoriaux demeurera le modèle du genre. Il est impossible d'afficher un plus candide mépris des électeurs. Dans cette province bretonne où, faute de vues générales, les partis de réaction s'attachent à faire passer avant tout le développement des intérêts locaux, le futur sénateur reconnaît sans ambages qu'il ne connaît pas le premier mot de ces questions Il promet seulement de les apprendre. Son curé, je n'en doute pas, lui fera la leçon. Quant aux questions d'ordre général, c'est une autre affaire. Il a peut-être des opinions sur ce point, mais il annonce pompeusement qu'il se gardera d'en rien dire. En matière d'économie politique ou sociale, pas un mot. Quant à la politique proprement dite, elle se trouve réglée en cette simple phrase : « *Je ne vous parlerai ni de vos préférences politiques,* QUE JE NE CONNAIS PAS, *ni des miennes.* » Voilà des électeurs qui seront bien *représentés*.

Tel mandataire, tels commettants. Quand un collège électoral choisit pour porter la parole en son nom dans le Parlement français un homme qui ignore ses opinions et dont les opinions lui sont inconnues, il se juge lui-même, se proclamant incapable de concourir au gouvernement du pays par le pays. Il est impossible de démontrer par un acte plus éclatant qu'on ne s'est pas encore élevé jusqu'à la dignité de citoyen.

Est-ce à dire pourtant que Mercier se borne à ces déclarations négatives ? Il ne l'oserait pas, forcé de fonder sur quelque chose sa candidature au gouvernement de la France. Ces titres sont le faux témoignage, le faux et la forfaiture. Sa raison d'être, la volonté de Rome dont il est l'instrument. La discrétion sur tout cela s'impose. Alors que peut-il dire, que peut-il proposer à son troupeau de faire ? Il s'agit de rendre le gouvernement de la France aux « *mains respectables* » des faussaires et des traîtres dont Henry et Esterhazy furent les personnifications les plus éminentes.

On ne peut pas renier ces deux criminels, puisqu'on les a hautement glorifiés. C'est « *aux mains respectables* » de leurs successeurs et élèves que Mercier veut confier les destinées de la France. Il ne compte peut-être pas pour cela sur une majorité dans le Sénat ou dans la Chambre; mais M. Déroulède a promis de recommencer l'aventure de la place de la Nation, après l'Exposition terminée, et la Haute-Cour l'a expédié tout exprès hors des frontières pour qu'il pût se livrer à ses préparatifs de coup d'État sans avoir rien à craindre de la loi française. Est-il besoin d'ajouter que Mercier tonne contre « *les sans-patrie ?* » La vraie patrie de cet homme étant le bagne, il ne saurait comprendre qu'on puisse être « *patriote* » sans s'être préalablement souillé de tous les crimes. La prétention serait de simple démence pour un Français quelconque, d'exclure, par décret de sa seule autorité, qui que ce soit de la patrie. Mais quand on pense par qui est prononcée cette excommunication souveraine, comment se défendre d'un haut-le-cœur ? Si vous n'approuvez pas le crime, vous n'êtes pas Français, c'est le criminel lui-même qui le proclame. Pour être patriote, il faut livrer le gouvernement aux bandits qui organisèrent le supplice de l'innocence et l'acquittement de la trahison. Pour que *la France soit aux Français,* il faut qu'un prêtre italien y commande souverainement aux consciences, et y ordonne que désormais la loi sera l'esclave du crime et la vérité soumise à la domination du mensonge.

Ce phénomène de psychologie électorale — qui est l'aboutissant logique de toute la campagne jésuite contre Dreyfus — s'accompagne d'ailleurs de quelques autres symptômes qui ne sont pas moins dignes d'être enregistrés comme avant-coureurs d'une mentalité de déchéance. Quoi de plus significatif à cet égard que le discours du « sympathique » Deschanel mettant au même plan les bandits souillés de tous les crimes et les braves gens qui luttèrent — Picquart peut dire à quel désavantage — pour leur arracher la France? Je me reprocherais de ne pas mentionner encore la décoration du commandant Carrière à jamais célèbre pour son imbécile réquisitoire contre l'innocence. Galliffet, justicier, avait déjà remis « le signe de l'honneur » à Lauth, véhémentement soupçonné de faux. Trahi par Chanoine, par Deloye-Triponé, il se fait leur serviteur. Bafoué par Carrière, il le récompense. Et le gouvernement de justice approuve, et le gouvernement de réparation laisse faire. Je vois que l'on discute maintenant si l'on doit enlever le ruban rouge à M. Déroulède. Cela n'intéresse que ceux qui croient que l'honneur peut dépendre d'un morceau d'étoffe à la boutonnière. Qu'on laisse M. Déroulède à son ruban, ce n'est pas moi qui m'y opposerai. Mais je voudrais seulement rencontrer quelqu'un qui me dise pourquoi on n'a pas eu de ces scrupules pour Pressensé ou pour Zola? Autant de signes, vous dis-je, de l'état d'esprit qui nous perd.

Ne voyez-vous pas ce même Déroulède choisir pour terre d'exil l'Espagne, en donnant pour raison que c'est le seul pays du monde qui ne se soit pas montré « Dreyfusard ». Je reconnais que, dans cette occasion, la patrie des *autodafés* ne s'est point *officiellement* démentie. Cependant quel jugement portent sur eux-mêmes les hommes qui reconnaissent n'avoir rencontré d'approbation que dans le pays auquel ses chefs militaires, sous la souveraineté des moines, viennent de procurer une chute plus profonde encore que ne fut la nôtre à Sedan? Quand on se montre à ce point incapable de comprendre cette double leçon, où peut-on mener son pays, sinon à la finale déchéance? Un général, hier, prenant possession d'un commandement — précisément à la frontière d'Espagne — s'est plu à faire une manifestation politique et religieuse. Il connaissait bien son Galliffet, celui-là. Pas un mot n'a été dit par le gouvernement, où siège M. Millerand, pour rappeler ce soldat à l'observation de sa consigne qui est de se taire. Quand ceux-là même qui se sont donné mission de rétablir un peu d'ordre dans les esprits encouragent le désordre par leur faiblesse, comment espérer le prochain rétablissement de la paix civile parmi nous ? Audace croissante des bandits, des jésuites, et de leurs agents de toute dénomination, lâcheté des représentants de la loi, signes des temps, signes des temps !

23 *janvier* 1900.

XI

L'Eglise ou la France

Il est difficile de parler d'autre chose que du procès des moines de l'Assomption. Ce n'est pas qu'on y découvre les terres inconnues dont l'ingénuité de quelques-uns s'émerveille. A vrai dire, il n'y a rien de bien nouveau dans cette affaire, rien qui puisse surprendre les observateurs attentifs des mouvements de l'Eglise, ou même les simples « hommes d'Etat » de notre démocratie.

Des hommes se réunissent pour se livrer en commun aux pratiques religieuses qui doivent, suivant eux, leur propitier le Créateur des mondes et leur assurer des félicités éternelles au-delà de la mort. Ils s'instituent mendiants et deviennent tout aussitôt millionnaires. Ils ne font pas la charité, « *ne s'occupant pas des corps* », et n'ayant cure que leurs semblables meurent de misère ou de faim. Leur règle porte : « *Ne rien recevoir*, NE RIEN DONNER ». Ils ne donnent rien, en effet, mais reçoivent si bien qu'ils deviennent de grands propriétaires fonciers, des fondateurs d'importantes industries. Les uns fabriquent l'alcool destructeur de la vie humaine, d'autres sont aubergistes, entrepreneurs de couture, et tuent la créature machinisée pour la gloire du Créateur (Lisez l'histoire du *Bon Pasteur* de Nancy). Je vois tous les jours les Révérends Pères de l'abbaye de Soulac annoncer en lettres de feu leurs dentifrices sur la place de l'Opéra.

Le plus grand nombre se livre à l'industrie de la *puériculture*. Ils ne font pas d'enfants, mais ils déforment ceux des autres à leur propre usage. Leurs instituts couvrent le territoire, car du *B A Ba* selon le Pape à la médecine « catholique » ils ont la prétention d'accaparer tout le savoir humain. Du même coup, comme on le pense bien, ils préparent des successeurs, afin que l'âme humaine reste éternellement sous le poids du dogme infaillible. Examinez les « instructions » sur ces jeunes enfants « *pauvres, intelligents* et SOUPLES » qu'on prive de *tout contact avec leur famille dendant une durée d'au moins cinq ans*, dans le but d'en faire des moines. Il y a là de la part des parents un véritable acte de vente que la loi interdit et que le gouvernement tolère. Mais quoi ? Le congréganiste n'aliène-t-il pas sa liberté au mépris même du Code ? Et n'objecte-t-on pas que nous voulons « persécuter la religion » quand nous rappelons que la liberté humaine est inaliénable de droit ?

Est-il besoin de dire que la préparation des enfants aux fins de « l'ordre » ne fait pas négliger le soin de conduire jeunes gens, hommes, femmes, vieillards, dans les voies avantâgeuses aux intérêts de la congrégation. Par la confession, par les confidences que provoque leur « sacré caractère », par l'organisation d'une police universellement répandue (songez à ces rapports d'un agent féminin trouvés dans la paillasse d'un Père), des hommes qui n'ont ni foyer ni famille et ne reconnaissent d'autres guides que la parole d'un chef étranger sont maîtres de tous les foyers, arbitres de toutes les familles.

Et cela ne leur suffit pas. Il leur faut l'homme public encore. Alors, ils organisent dans la démocratie, devant des chefs du peuple ahuris, apeurés, la mise en action des forces diverses du nombre. Ils installent sur l'ensemble du territoire une presse obéissant à l'inspiration monacale, et toute l'organisation cultuelle que subventionne l'Etat se trouve enrôlée d'office au service de cette propagande dirigée contre l'Etat lui-même. Je ne dis rien des polémiques obscènes auxquelles des nonnes, armées du composteur, prêtent leurs pieuses mains. Les hymnes sacrés alternant avec « *le trou de balle à Labori* » sanctifient toutes choses.

A la presse, bientôt c'est l'action électorale qui succède. Et avec quel art sait-on l'organiser ! Et de quels moyens réussit-on à la doter ! Etudiez l'action de ces comités constitués dans chaque village, dont les chefs subalternes n'ont pas même besoin de savoir aux mains de qui ils sont. On leur dit seulement que c'est l'Eglise qui les mène : cela répond à tout. Ordre de se renseigner de toutes parts. « *Chaque semaine, il sort plus de douze millions et demi de publications diverses de la maison de la Bonne Presse.* »

Pour compléter cette œuvre, il faut pénétrer au cœur de l'électorat lui-même, et c'est pour cela que l'agent laïque du moine doit se renseigner jusque dans le moindre détail sur l'histoire intime de l'électeur. On connaît les besoins de chacun : on pourra lui venir en aide afin d'obtenir la signature ou le vote désiré. On a découvert une tare de famille, une faute oubliée : source de chantage. Obéissez, ou la révélation scandaleuse va suivre. Les faiblesses secrètes ou publiques de toute personne sont pesées, tarifées ; on possède le moyen d'en tout obtenir. Les femmes entrent en jeu, puis les enfants qu'il s'agit d'établir, de marier, de pousser dans la vie. En vérité quand on voit quel vaste filet à mailles serrées s'étend sur tout le territoire, on a peine à comprendre qu'il y reste encore autant de volonté personnelle, autant d'énergie. « Sur quelles questions, dit une circulaire congréganiste, doit se porter l'attention du comité central, du secrétaire, des correspondants et de leurs délégués ? » « *Sur tout, absolument* », telle est la catégorique réponse. Et, en effet, rien n'échappe à l'activité redoutable. Rien de la vie privée, rien de la vie publique. Une organisation parallèle à l'Etat fonctionne en tous lieux. C'est la grande reprise de possession de l'homme et de la société par l'Eglise.

Et quand la loi demande des comptes, quand elle observe que ces gens constituent, sous prétexte de religion, une association politique, ils répondent impudemment : « Nous n'avons pas abdiqué nos droits de citoyens ». Est-ce bien sûr ? Lisez ce bref extrait des règles assomptionnistes :

a) Ne se rien approprier ; *b*) ne rien garder en sa possession ; *c*) ne rien donner ni recevoir ; *d*) ne rien vendre ni acheter ni changer ; *e*) ne rien prêter ni emprunter ; *f*) ne rien employer à une autre destination que celle qui est prescrite ; *g*) ne rien détruire ni laisser se perdre ; *h*) ne rien emporter avec soi dans une autre maison ; *i*) ne disposer de ses propres biens, en aucune manière que ce soit, sans l'autorisation des supérieurs.

Que reste-t-il de la liberté d'un homme qui aliène une telle partie de son activité entre les mains de ses supérieurs ? Il est leur serviteur. Il est leur chose. Que peut-il subsister en lui du citoyen ? Le religieux ne peut rien posséder. Seulement il possède des immeubles valant des millions, et l'on trouve des rouleaux d'or et des paquets de billets de banque par centaines de mille francs dans sa caisse. Tous ces hommes *qui n'ont rien* se font entre eux des testaments (on en a retrouvé jusqu'à onze dans un seul coffre-fort) pour se léguer leurs biens les uns les autres *ad æternum* au détriment de leurs propres familles, et de l'Etat dont la prospérité se fait des prospérités particulières.

Ce système, complété d'un jeu de contre-lettres dont le mystère est aujourd'hui percé à jour, développe, en dépit de la loi, une propriété de mainmorte qui tarit lentement et sûrement la source de toutes les activités individuelles. Et sur cette propriété de mainmorte se fondent les industries que j'ai dites, défiant toute concurrence puisqu'elles disposent de capitaux à l'infini, puisque la main-d'œuvre se paie en bons de paradis (nonnes typographes, chartreux fabricants d'alcoolisme, etc., etc.,) et que les chefs d'industrie, comme les ouvriers, d'ailleurs, n'ont, en ce cas, ni enfants, ni vieux parents à nourrir. C'est ce privilège antisocial qu'on nous donne pour le fondement du « droit » et de la « liberté ». Et, parce que les moines se sont soustraits à toutes les charges de l'Etat, il leur paraît logique de réclamer, par surcroît, comme sous l'ancien régime, l'exemption des impôts sous le poids desquels fléchit le travailleur. Et quand l'Etat s'ingère de soumettre tous les Français à la loi, on exhibe un faux titre de propriété, et un bon religieux est venu reconnaître, en justice, qu'il était des cas où il ne disait pas la vérité.

Je n'ai cité que quelques traits au hasard dans le plus formidable ensemble. Nos Assomptionnistes se vantent d'avoir assuré le succès de certaines élections. Il y a trop de modestie chrétienne dans leur catalogue. Ils ont fait mieux que d'envoyer à la Chambre un nombre déterminé de députés aux ordres de l'Eglise romaine. Ils ont vicié l'esprit français aux sources mêmes de la pensée. Ils ont fait, ils ont voulu la condamnation d'un hérétique innocent, et quand l'innocence a été démontrée, ayant absous, ayant glorifié le faux, ils ont continuellement maintenu le verdict d'infamie. Demain, ils éliront le bandit Mercier pour bien attester leur puissance ainsi que leur mépris de la conscience humaine. Hier, sous la menace de voix à détacher de sa candidature, ils amenaient le protestant Siegfried à s'humilier bassement sous leur loi. Quel relevé de comptes, s'il fallait tout dire. Hélas ! La trop cruelle expérience de deux années vient de nous apprendre, dans la stupéfaction de l'esprit français, qu'ils avaient mis la main sur les chefs de l'armée, et ce n'est pas Galliffet qui nous débarassera de généraux que Rome impose aux soldats de la France.

Dans ce redoutable danger, à qui recourir, sinon aux lois, aux juges chargés de les appliquer, aux législateurs chargés de les faire. Les juges, dès hier, ont donné leur mesure. Seize francs d'amende et la dissolution de la société, avec, pour précédent, les Jésuites, *dissous*, plus florissants que jamais. Quant aux législateurs, ils se sont institués, avec beaucoup d'éloquence, fabricants de cataplasmes pour jambes de bois. C'est l'observation la plus bienveillante qu'on puisse faire à propos du projet de loi sur « le stage scolaire » que le gouvernement nous présente avec le contre-seing du parti révolutionnaire qui trouve plus aisé, paraît-il, de socialiser les instruments de travail que de supprimer les congrégations, l'un des pires attentats à la liberté humaine.

Pour moi, je ne comprends, dans cette grave conjoncture, qu'un programme de gouvernement : liberté de toutes les croyances, suppression de toute organisation d'un Etat dans l'Etat. Avec l'exemple de l'Espagne sous les yeux, il faut maintenant choisir pour nous-mêmes entre les deux souverainetés : ou l'Eglise ou la France.

27 *janvier* 1900.

XII

Le temps de l'action

L'influenza, présent des colères célestes, m'a tenu fâcheusement éloigné des lecteurs de *la Dépêche* depuis deux semaines. En revenant à la vie civilisée, je découvre que la matière n'a pas manqué, pendant ce temps, aux méditations des républicains sur les péripéties diverses de nos affaires publiques. Le trait dominant de la situation actuelle, c'est le redoublement de fureur des royalistes, des plébiscitaires bonapartistes ou pseudo-républicains, sous la conduite des moines et des évêques, coïncidant avec l'incroyable inertie de ceux qui ont charge de « la défense républicaine ». Nulle pensée de récrimination n'est en moi. Les intérêts en cause sont d'ordre trop haut pour que les questions de personnes ne soient pas tout d'abord écartées.

Il est certain, d'ailleurs, que, sous un régime de liberté électorale comme le nôtre, les fautes des gouvernants correspondent toujours plus ou moins à l'état d'esprit des gouvernés qui les tolèrent. Aussi bien n'ai-je point charge d'établir les responsabilités. Tout ce qu'il m'est permis de faire, c'est de signaler le mal, sans jamais me lasser, dans l'espoir obstiné que les vrais patriotes, ceux qui ne séparent point l'amour de la France du culte de la justice et de la liberté, finiront par comprendre qu'il est temps d'en finir avec les lamentations de gouvernement pour passer aux actes d'énergie qui forcent la victoire.

Que les troupes du duc d'Orléans et celles du prince Victor, que les Césariens qui se masquent impudemment du titre de « républicain » (!) plébiscitaires, enrôlés au service de l'épiscopat révolté et de la moinerie en fureur, s'apprêtent à donner d'ensemble contre le parti républicains aux élections municipales de Paris, ce n'est un secret pour personne, pas même, je suppose, pour le ministère. Partout les comités s'organisent, les intrigues se nouent, les candidatures se préparent, les fonds sollicités de toutes parts s'accumulent en de pieuses mains. Nous aurons bientôt le spectacle du plus rude assaut contre la République qu'il nous ait été donné de voir depuis l'aventure boulangiste et le « coup » du maréchal de Mac-Mahon. On paraît avoir pris sagement le parti de ne point risquer la bataille en province. Dans quelques grandes villes, il y aura sans doute des entreprises particulières, mais le gros de l'effort se concentre sur cet unique objectif : ouvrir la brèche, s'il se peut, dans Paris, et faire croire ainsi à un état d'opinion qui puisse, aux occasions ultérieures, suggestionner et emporter le suffrage de la province. Nous pourrons ainsi mesurer, au mois de mai prochain, la puissance électorale du clergé catholique et de toutes les forces de réaction coalisées dans la capitale de la République française.

Pour le moment, je n'ai point en mains les éléments d'un pronostic sérieux. Je sais bien que la cause républicaine ne sera point vaincue dans Paris, cela est impossible, mais il est difficile encore d'évaluer ce que pourraient produire les mécontentements divers groupés et concentrés contre l'institution républicaine par le clergé romain dont les chefs reçoivent de l'investiture gouvernementale le caractère officiel qui accroît d'autant leur autorité contre la République elle-même. Le résultat dépendra, pour une bonne part, de l'effort correspondant que le sentiment du danger suscitera chez les républicains eux-mêmes. S'ils sont capables de s'unir, de se discipliner, de concerter l'action des divers groupements, ils remporteront, comme dans les occasions antérieures, une victoire éclatante. Il leur faut seulement vouloir. Mais cet acte de volonté est de nécessité première.

De tout temps, il y a eu des forces de réaction notables dans Paris. L'afflux constant de la province y suscite des espérances plus vives, des déceptions plus cruelles, des mécontentements d'autant plus prêts à se manifester que les moyens d'action se présentent d'eux-mêmes. La puissance des sections royalistes à l'issue de la Révolution, est un fait historique assez éloquent par lui-même. On sait comment Paris se laissa follement entraîner dans le carnaval boulangiste. Nous en sommes maintenant au boulangisme sans Boulanger : la monnaie des successeurs d'Alexandre. Encore est-ce beaucoup grossir le rôle de Jules Lemaître, de François Coppée, de Buffet et de Déroulède. Je ne vois que ce bandit de Mercier qui paraisse de taille. En tout cas, veillez, républicains, si vous ne voulez pas avoir de fâcheuses surprises. Veillez, et agissez.

Hélas ! les conseils d'action ne sont pas pour plaire à tout le monde. L'électeur trouve généralement plus aisé de s'en remettre à son député du soin d'agir, comme le député lui-même se plaît à attendre bouche bée l'action de son ministère. Quant à ce dernier, il attend l'heure et la laisse échapper le plus consciencieusement du monde, escomptant toujours demain, reculant toujours devant les responsabilités d'aujourd'hui. Ainsi toute force se dissocie, se disperse, se gaspille. Chacun crie à l'autre : « Agissez », et l'idée ne vient à personne de dire : « Agissons ». Loin de là nos politiciens réformateurs se proposent pour programme d'action de tout « apaiser », comme ils disent, c'est-à-dire de concilier dans l'inertie les revendications contradictoires de la liberté et de l'oppression, de l'injustice et de l'iniquité.

« Les révolutionnaires ne se reposent que dans la tombe », a dit un ancien de l'époque héroïque. Il paraît qu'aujourd'hui c'est dans le maroquin des portefeuilles que certains « réformateurs » aspirent à trouver le repos. Ils se disent les fils de la Révolution française à qui la chance ne fut pas donnée, que je sache, de réaliser par « l'apaisement » la conquête du droit. Mais dès qu'ils ont mis la main sur le pouvoir, la lutte leur paraît achevée, et ils ne demandent qu'à conclure la grande entreprise révolutionnaire par l'universelle embrassade de tous les oppresseurs et de tous les opprimés. M. Mesureur, président du « comité d'action » pour les réformes républicaines (ô ironie des mots !) s'est donné la peine de faire le voyage de la Somme pour nous expliquer en son langage les beautés de « l'action » par « l'apaisement ».

J'entends dire partout que M. Mesureur est de la petite coterie qui aspire à remplacer le cabinet actuel après lui avoir préalablement donné dans le dos le coup de poing nécessaire. Je ne saurais dire au juste quelle quantité d'exactitude se trouve en cette accusation. En tout cas, le discours du président du « comité d'action » le met au premier rang des candidats au prochain ministère d'inertie.

Par bonheur, il est encore des représentants du peuple — vraiment réformateurs, ceux-là — qui refusent de se soumettre aux enseignements de M. Mesureur. En tête, M. Paul Guieysse, le distingué député du Morbihan qui s'est fait un devoir de réfuter, dans une lettre rendue publique, la doctrine soporifique de M. le président du comité d'action. J'en détache le remarquable passage qui suit, auquel le grand Mesureur lui-même n'a rien trouvé à répondre par la bonne raison qu'il n'y a pas de réplique possible :

L'apaisement ! Est-ce que nos adversaires, césariens et cléricaux, désarment ou désarmeront jamais ? Est-ce que nous n'avons pas à livrer bataille à nos implacables et éternels ennemis sur un terrain dont l'Esprit nouveau a livré les approches ? Est-ce que notre faiblesse n'a pas laissé un Mercier entrer au Sénat, désigné naturellement comme le futur auteur d'un coup d'État ? Et vous croyez qu'il nous suffit de dire à ces gens-là : « Nous oublions les crimes que vous avez commis », pour qu'ils renoncent à leur complot ?

C'est l'impunité où nous les laissons qui fait leur force et leur audace. La question de l'amnistie, si fâcheusement posée, a suffi pour entraver l'action de la justice ; des procès, même entre particuliers, sont ajournés indéfiniment sous ce prétexte. Mais à ce compte, pour être logique, vous ne sanctionnerez pas la condamnation par laquelle Déroulède est déchu de ses droits de citoyen ; il peut, il doit être amnistié par vous au même titre que Mercier et consorts.

L'amnistie, c'est le cours de la justice outrageusement violé ; c'est la démoralisation qui s'empare de l'esprit des citoyens, voyant que, sous la République comme sous l'ancien régime, la justice, si implacable aux petits, épargne, comme toujours, les grands.

On ne saurait rien ajouter à cette simple et concise démonstration. Tout au plus me sera-t-il permis d'y joindre la démonstration supplémentaire résultant des dernières manifestations d'apaisement de M. l'évêque Gouthe-Soulard. Des moines violent la loi dans le but exprès d'organiser et de réaliser la contre-révolution politique et sociale. Pour cettre œuvre de rébellion caractérisée, qu'ils n'eussent osé tenter sous aucun des régimes antérieurs, ils sont dérisoirement condamnés à seize francs d'amende, et cela même Nos « Seigneurs » les évêques refusent de l'accepter. Les moines sont au-dessus de la loi. La société civile est criminelle de les vouloir soumettre au droit commun. Et les protestations, et les injures pieuses de pleuvoir dur sur M. Waldeck-Rousseau. Le grand prix de l'insulte appartient sans conteste à M. l'évêque Gouthe-Soulard. Quelle réponse a fait jusqu'ici le ministre ? Aucune. Le tonnerre demeure impuissant dans sa main, et, pour la bonne leçon du christianisme, il met sa gloire à tendre à l'évêque l'autre joue.

Il est ainsi convenu que le gouvernement de la République se laissera impunément maltraiter, bousculer par l'Église, sans avoir le droit de défense. On avait songé d'abord à suspendre l'évêque. Mais il paraît que cela aurait fait tant de peine à Léon XIII ! On y a renoncé. Je croyais que nous avions un ambassadeur au Vatican tout exprès pour régler ces sortes de conflits. On nous le dit à chaque vote budgétaire. Nous autres, nous savons que, Poubelle ou Nisard, tous ces incrédules, grassement rentés pour aller s'agenouiller au tombeau des apôtres, ne font rien qu'organiser les capitulations successives de la société civile devant l'autorité romaine. On le voit assez clairement aujourd'hui.

Avec beaucoup de peine on a réussi à ne pas découvrir un article du Code pénal applicable au cas de Gouthe-Soulard. On a dit alors : « Nous allons faire une loi ». C'est toujours l'ajournement de l'action au lendemain. Il n'y a rien de plus commode pour dispenser d'agir. On a donc proposé un texte législatif aux termes duquel Gouthe-Soulard pourrait « à l'avenir » être passible d'une semaine ou deux de prison. Quand cela sera-t-il voté ? Malin qui le dirait. Tout acte d'énergie qui eût immédiatement suivi la parole de révolte eût obtenu l'approbation universelle dès l'abord. L'ajournement ne fait qu'énerver l'opinion républicaine et encourager les ennemis de la société civile.

Déjà *le Temps* écrit : « Une lettre malencon-» treuse » (admirez l'euphémisme) suscite un projet de loi « illibéral ». Il paraît que M. Adrien Hébrard voit dans la répression des révoltes épiscopales une atteinte à la « liberté ». La République paye l'évêque pour l'outrager, et la République, ose-t-on dire, n'a rien à faire que de subir silencieusement l'outrage. Aussi M. Hébrard annonce-t-il en termes exprès que le projet de loi ne sera pas voté. « Il peut l'être bien difficilement », écrit son rédacteur, et voilà d'un mot, signification faite au gouvernement qu'entre Rome et la France laïque les modérés se porteront au secours de la cause romaine. Que d'ennuis se fût épargné le ministère Waldeck-Rousseau-Millerand s'il eût trouvé cinq minutes d'énergie pour prononcer la suspension de l'évêque insurgé !

Je parlais des élections municipales tout à l'heure. S'il arrivait qu'elles ne donnassent pas — à Paris au moins — tout le résultat que le parti républicain est en droit d'en attendre, le ministère ne manquera pas de dire : « Je n'y pouvais rien ». Certes, nul ne lui demande l'aide de ses fonctionnaires. La pression directe ou indirecte sur les électeurs est un système de gouvernement dont la République ne peut rien attendre pour son évolution de justice et de liberté. Il n'en est pas moins vrai qu'un gouvernement prépare et fait les élections, au sens le plus élevé du mot, en suscitant, en encourageant, par une action méthodique d'énergie, l'état d'esprit qui les détermine. A cet égard, nous avions fait un long crédit au ministère actuel, et, malgré tant de déceptions, nous ne voudrions pas désespérer encore. Il n'a plus beaucoup de temps à perdre. Qu'il se hâte. C'est la France, c'est la République qui se joue.

18 *Février* 1900.

XIII

Si c'étaient les Juifs, les Protestants, les Libres-Penseurs!...

Ah! si c'étaient les Juifs, les Protestants ou les Libres-Penseurs qui se fussent avisés de concentrer une fortune de plusieurs milliards dans les mains d'une association enserrant tout le territoire sous les ordres d'un chef étranger!...

Mais non, ce ne sont ni les Juifs, ni les Protestants, ni les Libres-Penseurs. Ce sont les moines de l'Eglise internationale romaine. Et c'est pour cacher l'entreprise du cléricalisme romain, mortelle à l'esprit français, qu'ils ameutent l'opinion contre les Juifs, les Protestants, les Libres-Penseurs.

Ah! si c'étaient les Juifs, les Protestants ou les Libres-Penseurs qui prétendissent accaparer tout l'homme — public ou privé — pour en faire une force aveuglément soumise, dicter à toute créature, comme un ordre d'en-haut, tout effort de pensée, de volonté, d'action, pénétrer, par l'extorsion des plus secrets aveux, jusqu'au plus profond sanctuaire du foyer, régir impérieusement la femme, modeler l'enfant comme cire en vue de la domination sociale, fondée sur l'espoir et la crainte des choses inconnues!...

Ah! si c'étaient les Juifs, les Protestants ou les Libres-Penseurs qui eussent érigé en un corps de doctrine intangible l'autorité absolue d'une infaillibilité humaine (!) sur l'esprit et le corps des hommes refoulés des aspirations de liberté en la servitude passive!...

Ah! si c'étaient les Juifs, les Protestants ou les Libres-Penseurs qui se fussent déclarés détenteurs de toute vérité, de toute autorité terrestre ou divine, de tout droit sur l'être et sur les manifestations de sa vie!...

Ah! si c'étaient les Juifs, les Protestants ou les Libres-Penseurs qui eussent réclamé, comme conséquence — d'ailleurs logique — du pouvoir spirituel absolu, la plénitude du pouvoir temporel, jusqu'à affirmer pour l'Eglise le droit de « réprimer par des peines temporelles les violateurs de ses lois » !...

Ah! si c'étaient les Juifs, les Protestants ou les Libres-Penseurs qui eussent proclamé cyniquement à la face du monde que « la liberté de conscience et des cultes est UN DELIRE », après une histoire séculaire où ce dogme se traduit dans la réalité des faits par une suite ininterrompue de tortures, de supplices, de massacres bénis ?...

Ah ! si c'étaient les Juifs, les Protestants ou les Libres-Penseurs qui, exigeant pour leurs croyances le privilège « d'être considérées comme l'unique religion de l'Etat à l'exclusion des autres cultes », et revendiquant bien haut pour l'Eglise « le droit d'employer la force », eussent expressément formulé cet aveu : L'Eglise ne doit ni se réconcilier ni se mettre d'accord avec le progrès, le libéralisme, la civilisation moderne » ! (1).

Ah ! si c'étaient les Juifs, les Protestants ou les Libres-Penseurs qui, ayant renié, répudié, condamné, voué à l'exécration publique toutes les idées fondamentales des sociétés de « civilisation moderne », réunissent en la plus grande société internationale qui soit toutes les forces de la superstition, de l'argent et du fer contre la liberté humaine et contre la justice des lois !...

Mais ce ne sont ni les Juifs, ni les Protestants, ni les Libres-Penseurs. C'est la milice cléricale — prêtres, moines, laïques asservis, de l'Eglise romaine — qui, parce qu'ils sont internationaux, accusent les défenseurs de l'esprit français d'être des « sans patrie », qui, parce qu'ils se vouent aux choses du ciel, ont organisé la plus implacable domination de la terre, et qui, pour détourner le public des sentinelles vigilantes dénonçant le péril, ont trouvé le moyen, par mille voies souterraines, de substituer peu à peu à l'avertissement fameux : « Le cléricalisme, c'est l'ennemi », ces nouveaux cris de guerre : « Mort aux Juifs ! », « Sus aux Protestants ! », « Haro sur les Francs-Maçons ! »

Ah ! si c'étaient les Juifs, les Protestants ou les Libres-Penseurs qui, ayant mis la main sur tous les ressorts de l'Etat, se proclament au-dessus des lois, déclarent lettre morte tout article du Code qui met

(1) Pour toutes ces citations, voir le *Syllabus*.

entrave à leur suprématie, et jurent qu'on les persécute dès qu'on fait brèche à leur monstrueux privilège par quelque texte de droit commun !...

Ah ! si c'étaient les Juifs, les Protestants ou les Libres-Penseurs dont les chefs eussent ouvertement pris parti pour les violateurs de la loi contre le gouvernement coupable d'imposer la légalité aux moines en état de rébellion !...

Ah ! si c'étaient les Juifs, les Protestants ou les Libres-Penseurs dont les « Pontifes » eussent impunément couvert d'injures les ministres représentants de la loi ! Si c'étaient les Juifs, les Protestants ou les Libres-Penseurs qui eussent envoyé leur « sacerdote » suprême, entretenu par l'Etat, protester par une démarche publique contre l'application de la loi de l'Etat aux moines révoltés !...

Mais non. Ce ne sont ni les Juifs, ni les Protestants, ni les Libres-Penseurs qui ont commis ces actes d'insurrection caractérisée. Ce sont les porte-paroles autorisés de l'Eglise romaine, prétendant obéir aux directions de leur chef italien qui, en effet, ne les a ni condamnés, ni désavoués.

Ah ! si c'étaient les Juifs, les Protestants ou les Libres-Penseurs dont le « Père » suprême — un étranger — se vantât, comme d'une grande concession, de recommander à ses subordonnés d' « accepter » le régime que s'est donné la France, tout en combattant les lois : ce qui implique pour cet Italien le droit de conseiller à ses prêtres, lorsqu'il lui plaira, de répudier le régime établi par la volonté nationale et de se mettre en révolte ouverte contre la France !...

Mais non. Ce ne sont ni les Juifs, ni les Protestants, ni les Libres-Penseurs qui ont osé promulguer cette doctrine antinationale, ce sont tous les organes officiels et officieux de l'Eglise romaine, à la grande satisfaction des eunuques de gouvernement qui couvrent leur lâcheté de cette sottise : « Le Pape est avec nous ».

Ah ! si c'étaient les Juifs, les Protestants ou les

Libres-Penseurs qui en fussent arrivés à ce point d'inconscience patriotique de se faire représenter auprès du gouvernement français par l'ambassadeur d'un « souverain » étranger !... Et si c'était le nonce d'un Pape juif, protestant ou libre-penseur qui se permît — couvert par l'immunité diplomatique — d'aller faire une conférence au siège de l'une des institutions papalines rivales de l'Etat français, et d'y traiter impudemment — lui, étranger — de ce que doit ou ne doit pas faire la France !

Mais, non. Ce ne sont ni les Juifs, ni les Protestants, ni les Libres-Penseurs qui donnent le spectacle de cette antipatriotique aberration. C'est l'Eglise romaine, et c'est le nonce Lorenzelli qui va « conférencier » à l'Institut catholique, pour y proclamer — à titre de non-Français — que la France est « le soldat de Dieu », c'est-à-dire de son Dieu Romain, à lui, comme il prend la peine de l'expliquer en termes exprès tout aussitôt. C'est M. le nonce Lorenzelli, ambassadeur du Pape romain auprès de la République française, qui déclare être venu à l'Institut catholique pour « affirmer que la direction du Pape ne peut pas être considérée un seul instant comme une ingérence étrangère dans les questions religieuses et dans celles qui concernent les rapports entre les institutions politiques et la religion ». Et cela sans que le gouvernement de défense républicaine (où siège, je crois, un révolutionnaire) ose protester contre cette insolente intervention d'un ambassadeur dans le domaine de la politique française.

Ah ! si c'étaient les Juifs, les Protestants ou les Libres-Penseurs qui, non contents de s'appuyer sur un « souverain » étranger pour dicter leur volonté à la souveraineté française, non contents de se mettre au-dessus des lois, eussent poussé le délire d'arbitraire jusqu'à rêver de se mettre au-dessus de la conscience humaine, et, l'ayant rêvé, aient eu la puissance de le faire !...

Ah ? si c'étaient les Juifs, les Protestants ou les

Libres-Penseurs qui aient voulu et « fait », pour le triomphe de leur Eglise sur l'hérésie, que le traître manifeste fût décrété d'innocence, glorifié, acclamé, et que l'innocent avéré fût décrété de trahison, à deux reprises différentes — les derniers juges n'ayant pas même l'excuse de l'erreur.

Ah ! si c'étaient les Protestants, les Juifs ou les Libres-Penseurs qui aient obtenu ce résultat par le faux, le mensonge, et le faux témoignage, tous crimes publiquement constatés, sans que la loi ose lever son glaive contre les criminels, en terreur de la puissance religieuse qui tient dans sa droite nos grands chefs militaires et leur assure l'impunité quoi qu'ils puissent faire !...

Ah ! si c'étaient les Protestants, les Juifs, ou les Libres-Penseurs qui, pour mieux attester la défaite — dans la conscience humaine — de la plus élémentaire notion du bien et du mal, aient pris pour candidat aux élections politiques l'auteur reconnu des crimes les plus patents contre l'innocence, et l'aient fait triompher, n'ayant d'autres titres aux suffrages de leur secte que ses crimes mêmes par lui publiquement avoués !...

Ah ! si c'étaient les Juifs, les Protestants ou les Libres-Penseurs qui, d'étape en étape, aient fait chaque jour reculer devant eux le gouvernement de « défense républicaine » (car la République, sous leur effort, a dû passer de l'offensive à la défensive) jusqu'au point d'amener Waldeck-Rousseau et Millerand à proposer de consacrer par une loi d'amnistie qui serait le crime des crimes — le déshonneur de l'innocent et l'impunité des bandits !...

Mais non. Ce ne sont ni les Juifs, ni les Protestants, ni les Libres-Penseurs qui ont publiquement gagné cette insolente gageure contre la République française, la justice de ses lois, la conscience de ses libres citoyens. C'est l'Eglise elle-même par ses moines, par ses prêtres dont l'audace épouvante les faibles gardiens de la société civile apeurée. C'est l'Eglise qui a remporté cette victoire de la démence sectaire sur l'esprit français lui-même, jadis tout de générosité humanitaire, tout de justice, de droit, de liberté. On a crié pitié au Pape romain et le Pape romain du Christ est resté sans réponse. Et si la générosité traditionnelle de notre peuple, si ses aspirations de justice, de droit, de liberté doivent définitivement succomber sous l'absolutisme de Rome, après le démembrement que nous devons à nos généraux d'Eglise, demain que restera-t-il de la France ?

Ah ! si c'étaient les juifs, les protestants ou les libres-penseurs qui ayant souverainement gouverné l'Espagne, l'Italie, l'Autriche, la Pologne, l'Irlande, les Républiques sud-américaines, aient fait à ces pays les destinées dont nous sommes témoins !...

Mais non. C'est l'Eglise catholique romaine qui a étouffé, sous l'universel développement de son absolutisme sectaire, le plus bel essor de pensée et d'action chez les peuples les plus brillants de la terre. C'est l'Eglise de Rome qui s'acharne actuellement sur cette dernière proie : la France. Le suprême combat des prochains jours décidera qui des deux doit survivre. Et comme il se trouve des Français avisés pour mettre leurs concitoyens en garde contre la domination mortelle de l'Eglise romaine, les moines ont inventé pour heureuse diversion, au profit du cléricalisme, la clameur de haro sur ses victimes, juifs, protestants ou francs-maçons. Les complices, les maniaques, les sots vont répétant le cri de mort, attendant que la foule irresponsable — dûment suggestionnée — exécute l'arrêt de Rome, comme aux jours où, suivant le mot de « la Croix » : « Le Christ régna vraiment à Alger ». Car, disparaisse toute dissidence, la France enfin se trouvera romaine. Ce sera la plus sombre fin de la plus belle histoire.

22 *février* 1900.

XIV

Le Contrôle parlementaire.

Le contrôle parlementaire, tel que prétendent l'exercer nos Chambres, n'est qu'une apparence fallacieuse, ou, pour appeler la chose de son nom, un mensonge. Je ne dis rien des réformes où les Assemblées délibérantes de la monarchie (légitime ou usurpatrice), du second empire et de la troisième République ont successivement manifesté la même impuissance. Pour plus de sûreté encore, des modérés proposent en ce moment de retirer aux Chambres le droit d'initiative, afin de les ramener — pour grande réforme républicaine — à l'état de sujétion militairement imposé par Napoléon III à la représentation populaire. C'est à peu près comme si l'on décidait d'enchaîner d'un triple lien de fer quelque majestueux mannequin où les muscles, le sang et les nerfs seraient remplacés par de la paille. L'initiative parlementaire est là surtout comme ornement à titre de théorie, bien que la grande réforme de la République, le rétablissement du divorce — qui a eu pour effet, sur ce point particulier, de nous mettre au niveau des principales monarchies — soit dû aux efforts personnels de M. Naquet. Quant à l'initiativ. gouvernementale, nous pouvons voir ce qu'on en fait. Des promesses, des promesses suivies d'ajournements sans fin. Trop heureux le peuple des gouvernés quand les ministres, anxieux de se résoudre à quelque chose, ne prennent pas subitement la résolution de se mettre en travers de la justice et de la loi, ainsi que nous les voyons faire présentement au profit du criminel Mercier et de toute son illustre bande de faussaires.

Je sais que beaucoup de gens trouvent précisément admirable d'avoir institué ce jeu de la représentation nationale pour l'amusement du peuple français, sans lui faire courir le risque des réformes « prématurées » qui mettraient notre République en danger d'expérimenter à son tour les lois de justice sociale dont se vantent depuis longtemps les monarchies d'Angleterre, d'Autriche et d'Allemagne. En revanche, nous dit-on, nous avons le contrôle parlementaire dans toute sa beauté. Mais qu'est-ce que cette affirmation si les faits de chaque jour s'obstinent à la démentir? Le vote du budget doit être, d'après nos doctrinaires, la grande préoccupation des Chambres. Je n'y contredis point. Mais qui nous fera connaître quel a été le résultat de tant de savants rapports et de tant d'éloquents discours pour la bonne administration de nos affaires?

Pendant longtemps, les rapports du budget ont été exclusivement confiés à des députés complaisants qui, ayant pour unique vue de décrocher le portefeuille, n'avaient garde de se créer des difficultés par avance. Ce fut l'âge d'or des ronds-de-cuir. Le rapporteur s'en allait bonnement de direction en direction, priant qu'on lui remît « une note » sur les principales questions à traiter, et Monsieur le directeur se faisait une joie de fournir un long mémoire, avec chiffres à l'appui, d'où résultait la preuve que toutes choses dans les bureaux étaient, pour le moins, admirables. La collection de ces « notes » expédiées directement à l'imprimerie, constituait « le rapport » du député, qui se bornait souvent, pour toute remarque personnelle, à insinuer que le ministre sommeillait quelquefois, comme le bon Homère, tandis que lui, rapporteur, s'il était ministre, ne dormirait jamais que les yeux ouverts. Sur quoi, la Chambre, émerveillée de tant de science, votait de confiance au gouvernement ce qu'il lui plaisait de demander.

Tout s'use, et l'on vit avec le temps apparaître une race de rapporteurs ayant la prétention singulière de se faire une opinion personnelle sur les questions qui leur étaient soumises et de rédiger eux-mêmes leur rapport. Ai-je besoin de dire que le plus distingué représentant de cette école n'est autre que Camille Pelletan, dont le brillant travail sur le ministère de la guerre vient de faire si grand tapage? Je résiste pour aujourd'hui à la tentation de relever les principaux points que le rapporteur met si remarquablement en lumière. Il serait à souhaiter qu'une édition populaire de ce document le mît aux mains de chaque électeur, afin que le peuple souverain pût apprendre comment on gaspille ses deniers, et comment on organise la défaite sous prétexte de le défendre. Peut-être Pelletan pourrait-il, en une série d'articles ultérieurement publiés en brochure, résumer ses principales critiques sur chacun des articles du budget de la guerre. Rien ne serait plus utile pour l'enseignement populaire.

Sans entrer ici dans aucun détail, il suffit de mentionner le simple fait que le plus scandaleux gaspillage des fonds publics y est établi, prouvé, par des chiffres qui n'ont pas été et ne pouvaient pas être contestés, émanant de l'administration elle-même. Je ne dis rien des pilleries imputables à certains. Il n'y aurait là que des responsabilités individuelles à dégager si l'administration n'avait pris systématiquement à tâche, après avoir facilité le crime par l'absence de contrôle. d'assurer en toute occasion l'impunité des criminels. On pense bien que Pelletan s'est gardé de toute généralisation violente. Loin d'accuser en bloc tout un corps, loin même de préciser certains griefs contre des personnages déterminés, il a pris le soin exprès de ne faire porter sa discussion que sur les faits d'intérêt général, et n'a point ménagé l'éloge à ceux sur qui ne doit point peser la responsabilité des fautes qu'il relève.

Vaines précautions. Le document est sous les yeux

de la Chambre. Le ministre de la guerre, qui en a fourni lui-même tous les éléments, est à son banc, entouré de tous ses directeurs dont la compétence fait loi pour la Chambre. Tous ces hauts fonctionnaires vont-ils laisser passer sans mot dire des affirmations qui équivalent pour eux à une condamnation décisive ? Ne voudront-ils pas protester ? N'essayeront-ils pas de réfuter le rapporteur ? Eh bien ! non. Ils sont là, silencieux, confondus, incapables de se défendre. Le ministre vient déclarer que son administration ne tentera pas même de répondre. Et comme il faut pourtant dire quelque chose, il recourt à la plus misérable diversion, parlant des « factieux de l'intérieur » qui n'ont rien à voir en cette affaire, se disant socialiste « à sa façon », et prétendant que les ennemis de la France doivent se réjouir de voir des députés réclamer, pour la défense nationale, un meilleur emploi des ressources du pays. Hélas ! nous sommes quelques-uns à savoir que Pelletan n'a pas tout dit, et que, si le pire scandale n'a pas été dévoilé, c'est précisément parce qu'il importait, avant tout, de ne pas renseigner l'ennemi.

Une enquête est demandée. Point d'enquête, répond la Chambre, après un habile discours de M. Waldeck-Rousseau, qui sauve son ministre par la pointe des cheveux. L'enquête, dit le président du conseil, doit être faite par le gouvernement lui-même. Soit, mais cette enquête sera-t-elle faite ? Nous savons bien que non. Et que serait-elle, d'ailleurs, confiée à Galliffet lui-même et à tous les chefs d'administration, qui portent précisément la responsabilité des fautes signalées ?

Voici donc ce qu'on appelle le contrôle du gouvernement par la Chambre. La majorité donne délibérément un blanc-seing aux dilapidateurs et laisse au ministre le soin de se contrôler lui-même. Quelle différence, s'il n'y avait pas de Chambre du tout ? Et de quoi s'agit-il, je vous prie ? Est-ce d'un intérêt passager, d'une question secondaire ? Non, ce qui est en cause, ce n'est rien de moins que la défense du territoire, après le démembrement que nous a fait l'administration de l'armée sans contrôle, sous le règne de Napoléon III. Imbécilement, les députés supposent qu'ils n'ont qu'à donner de l'argent sans se préoccuper de l'usage qu'on en peut faire. Pelletan leur a pourtant démontré que nos dépenses de guerre étaient de beaucoup de millions supérieures à celles de l'Allemagne à la veille de Sedan. L'Allemagne dépense « utilement ». Pelletan propose d'accroître notablement notre force de défense par un meilleur emploi des crédits. La Chambre déclare que cela ne la regarde pas, et le gouvernement, où brille un socialiste révolutionnaire, après avoir confirmé par son silence les accusations du rapport, organise la continuation de notre affaiblissement militaire par la protection du gaspillage. Et c'est probablement, dans les circonstances présentes, le meilleur gouvernement que nous puissions avoir !...

C'est parce qu'une longue expérience nous a trop clairement démontré l'impuissance des Chambres à faire brèche dans le despotisme administratif qui fut le legs du premier empire, c'est parce que les fautes du Parlement sont trop visiblement imputables à l'incompréhension des problèmes posés qui est la caractéristique des manifestations électorales du peuple souverain considéré dans son ensemble, qu'il m'avait paru bon — et je l'ai déjà dit dès le premier jour — de faire profiter le suffrage universel de l'enseignement concret résultant des multiples développements de l'affaire Dreyfus. Le peuple, qui ignore les rapports du budget, ou n'en sait que ce qu'il convient à ses journaux de lui dire, n'ayant pas le temps de se livrer aux études qui feraient en lui la lumière, pouvait et devait se passionner pour le drame d'humanité au fond duquel il eût trouvé toutes les fautes, tous les crimes des oligarchies irresponsables, promptes à cabotiner le patriotisme, comme à exploiter — au détriment de la France — les moyens d'action qui leur sont donnés pour la servir. Le résultat pouvait être décisif si les hommes qui continuent dans notre armée les traditions de Metz et de Sedan étaient pris sur le fait, convaincus, les uns de ne reculer devant aucun crime pour satisfaire leurs passions sectaires, les autres de couvrir systématiquement ces criminels, de les protéger, de les porter aux honneurs, aux plus hauts emplois de l'armée.

La plupart des parlementaires, craignant pour leurs sièges, ont trouvé plus simple de flatter l'ignorance des masses, où l'Eglise trouve un puissant levier. Ils ont permis qu'un traître demeurât impuni, qu'un innocent fût sacrifié aux survivances des haines religieuses, ils s'apprêtent maintenant à amnistier le crime pour couronner dignement d'impunité l'œuvre d'infamie. Après quoi, voici que des hommes se présentent pour leur proposer de réformer cette organisation de gaspillage financier, d'impuissance militaire et d'arbitraire clérical dont on a refusé — deux années durant — de combattre les conséquences dramatiquement rassemblées sur la tête d'un représentant de « la race déïcide ». Par un grand effort de labeur, Pelletan fait toucher du doigt non pas toutes les fautes, mais quelques-unes des plus notoires. Le ministre lui répond imbécilement, comme Billot aux « dreyfusards », qu'il fait le jeu des ennemis de la France, la Chambre se désintéresse de l'affaire, et le peuple souverain... Vraiment, le peuple souverain, que pense-t-il, que fait-il? Je vous le demande, lecteurs.

25 *Février* 1900.

XV

Deux interviews

Le ministère laisse sommeiller l'amnistie. Dans la commission sénatoriale, quatre membres sont résolument opposés à la loi qui proclame l'impunité du crime et abolit monstrueusement le droit de tout citoyen aux réparations civiles, conséquences de tout dommage. Quatre autres membres de la commission sont disposés à tout pour sauver traîtres et faussaires, par l'unique raison que l'Eglise veut qu'il en soit ainsi. Enfin, le neuvième personnage, qui est en possession de faire pencher la balance d'un çôté ou de l'autre, se prononce pour l'ajournement. On ajournera donc, suivant toute apparence, jusqu'à ce qu'une inspiration d'en haut décide la grande question de savoir s'il y a ou non des lois dans la République française.

Si le Sénat semble se partager là-dessus, rien ne permet encore d'affirmer que le ministère soit un très chaud partisan de la mesure qu'il propose. L'élection de Mercier par les royalistes de la Seine-Inférieure a puissamment changé la disposition de certains esprits. Je crois même savoir qu'il se trouve des ministres pour comprendre qu'on ne gagne pas des batailles à reculer toujours. On va, au huit mars prochain, ajourner de nouveau le procès Zola, le premier président ayant exigé pour cela les réquisitions formelles du procureur général, on remettra encore à une date ultérieure le procès Henry-Reinach, on continuera de refuser la justice à Picquart, et l'on attendra l'un de ces coups de hasard que les peuples baptisent « sagesse des gouvernants ».

Un journaliste de mes amis a eu précisément l'occasion d'interviewer, il y a quelques jours, deux politiques importants de la Chambre. L'un est au premier rang de l'opposition modérée. Il a été président du conseil et se donne beaucoup de mal en ce moment pour le redevenir. Je sais que cette remarque pourrait s'appliquer indistinctement à M. Dupuy, à M. Méline, à M. de Freycinet. Ce n'est aucun de ces trois personnages. L'autre, pour dire franchement les choses comme elles sont, est un des membres les plus influents du ministère. Il ne s'agit pas de M. Waldeck-Rousseau. Si je tais les noms, d'ailleurs, c'est par discrétion pure, car le secret de la conversation ne me fut point demandé.

Le *Républicain modéré* — c'est son titre officiel — a déjà contribué puissamment au sauvetage de Mercier. Quelle ne fut donc pas la surprise de son interlocuteur quand il entendit le politicien farouche de la République monarchiste se prononcer avec outrance contre la proposition d'amnistie. Ah ! les oreilles de MM. Waldeck-Rousseau et Millerand purent corner pendant un long quart d'heure. L'un compromettait les principes fondamentaux de la société en installant le collectivisme au pouvoir, l'autre était d'autant plus dangereux qu'il avait « opportunisé » son socialisme de gouvernement jusqu'à en faire, aux yeux des électeurs naïfs, « une doctrine comme les autres ». Le double reproche paraissait, à la vérité, contradictoire. Il n'en était pas moins décisif aux yeux du candidat à la présidence du conseil. C'est pourquoi, loin de cacher le moins du monde son dessein, le député proclama sans détour que l'heure était venue de renverser le ministère.

Comment le remplacerait-on ? La question se poserait à son heure. « Je n'ai point le goût du pouvoir, disait « l'homme d'Etat » ; mais si l'on me démontrait que la République a besoin de mon dévouement, j'obéirais à la voix du devoir. » Vous voyez que c'est une belle âme. La belle âme dont il s'agit nomma d'autres âmes, non moins belles (radicales ou modérées), qui « se désintéresseraient du ministère » ou se tenaient prêtes à le mettre à bas.

Ce fut à ce moment de la conversation que notre homme indiqua négligemment que l'amnistie proposée par Waldeck-Rousseau et Millerand lui répugnait par-dessus toutes choses. Non, certes, qu'il fût hostile à « l'apaisement ». Rien ne lui paraissait si désirable. L'affaire Dreyfus avait profondément troublé le pays. Il était temps de rétablir la paix dans les âmes, mais toute la paix et dans toutes les âmes, ce que ne pouvait faire « une demi-amnistie », ne s'appliquant qu'à une catégorie particulière d'individus. Ah! si l'on parlait d'amnistier les Assomptionnistes et les condamnés de la Haute-Cour, alors ce serait « une amnistie véritable ». Il ne fallait pas moins pour qu'une telle mesure eût son plein effet, tandis que l'expédient proposé ne pouvait qu'irriter les passions au lieu de les apaiser. Aussi, beaucoup de modérés avaient-ils résolu — « dût le ministère se trouver en minorité » — de repousser tout net ce ridicule projet de « simili-amnistie ».

Vous reconnaîtrez sans doute avec moi que de telles paroles, venant d'un des principaux sauveurs de Mercier, méritaient d'être notées. Le gouvernement, sans doute, est pleinement renseigné sur les dispositions de ses adversaires. S'il lui plaît de réunir contre lui les voix de ceux qui se refusent à décréter l'impunité du crime, et de ceux qui veulent mettre moines et nationalistes au-dessus des lois, il n'alléguera pas l'excuse de la surprise.

C'est dans ce sentiment qu'il m'a paru curieux de prêter l'oreille à l'antistrophe ministérielle où se développait la palinodie. Mon ami avait obtenu une audience d'un de nos ministres « dirigeants », et lorsqu'il en revint — un peu suffoqué, je l'avoue — je n'eus qu'à laisser libre cours à son étonnement.

Le ministre, d'abord, lui fit un éloge hyperbolique de l'amnistie, tout en déclarant qu'il n'éprouvait « aucun enthousiasme » pour cette mesure. L'avantage de ce raisonnement à double corne est de pouvoir défendre le système de l'impunité des coupables par tous les lieux communs de l'empirisme politique, en même temps qu'on a la ressource de pouvoir répondre à toute objection grave : « Aussi, vous ai-je bien dit que je me résigne sans enthousiasme à cette idée. »

— Le grand point, dit le ministre, c'est que nous avons pour l'amnistie une majorité assurée à la Chambre.

— Croyez-vous ?

— Je le crois. Il faudra choisir son moment. Nous allons traîner un peu... Si la question venait pendant l'Exposition, comment pourrait-on nous refuser l'oubli du passé ?

— Et vous croyez que ce sera l'oubli du passé ?

— J'en suis sûr. Le pays ne demande qu'à en rester là.

— Et, en supposant que cela soit exact, vous pensez qu'il est bon d'enfoncer le pays dans cette idée qu'il n'y a ni lois ni justice en France, que l'innocent n'est point en sûreté s'il a contre lui l'Église, et que le criminel haut placé peut faire trembler devant lui Chambres et gouvernement.

— Aussi, ai-je commencé par vous dire que c'était sans enthousiasme que...

— C'est donc que vous admettez que Mercier est un bandit.

— Je l'admets sans aucunes réserves. Comprenez donc que, s'il n'était pas un criminel avéré, il n'y aurait pas besoin d'amnistie.

— Et vous allez mettre Picquart, innocent, au même rang que Mercier criminel ?

— C'est l'inconvénient de la mesure. Je n'en suis pas enthousiaste, vous dis-je.

— Amnistier un innocent, c'est lui faire le pire dommage.

— Oui. C'est fâcheux. Je me résigne. Picquart fera de même.

— Et vous amnistiez en bloc tous les faussaires qui ont insolemment bravé toutes les lois. Et vous rendez la découverte de la vérité totale impossible.

— Je le regrette beaucoup.

— Mieux encore, vous allez amnistier Esterhazy lui-même de sa trahison, qui pourrait se prouver plus tard par la production des notes mentionnées dans le bordereau.

— Euh !

— Enfin, vous avez pris votre résolution ?

— Sans enthousiasme, soyez-en sûr.

— Si vous aviez de « l'enthousiasme », pensait l'autre, qu'est-ce que vous pourriez faire de plus ?

Et moi, recueillant le récit de cet entretien, je me posais la question de savoir quel pourrait bien être l'avantage d'avoir changé de ministres, si ceux qui « défendent la République » se donnent pour mission de sauver ceux qui lui plongent le poignard dans le dos. Tout comme Waldeck-Rousseau et Millerand, Méline a pour programme d'assurer l'impunité à Mercier et à toute sa bande. Il y voudrait joindre seulement ces deux mesures complémentaires : exempter les Assomptionnistes millionnaires de leurs seize francs d'amende, et nous rendre Buffet, Guérin et Déroulède. Méline, il faut le reconnaître, a pour lui l'avantage de la logique. Aussi, je me demande si tous ces grands politiques ne finiront pas par se mettre d'accord à nos dépens... sans enthousiasme bien entendu.

3 *Mars* 1900.

XVI

Nouvelle loi de dessaisissement

Le gouvernement a condamné lui-même sa proposition d'amnistie. A vrai dire, il n'y avait pas autre chose à faire, puisqu'il avait obtenu cet unique résultat de réunir contre le texte proposé tout le monde. En vain nous avait-on exposé que le droit d'abolition civile était une prérogative des rois mérovingiens dont la République devait soigneusement garder le privilège. L'opinion s'était trouvée unanime à reconnaître que le droit de réparation civile inscrit dans le code au profit des citoyens, pour tout dommage qui peut leur être causé, doit être aussi inviolable dans la République française que dans l'empire des tzars. De fait, il n'y a pas un pays d'Europe — la Turquie exceptée — où l'on eût osé proposer une pareille mesure. Encore le sultan, exempt d'hypocrisie, ne procède-t-il point par des textes de loi. Il supprime à ses sujets ceux de leurs droits qu'il lui paraît bon de confisquer, et tout est dit. Trois cent mille cadavres d'Arméniens sont là pour attester le cas que fait Sa Majesté rouge du droit de vivre. En dépit de la chronique de l'île du Diable, il n'est pas encore question de nous ramener à cette sauvagerie.

Le Sénat lui-même l'avait compris. Des sénateurs, sans doute, ne demandaient pas mieux que d'amnistier le criminel Mercier, à la condition toutefois de ne pas violer brutalement le principe fondamental du droit des citoyens tel qu'il résulte des législations civilisées. Mettre un scélérat de haute envergure au-dessus des lois, cela se fait encore dans quelques gouvernements d'autocratie absolue ou tempérée : bon exemple pour la République française. Mais supprimer le droit lui-même dans le pays des Droits de l'Homme, l'acte paraît à tous dépasser la mesure du cynisme d'Etat ordinaire.

Peut-être le gouvernement, aveugle, aurait-il essayé de passer outre, résolu qu'il était à se débarrasser, par tous les moyens possibles, des procès Zola, Picquart, Henry, qui inquiètent les faux juges si bien flétris par M. Louis Havet. Mais un sénateur subtil a découvert que la loi, absurde dans le fond, n'était pas, dans la forme, plus soutenable. L'ancienne proposition d'amnistie, sur laquelle le gouvernement avait greffé son scandaleux projet, émanait de l'initiative parlementaire, et le règlement ne reconnaît pas aux ministres le droit d'amendement en ce cas. Il a fallu quelques mois seulement pour s'en apercevoir. Admirez, je vous prie, comment nous sommes gouvernés.

La commission sénatoriale n'eut pas plutôt découvert qu'elle délibérait dans le vide qu'elle en fit part à M. le garde des sceaux Monis. Celui-ci, je suppose, éprouva la plus vive surprise en apprenant quelle besogne ridicule on lui avait fait faire. Mais il ne se découragea pas. Il vient donc, sans broncher, de soumettre à sa bonne commission un autre texte pour obtenir le même résultat.

Je passe sur l'exposé des motifs, qui n'est pas glorieux pour le ministère. Il y a peut-être quelque impudeur à parler de « clémence » envers un homme que chacun des ministres, dans ses conversations privées, reconnaît innocent, alors surtout que la condamnation n'a été obtenue que par les manœuvres déloyales tolérées d'un ministre de la guerre inconscient. Quant à ajouter que « cet acte de haute humanité » appelle maintenant la pacification des esprits qui aggravera la condamnation de l'innocent par l'impunité des coupables, c'est une tartuferie que ne désavoueraient ni Méline, ni Billot, ni Esterhazy.

En ce qui concerne le projet lui-même. il n'est pas très différent de celui que M. Monis s'est vu contraint de retirer. Sans doute, on ne supprime plus d'autorité les procès civils. La réflexion a au moins produit ce résultat de révéler à nos gouvernants la monstrueuse absurdité de leur conception législative. Ils ne se reconnaissent plus le pouvoir de supprimer le droit des citoyens à la réparation de tout dommage. Ils ne se disent plus ce que le tzar lui-même n'aurait pas le droit de dire : « Les procès engagés par l'action civile n'auront pas lieu. » Non. Ils dessaisissent tout simplement la juridiction compétente, qui est le jury, au profit des tribunaux civils dont on escompte, avec plus ou moins de raison, la complaisance. Ainsi, ceux de nos politiciens qui ont si fort blâmé la loi de dessaisissement imposée par Méline la recommencent. Que disent là-dessus toutes les Constitutions du monde civilisé ? A la seule exception de la nôtre, toutes portent en substance qu'aucun homme ne peut être distrait de ses juges naturels. Le « juge naturel », c'est celui que détermine la loi au moment où le crime est commis. C'est parce que le juge naturel de Dreyfus — qui fut la chambre criminelle et la Cour de cassation — était soupçonné par Méline de vouloir rendre justice à l'innocence que, pour éviter à tout prix l'acquittement « de plano », le complice des crimes de Billot résolut d'enlever à ses juges naturels le condamné de l'île du Diable. La Chambre obéit. Le crime fut consommé. Mais quelles protestations éloquentes de certains ministres d'aujourd'hui ! Tout cela pour aboutir à quoi ? A voir recommencer par ces mêmes ministres l'acte qu'ils ont, eux-mêmes, réprouvé, condamné, stigmatisé d'infamie.

En effet, que font-ils aujourd'hui, sinon d'enlever Zola, Picquart, Reinach à leurs juges naturels, c'est-à-dire à ceux-là que leur donnait la loi au moment où l'action délictueuse, s'il y en a une, fut commise. Le juge naturel, c'était le jury. Plus de jury. Rien que des juges de gouvernement. Des juges dociles au lieu du juge libre, voilà ce qu'on nous propose. Le droit de réparation civile qu'on niait hier, aujourd'hui on le proclame avec emphase ; mais à la condition de le délimiter soi-même par des juges dont on tient en mains l'avancement. C'est pour ce beau résultat que nos ministres, dans leur reniement d'eux-mêmes, prétendent imposer à leurs amis l'obligation de voter une loi de tous les points identique à celles qu'ils ont flétrie. M. Monis, cherchant une excuse, a justement trouvé la pire. Il allègue que, « dans certains cas, la Cour de cassation renvoie aux tribunaux civils de première instance des procès précédemment engagés devant des juridictions répressives ». Mais, si la loi en dispose ainsi, les justiciables subissent cette loi comme les autres. Tandis que, dans le cas dont il s'agit, on change la loi tout exprès pour porter atteinte à leur droit de défense. Ainsi, l'argument juridique de M. le garde des sceaux porte avec lui sa propre réfutation.

Qu'importe. On veut nous gratifier quand même d'une amnistie qui ne sera pas une amnistie. Esterhazy le traître, Méline et Billot coupables de faux, Mercier et sa bande de faussaires seront sauvés des lois. Zola, Picquart, Reinach demeureront devant les juges pour se voir privés des moyens de produire un supplément de lumière par la libre investigation de l'audience, puisqu'on essaiera de les empêcher de discuter autre chose que le tarif pécuniaire d'un dommage. Cela valait-il tout le bruit qu'on a fait pour changer un gouvernement de trahison politique par un gouvernement « de défense républicaine » ? Où est l'avantage si le gouvernement républicain n'aboutit qu'à revenir aux errements de ceux qui menaient la République à l'abîme ? Est-ce donc pour cela qu'on a constitué ce socialisme de gouvernement qui, se donnant pour un parti de justice supérieure, commence par sanctionner la subversion du droit et ne craint pas de se faire le champion de l'injustice par excellence ?

Viviani, qui est pourtant l'ami intime de Millerand et l'un de ses soutiens les plus actifs à la Chambre, a clairement vu le danger. Il n'ignore pas que Millerand est, dans le ministère, l'un de ceux qui font la plus énergique propagande en faveur de l'amnistie. C'est par cette raison même, sans doute, qu'il a cru devoir l'avertir en un article de *la Lanterne*, où la politique gouvernementale sur ce point est sévèrement jugée.

Ce projet (la loi d'amnistie) est à la fois injuste et inutile, et c'est beaucoup, car un seul de ces vices suffit à le rendre inacceptable.

L'affaire Dreyfus fut l'occasion d'une série de crimes pour lesquels la prescription légale n'est pas atteinte. Ces crimes ont-ils été châtiés ? Nullement. On pourrait comprendre une mesure d'apaisement une fois la loi déchaînée et quand la leçon serait donnée pour l'avenir. Ce qui importe, ce n'est pas l'expiation matérielle, c'est la protection légale.

Mais comment amnistier le crime impuni, c'est-à-dire triomphant ? A-t-on réfléchi, d'autre part, que cette amnistie, si elle assure la sécurité matérielle au crime, enlève à l'innocent le droit, ou du moins la possibilité, de faire légalement constater son innocence ? D'où peut venir pour Dreyfus le fait nouveau indispensable à une nouvelle revision ? Evidemment d'un procès nouveau, où, comme dans le procès Zola, l'imprévu des questions et l'embarras des coupables serviront la cause de la vérité. Ici la possibilité même d'un procès enlève à l'innocent le droit d'attendre la communication de pièces qu'une puissance étrangère ne peut pas verser officiellement et que, peut-être, à l'occasion d'un litige, elle pourrait régulièrement montrer.

Mais ce procès aura lieu, dit-on, puisque les tiers peuvent poursuivre devant la juridiction civile les journalistes incriminés pour diffamation... Voilà vraiment ce qu'il y a d'inacceptable. C'est ce contraste démoralisant entre l'écrivain exposé à des condamnations pécuniaires qui peuvent être lourdes et les coupables qui, eux, échappent, par la flétrissure universelle, à toute condamnation. De sorte que ceux qui, par leurs actes, ont provoqué l'indignation des polémistes demeurent souriants, pendant que les polémistes sont poursuivis...

Mais ces polémistes poursuivis useront de leur droit qui est de donner au procès l'ampleur qu'il mérite. Alors, le projet est inutile. Il est fait pour apaiser les passions et il laisse pour elles ouverte la porte du prétoire. Il ne faut jamais d'injustice, mais la commettre vainement, ceci était encore à trouver.

Il m'a paru bon de placer mes propres observations sous l'autorité d'un ministériel résolu. Viviani va jusqu'à dire que la violation du droit ne servira de rien, et que, même devant les tribunaux civils, la discussion se poursuivra dant toute son ampleur. J'en accepte l'augure. Une chose, en tout cas, demeure incontestablement acquise, c'est que l'amnistie est la suprême faiblesse de la justice républicaine devant le crime triomphant, et que cette reculade nouvelle ne peut aboutir qu'à accroître l'audace des monarchistes et des papalins.

11 *mars* 1900.

XVII

L'apaisement de déchéance

MM. Waldeck-Rousseau et Monis ont été entendus par la commission sénatoriale chargée d'examiner le projet d'amnistie. Les explications du gouvernement se résument en une phrase : « L'amnistie proposée consiste, non point à juger ou à absoudre les actes accomplis, mais, dans l'intérêt du public, à empêcher qu'ils ne deviennent une cause d'agitation nouvelle. » Voyons si l'on peut sérieusement soutenir que ce résultat ait chance d'être obtenu.

Zola, Picquart, Joseph Reinach, Mme Henry, Dreyfus, le conseil de guerre qui acquitta le traître Esterhazy s'accordent à protester contre une mesure où ils ne voient qu'un déni de justice pur et simple. « Cette loi, dit Zola, menace de m'atteindre dans mon droit de citoyen à être jugé pour des accusations que j'ai portées volontairement, afin d'arriver à la connaissance publique de la vérité... Je veux être jugé et achever mon œuvre. »

« Si cette loi était votée, écrit Picquart, elle m'atteindrait deux fois, puisqu'elle m'amnistierait d'un délit que je n'ai pas commis, et me comprendrait dans une même mesure avec le général Mercier et ses complices. » Joseph Reinach et Mme Henry protestent, chacun de leur côté, avec une égale énergie, et les juges du conseil de guerre, réunis sous la présidence du général de Luxer, ont décidé, malgré les discrètes suggestions de Galliffet, de maintenir leur décision antérieure de se porter partie civile au procès Zola. Tels sont les préliminaires de l'apaisement rêvé. Il faut être ministre pour s'en trouver surpris. Lorsqu'on en est à décréter la banqueroute de la justice comme moyen de ramener la paix publique, il faut s'attendre à des mécomptes.

Quant au condamné de Rennes, il a été le premier à faire entendre sa protestation. « Si l'amnistie est votée, si les actions publiques sont éteintes, quel est le moyen juridique qui me reste pour obtenir la revision ?... Je proteste au nom de la Justice contre une mesure qui me laisse désarmé contre l'iniquité. Nul ne souhaite plus ardemment que moi l'apaisement, la réconciliation des bons Français, la fin des horribles passions dont j'ai été la première victime. Mais la Justice seule peut faire l'apaisement. L'amnistie me frappe au cœur ; elle ne profite qu'aux scélérats qui ont surpris la bonne foi des juges, qui ont fait sciemment condamner un innocent à coup de forfaitures, de faux témoignages et de faux, et m'ont précipité dans l'abîme. Cette amnistie ne se ferait qu'au profit exclusif du général Mercier, l'auteur principal du crime judiciaire de 1894, qui, par une ironie du sort, va être appelé, comme sénateur, à la voter à son propre profit. »

Il est notable, en effet, que Mercier, le principal criminel après Esterhazy (toutes réserves faites sur ce qu'il nous sera donné d'apprendre plus tard), n'ait rien trouvé à dire. Mercier, Méline, Billot, Boisdeffre, Gonse, Lauth, du Paty de Clam, Maurel et Gribelin observent un silence prudent. Ceux-là n'ont garde de se plaindre, étant les bénéficiaires de l'iniquité. Leur acceptation empressée de « l'oubli », comme la protestation véhémente de leurs victimes, en dit assez long sur la mesure imaginée par MM. Waldeck-Rousseau, Monis et Millerand. Il n'est pas jusqu'à M. Cornély qui, croyant que le parti conservateur trouve son intérêt dans l'amnistie, n'aboutisse, en dépit de lui-même, a en dénoncer l'absurdité :

Une des étrangetés actuelles est précisément qu'on se dispute pour ou contre l'amnistie, alors qu'en réalité il ne s'agit pas d'amnistie. On n'amnistie que des condamnés. Or, parmi les quatre protestataires, il n'y a qu'un condamné, et il est en dehors de l'amnistie. Les trois autres ne sont pas des condamnés. Zola n'est pas condamné, puisque son opposition a fait tomber le jugement par défaut. Reinach n'est pas condamné. Quant au colonel Picquart, il n'est pas condamné non plus. Il n'est même pas poursuivi. Donc, ce qu'on appelle amnistie devrait s'appeler *lettres d'abolition*, comme je me suis permis de le remarquer, dès le premier jour.

Ainsi, de l'aveu même des partisans de la mesure gouvernementale, il ne s'agit pas ici d'une amnistie loyale, comme nous en avons vu souvent dans notre histoire. Pour la première fois, innocents et coupables sont cyniquement mis au même rang devant la loi. Pour la première fois, on amnistie des gens qui ne sont pas condamnés : les coupables, parce qu'il s'agit précisément de leur éviter la condamnation; les innocents, parce que leur acquittement provoquerait la fureur du parti de l'Eglise, ou parce que leur condamnation serait un scandale intolérable pour les bons Français qui unissent dans un même amour la cause de la justice et l'idée de patrie. C'est à de tels contre-sens qu'en arrive l'orgueilleuse niaiserie des politiques qui cherchent l'apaisement dans la faillite du droit légal.

« Lettres d'abolition », dit M. Cornély, qui a au moins le mérite de la franchise. C'est le nom véritable de l'amnistie jésuitique qui nous est proposée. La « lettre d'abolition » était l'acte de pur arbitraire par lequel nos autocrates anciens supprimaient, de leur seule volonté, la justice et la loi toutes les fois que tel était leur bon plaisir. Avoir fait la Révolution française, avoir proclamé « les Droits de l'Homme », avoir versé tant de sang en vue d'établir un peu plus de justice sur la terre, et aboutir précisément à supprimer toutes les conquêtes du droit pour rétablir l'absolutisme autocratique au profit d'une coalition gouvernementale de modérés et de révolutionnaires, cela dépasse l'ordinaire mesure des plus fameuses palinodies.

Il a fallu que l'entreprise parût véritablement trop choquante pour que le gouvernement se soit vu contraint de substituer sa récente formule d'hypocrisie juridique au premier texte qui, du moins, avait l'avantage d'appeler les choses par leur nom. On supprimait le droit civil, et on le disait ingénuement. Désormais, c'est une autre histoire. Ce même droit civil qu'on piétinait tout à l'heure, on le protège maintenant d'un amour effréné. A ce point que tous les procès criminels vont se trouver subitement convertis en autant d'affaires civiles. Ingénieux expédient dont on se montre d'autant plus fier qu'il n'est pas une monarchie d'Europe, en dehors de la Turquie, où l'on pût arracher des parties plaignantes à la juridiction que leur donne la loi.

Nous n'abolissons plus le droit des citoyens, disent triomphalement les ministres; nous lui attribuons seulement des sanctions différentes. Cela n'est pas si différent qu'il semble. Mais cette simple variation de formule a pourtant cette conséquence que, s'il n'y a pas abolition brutale du droit, il n'y a plus d'amnistie. Les mêmes procès en cours auront lieu après le vote de la loi nouvelle; on se résigne à subir cette nécessité. Alors, où est l'apaisement? Et qu'importe, en réalité, que la sanction finale se chiffre par une somme d'argent ou des mois de prison? Est-on bien sûr que la discussion en sera moins vive? Ne craint-on pas que les passions soient d'autant plus ardentes qu'on aura fait un effort plus maladroit et, par conséquent, plus inefficace pour les réprimer? Le procès Zola, les procès Picquart, le procès Reinach-Henry ne seront pas évités. Et plus on aura sottement accumulé d'obstacles sur les voies de la vérité, plus la vérité se fera agressive, plus ses manifestations seront violentes On peut, dès maintenant, prédire qu'elle débordera le cadre des anciens procès. On ose amnistier un innocent, mettre Picquart au même rang que le bandit Mercier. Cette iniquité scélérate appelle une revanche. Qui empêchera le colonel Picquart de poursuivre Mercier, Boisdeffre, Gonse, du Paty de Clam ou tout autre des scélérats de l'Etat-Major? Rien ne s'oppose à ce qu'il leur demande des réparations civiles. Il sera beau de voir ce que produiront « d'apaisement » ces débats judiciaires.

J'ai dit. dès le premier jour, qu'il n'y avait pas de paix civile en dehors du droit et de la justice par la loi. C'est ce que nos grands politiques s'obstinent follement à ne pas comprendre. Comme Méline disait : « Il n'y a pas d'affaire Dreyfus » Waldeck-Rousseau et Millerand proclament : « Il n'y a pas d'affaire

Mercier. » Nous allons voir. Au fond, les politiciens de toutes dénominations n'ont qu'un but : décréter leur propre amnistie. Ils ont, par lâcheté, laissé commettre d'inqualifiables crimes, et, n'osant plus les réprimer — parce qu'ils ne peuvent le faire sans mettre au jour la complicité de leur tolérance — ils proposent de tout oublier. Ce fut la politique de Méline. Je n'avais pas imaginé qu'elle aurait MM. Waldeck-Rousseau et Millerand pour continuateurs. Si notre pays pouvait trouver, comme on le lui demande, « l'apaisement » dans le crime, dans la persécution des innocents, dans la protection des bandits, non seulement la République, mais la France elle-même, aurait vécu. En dépit des gouvernements, en dépit des parlementaires, le peuple français, dont toute la tradition est de justice et d'humanité, ne voudra pas contresigner sa propre déchéance.

19 *Mars* 1900.

XVIII

L'épidémie d'Impérialisme

Chaque période d'humanité a son caractère. Fils plus ou moins légitimes du dix-huitième siècle français, les peuples d'aujourd'hui ont pour préoccupation particulière de répudier le « rêve » humanitaire du passé pour forger par le fer et le feu un idéal de force dans le sang des conquêtes.

La conquête allemande de territoire français semble

avoir déchaîné dans le monde une joie d'abaisser par la force l'idée. Napoléon broyait les hommes, mais il fut broyé à son tour. Le talon de Bismarck invaincu demeure sur l'Europe. Pour combien de temps encore ? La Pologne partagée, l'Italie mutilée avaient soulevé de tous côtés dans le monde des protestations généreuses. Aujourd'hui, qui voudrait, qui pourrait s'émouvoir pour le droit, pour la patrie, pour l'idée ? Ces mots seuls prêtent à rire. En êtes-vous là, rêveurs, crient de prétendus sages ? Que vous a-t-il servi d'avoir été dans l'histoire les défenseurs de l'idée ? Qui donc, au nom de l'idée, vous a tendu la main ? De quel secours vous fut l'idée ? Avec nous vaincue, l'idée dort le grand sommeil des forces épuisées, et, si quelque jour elle doit soulever la pierre du tombeau, nos arrière-neveux peut-être verront ce miracle, non pas nous. Or, il faut vivre pour atteindre ce jour, s'il doit venir jamais. Et puisqu'il n'y a plus présentement que la force dans le monde, à nous la force brutale pour écraser les faibles à notre tour. Il faut hurler avec les loups. Tuons, puisqu'on tue. Conquérons des territoires d'Europe, puisqu'on a conquis en Europe notre territoire. Conquérons pour conquérir, même en l'absence de colons pour coloniser.

Quelle fortune de cette conception nouvelle ! Renonçant à la poursuite des « chimères », la France se modelait sur son vainqueur. Lasse, tout en s'armant pour sa défense, d'opposer l'idéal à la force, elle cherchait le succès dans le déchaînement brutal de la force où se complaît la Germanie. La répercussion sur la mentalité populaire n'est que trop apparente aujourd'hui. Le réveil du césarisme, le « nationalisme » des prétoriens de l'Eglise, la prétention hautement affichée de mettre les soldats au-dessus de la loi, de glorifier le crime de trahison chez Esterhazy, le crime de faux chez Henry, chez Mercier, à qui un général offrait hier « une écharpe d'honneur » (!), la volonté d'abaisser la justice devant les pires forfaits et de la supprimer pour l'hérétique « innocent ou coupable » permettent de mesurer le recul de l'esprit français.

En compensation, quoi ? Des lignes rouges ou bleues sur des cartes, indiquant des possibilités de colonisation sans pouvoir de coloniser. Une part « doctrinale » dans le dépècement de l'Afrique. La conquête de Madagascar, qui nous a révélé, par le meurtre officiel de six mille soldats français, l'incurie criminelle des grands chefs à laquelle nul ne s'occupe de porter remède. Et, pendant ce temps, rien n'est fait pour la réforme intérieure qui rendrait la France invincible. La dette s'accroît, étant déjà la plus forte qui soit au monde. Le prohibitionnisme de Méline paralyse l'industrie. La centralisation impériale tue toute initiative dans la République française. Le désordre de notre organisation militaire est tel que ni ministre, ni directeurs n'ont répondu un mot aux critiques cinglantes de Pelletan, et que, le mal constaté, nos neuf cents réformateurs au Parlement, incapables de réformer, lui laissent le champ libre pour toute réponse.

Le mal est grand dans les faits. Il est pire dans l'esprit. Car c'est l'état d'esprit qui cause la réalité mauvaise, et l'entretient complaisamment, sous prétexte — pour parler seulement de l'armée — que le premier devoir du « patriote » est de faire confiance aux préparateurs de défaites. Quant aux protestations de justice et de générosité, qu'en dire depuis la glorification du traître et des faussaires, depuis le procès de Rennes, depuis que l'opinion est demeurée indifférente en apprenant qu'un général français avait fait imprimer le récit de l'exécution de deux accusés, « avant même qu'ils se fussent présentés devant le conseil de guerre » ?

Et voici que l'épidémie sévit dans l'Europe tout entière, et jusque dans la grande République américaine. L'autocratique Russie, qui ne veut ni ne peut réformer le despotisme d'Asie, ne trouve, pour occuper ses pensées, que l'extension indéfinie vers l'Orient. Elle a même réussi miraculeusement à obtenir pour cette entreprise le concours du snobisme républicain. Comme le fauve en son antre, le kaiser germain médite de ses prochaines proies, tandis que son peuple s'irrite de voir les Boers traités par l'Angleterre comme les Alsaciens-Lorrains par l'Allemagne. L'Italie s'est fait ramener d'Adua brusquement. L'Autriche se retourne sur son lit de douleur avant la dislocation menaçante. L'Espagne, pour n'avoir pas su organiser ses conquêtes, s'est vu chasser de la mer. L'Angleterre veut donner à la liberté « l'impérialisme » pour base. Parce qu'elle jugeait les droits des Anglais insuffisants chez les Boers, elle va supprimer les droits des Boers chez eux mêmes. Et nous nous indignons théâtralement quand elle s'approprie par la force la patrie des « Burghers » comme avaient fait ceux-ci des aborigènes, comme nous avons fait nous-mêmes des Malgaches. Et ceux-là même qui mènent la plus violente campagne contre les protestants de France se pâment d'amour pour les fils des hommes qu'expulsa le Roi-Soleil, pour cause d'hérésie, et proposent de leur donner des terres à Madagascar, où M. de Mahy fait aux protestants la guerre que l'on sait, pour le plus grand avantage de la colonisation jésuitisante.

Enfin, il n'est pas jusqu'à la grande République américaine, profondément choquée de la conduite des Anglais envers les deux Républiques sud-africaines, qui ne fasse pire en se ruant à la conquête des Philippines qu'elle était venue « délivrer ». Je ne dis rien de la Chine qui commence à « s'ouvrir » aux Européens, comme l'huître sous le couteau des écailleurs. L'avenir tient en réserve là de merveilleux champs de massacre pour lesquels, dès maintenant, travaillent avec amour les mères d'Europe et d'Asie. Quel gouffre a englouti les rêves humanitaires qui furent l'orgueil des siècles passés ! « L'impérialisme », le césarisme international absolu, présentement le plus grand effort des activités humaines, la passion de dominer qui envahit l'âme au détriment du besoin de libérer, dont hier encore nous nous faisions une gloire. Le Russe, l'Anglais, l'Allemand conquièrent la planète en la peuplant de leurs colons. Même de territoire amoindri, nous pouvons demeurer les maîtres de la pensée, les souverains directeurs de l'esprit de justice et de liberté. Et voilà que ce rôle, le plus grand, cesse de nous tenter. Nous quittons Athènes pour Sparte. Nous voulons, ayant cessé de multiplier, faire comme si nous disposions de hordes colonisantes. A nos dépens, nous préparons le terrain pour les futurs ébats guerriers des trois grands monstres, le Russe, le Germain et l'Anglo-Saxon, que l'entraînement des conquêtes destine quelque jour aux heurts inévitables, et, à les imiter de loin, nous gaspillons la haute autorité morale que les aïeux nous avaient acquise.

Il est de mode, à l'heure présente, de se déchaîner contre l'Angleterre, et je reconnais que l'Angleterre a beaucoup fait pour provoquer en nous des sentiments dénués de bienveillance. Mais, toutes ces fautes compensées, l'Angleterre demeure la plus grande puissance libérale, et notre première irritation calmée, il faudra bien reconnaître que l'Angleterre ne peut décroître qu'au profit de la Russie et de l'Allemagne, qui représentent tout autre chose dans le monde que le droit et la liberté. Un journal français qui s'est amusé récemment à écrire d'imagination l'histoire d'une guerre russo-franco-anglaise, nous ayant naturellement attribué la victoire, n'a rien trouvé de plus à annexer à notre territoire que les îles Normandes. Est-il besoin de dire que la Russie se trouve mieux traitée ?

Que sera « l'impérialisme » anglais après ses victoires du Transvaal, nul ne peut le dire exactement par avance. Il semble que la fédération coloniale qui s'est manifestée en actes sur les champs de bataille africains devra fatalement, par sa constitution même, orienter à nouveau l'esprit anglo-saxon vers les luttes de la liberté. En tout cas, un fait est dès maintenant acquis, c'est l'antagonisme qui se manifeste chaque jour avec plus de violence entre les peuples d'Allemagne et d'Angleterre, sinon encore entre leurs gouvernements. Saurons-nous tirer parti de ce que cette situation peut renfermer pour nous d'avantages ? Je le souhaite ardemment. Et je voudrais aussi, ayant des revendications de droit à faire, que nous nous souvenions enfin que les Français d'autrefois furent les champions du droit humain et que nous sommes leurs fils.

25 *Mars* 1900.

XIX

Querelles de Gouvernement

Les volatiles coutumiers ne peuvent pas tous les jours sauver le Capitole. Nos « modérés » de la Chambre viennent d'en faire l'expérience. C'est M. Ribot, pourtant, qui conduisait la symphonie de salut dont une antique tradition garde à ses amis le dépôt. Il a bravement clamé.

> Si je ne connaissais sa personne et sa race,
> J'en serais moi-même effrayé.

Vains efforts ! Poumons superflus ! Le peuple est demeuré sans alarme. Beaucoup de bruit, point de morts. Même, il n'y a de blessé que nos oreilles.

Une interpellation sur quelques nègres de la Martinique qu'on a tués « pour voir ». Les « modérés », qui veulent renverser le gouvernement, jurent que c'est abominable. Les « avancés », qui prétendent sauver nos ministres trouvent sans trop de peine les excuses nécessaires. Il faut bien reconnaître que ni les uns, ni les autres n'étaient dans la sincérité de leur rôle. Aussi le cabinet ne put-il obtenir que onze voix de majorité. Ce que voyant, Ribot pensa : » C'est mon heure », et sans crainte d'un ennemi qu'il jugeait vaincu d'avance, le politique guerrier chargea héroïquement le vent et la fumée. Des nègres, plus un mot. Qu'on enterre ces moricauds, et qu'on décore le bon juif Kahn qui se fait pardonner sa race « déïcide » en essayant ses Lebels contre des foules désarmées.

Les nègres, vifs ou morts, sont le moindre souci de Ribot. Pour lui, c'est du gouvernement qu'il s'agit. Waldeck-Rousseau ne lui paraît pas l'homme qui convient, tandis que lui, Ribot, ferait excellemment l'affaire. Il le dit, il le prouve, et il n'a pas plutôt parlé que la majorité qui manquait à Waldeck-Rousseau tout à l'heure se retrouve pour culbuter Ribot et joncher de son long corps toute l'étendue du champ de bataille. Un jour le soc du laboureur découvrant des ossements sans fin, nos neveux apprendront qu'en ce lieu Ribot, fils de Dufaure, succomba sous lui-même.

Le récit du combat fut divers, comme on pense. *Le Temps* tient pour Ribot, et proclame qu'on a le droit de renverser un gouvernement quand on tient qu'il gouverne à l'encontre de l'intérêt public. J'aurais aimé jadis à rencontrer chez mes adversaires cette interprétation de mes discours. Mais je combattais pour des idées, tandis que leurs batailles sont surtout d'intérêts personnels. Je reconnais que cela fait une différence.

M. Ribot ne veut pas qu'on lui conteste son titre de républicain. Il veut la République de Ribot, il la veut avec autant de fidélité qu'il a servi l'Empire quand il requérait au nom de Napoléon III contre les républicains. Et la preuve que sa République est la bonne, la vraie, c'est qu'on voit au scrutin, jésuites, césariens. royalistes, lui donner leur appui sur la question même de gouvernement. Hébrard nous dit sans rire que, par là, Ribot nous rend un service immense, montrant qu'entre le révolutionnaire Waldeck-Rousseau et le duc d'Orleans il existe une étape républicaine. Je ne sais pas ce qu'à Toulouse on pense de cette turlupinade. A Passy, nous nous en égayons. Ribot, boulevard contre le césarisme et contre la royauté ! Qu'a-t-il fait, le malheureux, que de blesser toujours par derrière l'idée de droit humain et de justice républicaine dont il se dit ironiquement le défenseur ? Hier encore, n'est-ce pas lui qui sauvait le bandit Mercier, lui, « dreyfusard » honteux qui, bien avant Picquart à huis clos, montait à la tribune pour humilier la loi devant le crime et porter le coup de Jarnac à l'innocence ?

Il est aisé de comprendre qu'en voyant cet homme venir cyniquement s'offrir à leurs suffrages, tous les républicains aient reculé d'ensemble pour se porter au secours du cabinet qui ne méritait pas de succomber sous un tel adversaire. Faut-il discuter sérieusement la question, proposée par Ribot, de savoir si les socialistes ont droit de cité dans la République ? Ce langage est particulièrement odieux d'un homme qui n'a pu gouverner et ne pourrait gouverner demain qu'avec le concours des partisans de la monarchie. Méline à cet égard a montré ce que le parti modéré pouvait faire, et les républicains n'oublieront pas de longtemps en quelles mains ennemies la République fut livrée par le précédent ministère.

Ce qui horripile ces messieurs, paraît-il, c'est la pensée que M. Millerand inaugurera l'Exposition par un discours qui ne peut manquer d'être révolutionnaire, et que ce même socialiste sera chargé d'accueillir au nom de la France les empereurs et les rois qui, des îles de la Sonde et du Kamtchatka, vont se ruer, paraît-il, sur nos boulevards. En fait, je ne crois pas que le futur discours de Millerand, quelque habile qu'il soit, vienne à bout de révolutionner le monde, et pour les empereurs, et pour les rois, blancs, jaunes ou noirs que guette le snobisme républicain, je crois pouvoir affirmer qu'ils ne font aucune différence entre Ribot et Millerand : ce qui n'est pas si bête qu'il semble.

Un jour, à la tribune, je soutenais qu'il fallait nécessairement gouverner avec l'extrême gauche ou contre elle, et je démontrais sans peine que le centre formant une majorité, il était nécessaire pour tout gouvernement de s'assurer l'aide des monarchistes par une politique anti-républicaine, ou d'obtenir par des réformes le concours des républicains réformateurs. Cela n'a pas cessé d'être vrai, et les faits se sont chargés de démontrer qu'aucune autre pratique n'était possible. Méline et Ribot ont fait pacte avec les ennemis de la République. Waldeck-Rousseau, d'abord hésitant, s'est porté avec résolution du côté des réformateurs. S'il est allé jusqu'au socialisme, on s'en souvient, c'est que l'extrême gauche, par la main de ses propres chefs, avait pris le soin préalable de se suicider en cérémonie. La question se trouvait ainsi posée d'une façon plus brutale encore que je n'avais prévu. M. Waldeck-Rousseau n'en prit pas moins son parti courageusement, et le socialisme révolutionnaire, en la personne de M. Millerand, fit son entrée dans le cabinet.

Que de craintes ! que d'espérances ! Qui oserait dire aujourd'hui que craintes ou espérances se soient trouvées justifiées ? Ce qui faisait peur, du socialisme révolutionnaire, c'était le mot surtout. Cet « isme » apparaît aujourd'hui comme un parti de gouvernement semblable aux autres, grâce à Waldeck-Rousseau, grâce à Millerand, grâce à Galliffet lui-même, qui est entré sans peur dans la cage de la bête rugissante pour lui passer tranquillement la main sur le dos. C'est un fait curieux que M. Ribot, endiablé contre le socialisme au pouvoir, n'ait pas pu trouver un seul acte à reprocher à Millerand. Moi, qui sans être d'aucune

Eglise, me crois aussi socialiste que quiconque, j'en ferais volontiers grief à Millerand lui-même. Je sais bien que Millerand est entré dans le ministère, non pour faire la Révolution sociale, mais pour défendre la République tout simplement. Comment l'a-t-il défendue ? Je ne veux pas examiner la question aujourd'hui, car j'aurais vraiment trop d'avantages contre un homme que je n'ai point d'effort à faire pour préférer à M. Ribot. Des événements faciles à prévoir nous contraindront trop tôt à demander compte à nos ministres de leur impardonnable faiblesse. Je m'abstiens de toute récrimination. Je constate seulement qu'on tenait en mains la victoire et qu'on l'a laissée fuir par manque de caractère.

La critique viendra utilement plus tard. Aujourd'hui, j'observe seulement que Millerand était autre chose qu'une simple unité dans le ministère. C'était une unité socialiste qu'il apportait au gouvernement républicain, et c'est pourquoi l'on discuta longuement sur le choix du portefeuille qu'on pouvait « sans trop de risques » lui confier. Le socialisme, par lui, devait « participer au pouvoir », comme dit Jaurès, « c'est-à-dire influer constamment, ouvertement, sur la marche des affaires publiques et sur l'action gouvernementale ». Eh bien ! nous avons vu cette affaire et chacun a pu constater qu'il n'était rien de moins subversif que cette « Révolution au pouvoir ». M. Ribot le sait bien, puisqu'il n'a pu relever aucun fait contre Millerand. Je conviens que Millerand fut mis là pour contre-balancer Galliffet. Mais qui des deux a véritablement contre-balancé l'autre ? La présence d'un socialiste dans le ministère a-t-elle empêché l'intervention des troupes dans les grèves ? Et quel avantage pour la justice sociale de transporter à la Martinique la fusillade de la Ricamarie ? Faut-il parler de la loi sur le travail dans les manufactures ? Depuis combien de temps cette loi figure-t-elle au programme radical avec des dispositions infiniment meilleures ? Puisque M. Ribot accepte le concours de certains radicaux, pourquoi s'effraye-t-il de leurs idées quand c'est Millerand qui les réalise? Il ne peut pas ignorer que des modérés eux-mêmes trouvent cette loi bonne et l'ont votée. Il doit avoir entendu dire que l'Angleterre, l'Allemagne et l'Autriche nous ont singulièrement devancés dans la réduction des heures de travail, que déjà l'Autriche règle à huit heures la durée du travail dans les mines, et que la discussion est devant les pouvoirs publics en Allemagne? Nous en sommes à onze heures de travail dans la République française, et l'on nous dit que c'est une grande victoire. Encore a-t-il fallu l'acheter en « augmentant d'une heure » le travail des enfants. Je me demande si un simple radical eût osé risquer ce coup, et, en tout cas, s'il eût réussi à le faire accepter comme un succès par la démocratie ouvrière.

Que M. Ribot soit donc pleinement rassuré. La présence de Millerand au pouvoir, loin d'être une menace, se présente, au contraire, comme l'élément de sécurité par excellence. N'ayons point peur des mots et sachons regarder en face les choses. Le radicalisme a cessé d'être un épouvantail — et pour cause. Au tour du socialisme, maintenant. C'est dans l'opposition que la Révolution est dangereuse. Hâtez-vous de donner le gâteau de miel à ce triple Cerbère. Si j'en juge par les faits, tout ce que j'ai lieu de craindre jusqu'ici de la Révolution au pouvoir, c'est qu'elle ne soit plutôt réactionnaire.

2 *Avril* 1900.

XX

L'Evolution Républicaine

Les républicains de Bordeaux ont offert à M. Trarieux un banquet où il a été dit des choses excellentes. Ce n'est pas un fait négligeable que des républicains de toutes nuances, réunis dans une pensée commune d'immédiate réalisation républicaine se groupent, pour les conquêtes de justice et de liberté, derrière un homme qui fut longtemps considéré comme représentant l'extrémité de la modération dans le camp des républicains modérés. M. Trarieux a évolué et rien ne lui fait si grand honneur.

On a dit que l'affaire Dreyfus avait eu pour résultat de déclasser les partis. Il est certain qu'elle a été pour tous nos groupements politiques, comme pour le pays lui-même, l'occasion d'une redoutable crise. Sous l'universelle étiquette de justice et de droit, on a pu voir à nu chez nos parlementaires la préoccupation supérieure du maintien à tout prix des forces électorales organisées. Personne de gaieté de cœur n'aurait accepté une part de complicité dans la torture d'un innocent. Mais quand il fallut choisir entre la double boucle de Lebon et les criailleries, si dangereuses électoralement, de tous les faux patriotes qui incarnaient l'honneur de l'armée dans Esterhazy et n'admettaient point qu'on pût défendre la justice sans être vendu, l'immense majorité de nos politiciens prit parti sans hésitation pour l'iniquité. Pas tous, assurément. Quelques-uns firent entendre des protestations vigoureuses, pour l'honneur de la nation française, et, au premier rang de ceux qui refusèrent de séparer l'intérêt politique du droit, il faut nommer M. Trarieux. L'épreuve dut être particulièrement dure pour un homme d'esprit timoré qui avait poussé la crainte des mouvements de la pensée jusqu'à accepter le parrainage de ces « lois scélérates », vote d'affolement réactionnaire en haine de la liberté. Mais si l'épreuve fut pénible, M. Trarieux sortit triomphant de l'épreuve. Son examen de conscience achevé, il se trouva qu'il était décidément, non pour les mots mais pour les idées, pour les idées réalisées, et que la République n'était rien à ses yeux qu'un odieux mensonge si elle aboutissait à conjurer sciemment toutes ses forces contre l'innocenee.

De ce jour, M. Trarieux, sans calculer ses chances, se jeta, comme Scheurer-Kestner, au plus violent de la mêlée. Je n'ai point à retracer son rôle jusqu'à l'inoubliable déposition de Rennes. Ce que je veux montrer, c'est qu'il nous est revenu de la noble bataille en politique nouveau qui, pour avoir défendu le droit et la justice contre les grands prévaricateurs, ne veut céder à personne désormais sa bonne place de combat. Car, telle est la haute signification du banquet qui vient de lui être offert par les républicains de Bordeaux. Avec M. Trarieux, les meilleurs républicains de la Gironde proclament que ce qu'ils veulent de la République c'est la réalisation des idées de justice et de liberté venues de la Révolution française. Nous sommes loin de compte, hélas! et la « Ligue des Droits de l'Homme », justement célébrée par M. le président Counord, aura fort à faire si elle se voue à la tâche de rappeler chaque jour aux politiciens qui se disputent misérablement des haillons de pouvoir que l'intérêt public doit primer la satisfaction de leur clientèle.

De cette conception générale de liberté individuelle et de justice sociale, qui devrait être celle de tous les républicains, résulte nécessairement une subordination de toutes les forces organisées d'un pays en vue de l'accomplissement de la fonction primordiale de l'institution républicaine : l'égale garantie des droits de tous les citoyens. C'est ce qu'a paru très bien comprendre M. le conseiller général Counord lorsqu'il s'est expliqué sur le rôle de l'armée. « Nous voulons que l'armée, a-t-il dit, s'attache fortement à son devoir, et quand nous parlons de son devoir, nous pensons surtout à celui qui doit être rempli par les chefs. Il faut pour défendre la France républicaine une armée républicaine. » On a vigoureusement applaudi. Il ne reste plus qu'à agir. C'est parce que les chefs de l'armée dans leur immense majorité ne sont pas républicains, ayant été pour la plupart modelés par les congrégations ennemies de la justice et de la liberté, c'est parce que certains d'entre eux ont pris cyniquement parti pour d'abominables scélérats, traîtres, faux témoins, faussaires, complices avérés de forfaiture, que les césariens, les jésuites et les monarchistes de tout acabit se sont avisés d'opposer à la République ce qu'ils ont mensongèrement appelé « l'armée ».

L'armée, pour ces messieurs, ce n'est pas l'ensemble des soldats, c'est-à-dire des citoyens qui courent à l'ennemi quand la frontière est menacée. Non. Ce mot désigne tout simplement, dans leur langage, quelques chefs factieux en révolte contre les institutions de leur pays, et contre le Code de droit commun lui-même. Voilà pourquoi il était bon, comme l'a fait M. Counord, de rappeler aux chefs de l'armée leur devoir, qui est de se consacrer à la défense de la patrie, et, pour obtenir l'obéissance de leurs soldats, de donner eux-mêmes d'abord l'exemple de l'obéissance à la loi civile, qui est l'autorité suprême parmi nous. En vérité, nos généraux ont assez à faire de s'employer à réparer le mal que nous ont fait leurs prédécesseurs de Metz et de Sedan dont ils continuent si obstinément les traditions de politique et d'art militaire. La tâche pourrait suffire à leur ambition, et l'exemple de l'Espagne est là pour nous montrer quelles sortes de succès militaires sont réservés aux généraux de guerre civile et de sacristie.

Au gouvernement, il appartient de maintenir les chefs militaires dans le devoir. Le honteux Billot, sans autorité, avait organisé l'insoumission des grands chefs en système. Galliffet, conscient ou non, est resté l'instrument de la même coterie. J'ai assez souvent constaté ses faiblesses pour qu'il ne soit pas besoin d'y revenir. Un fait d'ailleurs suffit à caractériser toute la politique du cabinet sur ce point. Galliffet et Millerand nous proposent d'amnistier Mercier, le chef des bandits, avant même que le scélérat n'ait rendu ses comptes à la justice du pays. Quand un gouvernement s'abandonne ainsi, qui pourrait s'étonner de voir qu'on s'empresse à lui manquer de respect. Voici que les représentants des puissances étrangères en sont à fêter publiquement des généraux frappés par le ministre de la guerre. Si Nicolas II mettait un général en disgrâce, M. de Montebello s'aviserait-il de donner des dîners en son honneur? M. Delcassé n'est guère curieux de ne pas poser cette question à M. le prince Ouroussoff, ambassadeur de notre grand ami, le tzar.

Pour en revenir à Bordeaux, il me reste seulement à noter dans l'excellent discours de M. Trarieux deux idées. L'une, que le mal profond de l'affaire Dreyfus vient de l'état d'esprit fomenté parmi nous par les agents de la domination cléricale; l'autre, que les républicains au pouvoir, au lieu de chercher l'appui des monarchistes, plus ou moins ralliés pour instituer la République en France, doivent rechercher, accepter cordialement le concours des socialistes de gouvernement. Là est en effet le pivot, dans les circonstances présentes, de toute politique vraiment républicaine. « Quels enseignements, dit M. Trarieux, le pays doit-il retirer de la leçon qui lui a été donnée? Les périls qui se sont démasqués n'ont point été le résultat d'une éclosion spontanée. Ils étaient en germe dans un état d'esprit antérieur qui n'a attendu pour se manifester qu'une occasion propice... Ce que j'attends surtout avec impatience, c'est moins des mesures d'expédient que des dispositions de lois organiques, s'appliquant également à tous les citoyens en laissant la moindre part à l'arbitraire gouvernemental. Ce qu'il faut surtout, c'est qu'on hâte le vote de la loi sur les associations depuis si longtemps réclamée par le parti libéral. » Il n'y a, en effet, qu'une loi sur les associations qui puisse régler d'une façon définitive en France la question des congrégations religieuses. Si le ministère Waldeck-Rousseau nous donnait cette loi, il aurait accompli une œuvre considérable. Il le voudrait, je n'en doute pas. Mais tout est ajourné pour cause de kermesse. J'avoue que les sarabandes de l'Exposition ne suffiront pas à me faire prendre patience.

Mais M. Trarieux, comme moi-même, veut espérer contre l'espérance. Après avoir stigmatisé la proposition d'amnistie comme une faillite de la loi, il conclut : « Mais il ne faut pas oublier que le ministère est encore le seul cabinet qui, depuis l'ouverture d'une crise qui n'est point encore close, ait su comprendre la nécessité d'une politique de défense républicaine où nous voyons le salut, et nous devons d'autant moins nous montrer ses adversaires que, s'il venait à quitter le gouvernail, nous ne pourrions prévoir qui l'y remplacerait... On redoute le péril collectiviste et l'on ne voudrait pas que le passage au ministère du commerce d'un des chefs du socialisme le fît augmenter; mais est-ce donc livrer le pouvoir aux socialistes que d'accepter le concours d'un des leurs pour travailler au salut de la République ? Je partage, en ce qui me concerne, la quiétude du président du conseil, et, si je disais toute ma pensée, je dirais que, loin de préparer les voies à la révolution dont on nous croit menacés, la présence dans ce cabinet d'un socialiste serait plutôt de nature à la retarder. »

Je dis que c'est un grand point qu'un homme comme

M. Trarieux, qui n'est point du tout devenu révolutionnaire, accepte avec une conscience pleinement rassurée le concours des prêcheurs de réformation sociale pour la gestion des affaires publiques. Je ne veux pas examiner si le premier essai est fait pour nous encourager ou pour nous décevoir. Je ne considère que le fait lui-même, et je soutiens qu'un « modéré » qui parle ainsi prépare admirablement la voie à l'union de tous les républicains pour l'action efficace de l'institution républicaine. A l'heure où certains prétendus radicaux n'ont en tête que des bagarres de portefeuilles, il est bon qu'un homme d'esprit tempéré se lève pour rappeler qu'au-dessus des intérêts de messieurs les politiciens il y a l'idée, l'idée de droit et de justice sociale qui n'est pas moins que la République elle-même. C'est à ce titre que je prends acte de la manifestation de Bordeaux. La belle évolution de M. Trarieux et de ses amis ne sera pas un des moindres bienfaits de l'affaire Dreyfus.

8 *Avril* 1900.

XXI

Propos de « Défense républicaine »

De même qu'une femme qui tient à sa réputation ne laisse pas volontiers mettre sur le tapis sa vertu, ainsi, me semble-t-il, la République française ne devrait pas savoir bon gré à M. le ministre de la guerre de choisir la question du coup d'Etat comme texte à ses fariboles devant la Chambre. Mais il paraît que le sujet est de conversation courante entre militaires, et M. de Galliffet ne comprendrait pas sans doute que des civils prissent ombrage pour si peu. Il a donc joyeusement « déballé » sa petite histoire devant Messieurs les députés, qui ont trouvé la farce — je ne le dis pas à leur honneur — extrêmement drôle. Nos représentants ont ri. Les « représentés » peut-être s'ébahiront moins de la bouffonnerie.

Vous vous imaginiez peut-être que les grands chefs militaires dont la haute stratégie nous a fait perdre l'Alsace-Lorraine consacraient leurs veilles à se perfectionner dans l'art de la guerre pour réparer, si l'occasion leur en était donnée, quelque chose du mal qu'ils avaient fait à la patrie. Eh bien ! non. Il paraît que c'est du côté de leurs concitoyens que se tournaient leurs préoccupations, et nos premiers stratèges, si j'en crois M. de Galliffet, envisageaient froidement la question de savoir quelles chances ils avaient de sortir victorieux d'un combat contre des foules désarmées. C'est ce qui résulte des propos du chef suprême de l'armée traitant, à la tribune francaise, la question de la violation des lois par les soldats qui ont mission de les défendre.

M. de Galliffet a solennellement revendiqué son expérience en pareille matière, nous apprenant qu'ON s'était adressé à lui — avant qu'il fût ministre — pour régler la question politique par les procédés sommaires qu'il employa contre la question sociale pendant la semaine de Mai. Qui est cet ON mystérieux ? Le collègue de Millerand s'est bien gardé de le dire. Il aura craint sans doute, en nommant l'auteur de la proposition criminelle ou ses intermédiaires, de s'exposer aux représailles personnelles, toujours faciles avec un homme qui jette aux quatre vents tout ce qui bourdonne au vide de sa tête. Nous n'avons d'ailleurs le choix qu'entre le duc d'Orléans et le prince Victor, puisque tous les agents de la guerre civile ne travaillent en somme, consciemment ou non, que pour l'un ou l'autre de ces deux prétendants. Etant donné le passé du ministre, il paraîtrait naturel que la sollicitation lui fût venue du bonapartisme. Mais ses relations ultérieures avec la maison d'Orléans m'inclinent plutôt à penser que c'est notre bon duc Philippe qui lui proposa la partie.

Maintenant, le plus curieux de l'affaire reste à dire. Qu'a répondu le général à l'invitation de commettre un crime contre la patrie? Des naïfs pourraient croire que notre Galliffet l'a pris de très haut avec le tentateur qui lui offrait, en récompense de sa trahison, je ne sais quelles récompenses d'argent et d' « honneurs ». « Pour qui me prenez-vous, monsieur? Vous me faites injure. » C'est, en effet, le moins que puisse dire un soldat fidèle en pareil cas. Même dans la circonstance, une bonne voie de fait eût été pardonnable. La simple loyauté envers la patrie commandait qu'on prît le Judas au collet et qu'on le trainât devant ceux à qui la loi remet le soin de tels comptes. Cette pensée ne vint point au général de Galliffet, et pour cause. Pour un attentat à la discipline, on fusille un petit soldat. Pour un attentat contre la France, des généraux décrochèrent le bâton de maréchal que Metz les a vu rendre honteusement à l'ennemi. Donc Galliffet ne se fâcha point. Ses colères étant de la semaine de Mai contre des prisonniers à la chaîne, il n'a que des propos badins pour qui ose lui proposer un marché de trahison. Et c'est un assez beau signe des temps qu'il transporte sans rougir sa gouaillerie de caserne à la tribune de la Chambre, et que Messieurs les députés s'en pâment d'aise.

Car, s'il ne s'est pas révolté contre la proposition de coup d'Etat, M. de Galliffet se croit obligé de déduire méthodiquement devant la Chambre les raisons de son refus. Il a encore « assez de fierté (sic) pour ne pas commettre un crime de lèse-patrie »; il ne croit pas au succès de l'entreprise (je m'en doutais), et enfin les fonctions qu'on lui a offertes pour le rémunérer de son éventuelle ignominie lui paraissent « profondément ennuyeuses ». Ah ! s'il lui restait un peu moins de fierté, s'il avait cru au succès, et surtout si l'emploi proposé lui avait paru d'une folle gaieté, on aurait pu voir. Mais, comme il n'y avait pas de tentation contraire, il a noblement fait son devoir, et il ne cache pas que son admiration pour son propre héroïsme est fort grande.

J'avoue que mon enthousiasme est moindre. Je suis de ceux qui auraient pu pardonner beaucoup de choses à M. de Galliffet s'il avait rétabli l'armée dans son rôle exclusif d'organisation militaire. On l'avait cru capable de soustraire les grands chefs aux excitations factieuses des moines. C'était lui faire trop d'honneur. Il n'a pas eu ce courage qui demandait, paraît-il, un plus grand effort à son âme que de se jeter tête baissée dans la charge, aussi fameuse qu'inutile, qui ne coûta pas un seul homme à l'ennemi.

Il est vrai que, si les résultats de sa politique ne sont pas beaucoup plus tangibles que ceux de ses guerres, ce n'est pas tout à fait sa faute. Aux politiques qui s'étaient emparés de lui, dans des circonstances que je crois très bien connaître, il appartenait de lui résister, de le contenir, et, dans la mesure où cela pouvait être nécessaire, de le vaincre. Ils ont trouvé plus avantageux, pour leur politique de portefeuille, de capituler. Je constate le fait, et je passe.

De la harangue ministérielle sur le fort et le faible des coups d'Etat, il reste ce point acquis que « tous les généraux » ont entendu, suivant M. de Galliffet, un langage analogue à celui qu'il lui plaît de dénoncer maintenant. D'où nous pouvons conclure qu'ils ont refusé leur concours pour les mêmes raisons que M. le ministre de la guerre, ou pour le motif que nul ne dit, mais qui doit être au fond de toutes les pensées, que les soldats du service universel ne sont point un instrument aussi maniable que les prétoriens du Deux-Décembre. En tout cas, ce jugement du ministre de la guerre sur nos généraux, venant d'un homme qui les connaît bien, est assurément le plus sévère qu'on puisse faire entendre. Quoi ! nous en sommes là que « tous » aient pu être impunément sollicités de commettre le crime de « lèse-patrie » et qu'ils aient accepté la conversation là-dessus sans que l'idée leur soit venue d'un devoir supérieur au simple refus de trahir. J'en suis fâché pour eux, j'en suis fâché pour nous, car je ne crois pas qu'il y ait jamais eu un autre gouvernement, en France ou dans tout autre pays, qui se fût benoîtement contenté de cette vertu négative.

Et mon regret est d'autant plus grand que ministres et députés « de défense républicaine », après avoir reçu la confidence d'un tel état de choses, se sont déclarés publiquement satisfaits de constater que la meilleure garantie des institutions républicaines réside actuellement dans la personne du général Brugère, gouverneur de Paris, élève du général Billot. Je n'ai rien à dire contre le général Brugère, pas plus que contre le général Saussier, son prédécesseur, qui cependant avait eu le tort de lier commerce d'amitié avec Esterhazy. Il me sera permis toutefois de remarquer que ce n'est pas la peine d'avoir fait tant de révolutions sanglantes, proclamé les Droits de l'Homme, institué la forme républicaine comme garantie suprême de justice et de liberté, pour en arriver à constater, aux applaudissements du Parlement lui-même, que tout ce magnifique édifice repose uniquement sur cette frêle base : la volonté d'un individu.

S'il en est ainsi, quelle différence avec la monarchie ? N'est-ce pas donner trop beau jeu à Louis XIV contre le général Brugère? Individu pour individu, beaucoup de gens se trouveront sans doute pour préférer le Roi-Soleil. Je croyais que la supériorité de la République consistait précisément à installer les garanties de justice et liberté dans les institutions, non dans les hommes. A-t-on donc changé tout cela sans nous le dire ? Il faut le croire, puisque c'est un ministère de défense républicaine qui se vante de trouver dans la personnalité d'un général la meilleure garantie d'avenir pour la France. Ai-je rêvé qu'un socialiste fait partie de ce gouvernement ? Qu'il le veuille ou non, c'est en son nom que M. de Galliffet a parlé, et puisque Millerand s'est tu, c'est donc qu'il trouve la caution du gouverneur de Paris suffisante. Avant de résoudre la question sociale, ô révolutionnaires du gouvernement, il faut d'abord avoir un gouvernement qui ne soit pas à la merci du premier soldat qui passe. Je veux que Brugère soit l'ange Gabriel en personne, puisque vous l'avez décrété. Mais quelque Méline, un jour, nous donnera Roget ou tout autre Chamoin de même mouture. Alors, sans doute, on ferait de belles phrases. Mais tout de même la République aurait été livrée par les républicains.

15 *Avril* 1900.

XXII

La Justice à l'Exposition

Inaugurant l'Exposition universelle, M. le ministre du commerce a cru devoir, en sa péroraison, nous régaler d'une rhétorique solennelle sur les bienfaits de « la Justice » dont il est le représentant. M. Millerand ne passe pas pour un ironiste. Je ne puis donc imaginer qu'il ait voulu se moquer de nous et de lui-même par surcroît. D'un autre côté, je l'avoue, je croirais faire injure à son intelligence en le supposant sincère. Le gouvernement dont M. Millerand est la clef de voûte peut représenter tout ce qu'on voudra :

les réformes ou la conservatiou des abus, la défense républicaine ou la reculade devant les généraux de coups d'Etat. Mais, s'il est une chose que M. Millerand et ses collègues se soient interdits de représenter, c'est bien l'idée de la plus vulgaire justice, consistant à réprimer le crime et à protéger l'innocence.

Je fais comme il convient la part de l'illusion commune aux hommes qui, se trouvant pour un ou plusieurs jours potentats de l'oligarchie ou de la démocratie, se croient de bonne foi des instruments de choses sublimes. Il est même à remarquer qu'aucun gouvernement ne s'est jamais annoncé comme représentant de l'injustice. C'est toujours en vue du plus magnifique résultat « éventuel » que nos maîtres, petits ou grands, proposent de nous plonger d'abord dans un abîme d'iniquités. En cela, je découvre que M. Millerand ne fait point exception à la commune règle. C'est un réformateur si épris de réformes qu'il en demeure, jusque dans son fauteuil de ministre, révolutionnaire. On discute en ce moment, dans son propre parti, la question de savoir si, lorsqu'on expropriera la société capitaliste, on devra indemniser ou non les propriétaires par des bons de consommation, sans leur donner, bien entendu, les moyens de se reconstituer comme devant. On m'accordera que la réforme n'est pas mince. Mon âge ne me permet pas d'espérer que j'en sois le spectateur. Mais, tout en laissant à d'autres cette joie, je me sentirais plus réconforté dans mes espérances, si ceux qui nous annoncent la réalisation prochaine de la grande œuvre se trouvaient au moins capables de faire régner en France les antiques principes d'une simple et bonne justice ordinaire. Or, voilà justement le programme auquel le cabinet dont M. Millerand était hier l'orateur s'est montré hors d'état de satisfaire.

Ni l'intelligence ni les bonnes intentions ne font défaut dans ce ministère. Il ne lui manque que le caractère, c'est-à-dire la qualité même que nous attendions de lui, par-dessus toutes choses, en le portant au pouvoir. De là ses faiblesses et nos malheurs. Notre patience, par fortune, n'est pas encore épuisée, et, dans l'espoir que nos gouvernants finiront par se réformer eux-mêmes pour en venir à la réformation des gouvernés, nous leur donnons du temps, afin qu'ils apprennent à se connaître. Que font-ils de ces loisirs, hélas ! si tant de labeurs aboutissent au discours de M. Millerand ? Les ministres qui n'ont pas osé poursuivre les faux témoins de Rennes, les ministres qui se sont laissé trahir sciemment par Chamoin, par Deloye, par Carrière, et ont ainsi préparé de leurs mains la condamnation de l'innocent, les ministres qui laissent délibérément le colonel Picquart sous le coup d'une accusation qu'ils proclament fausse, les ministres qui, plutôt que d'instruire le procès du bandit Mercier, proposent de l'amnistier avant même qu'il ait rendu ses comptes à la loi, et qui, pour obtenir ce résultat de criminelle iniquité, ont prétendu supprimer du code le droit de réparation civile, les ministres qui ont pour programme d'innocenter le crime et de déshonorer l'innocence peuvent s'arroger tous les droits qu'il leur plaît, sauf celui de célébrer la Justice et de s'en dire les soutiens.

La Justice, Méline et Billot avec leurs Hanotaux, Henry, Esterhazy, Boisdeffre, Mercier, Gonse et Cie l'avaient poignardée dans le dos. Le ministère actuel est né du besoin de réparation. Si ce mot réparation signifie le rétablissement de la Justice, la vérité clame par cent bouches que les prétendus réparateurs n'ont rien réparé. Ils se sont employés d'une grande énergie à contenter tout le monde ; les haïsseurs sectaires en organisant la condamnation de Dreyfus, les partisans du droit en graciant le condamné. Ils ont décoré Lauth et Carrière, ils ont maintenu le glaive des faussaires sur la tête de Picquart, ils ont fait suspendre par une magistrature docile tous les procès en cours, ajournant la justice au temps où ils seront tombés du pouvoir. Ils ont ainsi gagné l'Exposition, et, à la condition d'aggraver redoutablement la crise qu'ils nous préparent pour l'automne, ils ont fait la trêve, non des partis, comme ils disent, mais de la loi frustrée de ses armes devant le crime en paix dans l'impunité.

Eh bien ! qu'on accomplisse cette œuvre peu glorieuse et qu'on s'en excuse sur les nécessités de la politique, cela se peut comprendre. Jamais gouvernement n'a manqué d'apologie pour ses fautes, jamais ministre ne fut à court d'explications pour ses méfaits. Mais lorsque, appelés au pouvoir pour l'accomplissement d'une œuvre de justice, des hommes ont déserté leur devoir et reculé devant l'application de la loi, il faut vraiment, à quelques-uns surtout, une inconscience merveilleuse pour monter sur leurs tréteaux et se proposer comme champions de « la Justice » aux acclamations populaires. Dans l'effondrement général des partis, et des idées qui font leur raison d'être, j'ai cru pouvoir risquer cette remarque que chacun se sera faite à soi-même, mais qu'il est bon de rendre publique en vue des éventualités d'un prochain avenir.

Quand un gouvernement a organisé la banqueroute de la Justice, après avoir promis de la rétablir dans sa splendeur, peut-on tolérer sans protestation qu'il se donne pour l'apôtre et le protagoniste de la Justice elle-même ? Non. L'Exposition étalera sans doute à profusion les merveilles du génie français. Notre industrie, notre commerce, notre science, notre art y brilleront du plus vif éclat. Mais il est un produit social qu'il nous est interdit d'exposer aux regards des peuples civilisés, c'est notre administration de la justice militaire. Comment le socialiste Millerand a-t-il oublié dans son Exposition le palais le plus important de tous, celui du droit et de la justice entre les hommes ? Croit-il avoir assez fait pour la plus haute idée sociale en lui réservant une simple phrase de prêche ?

J'ai grandement admiré, à l'Exposition dernière, le palais des prisons où s'étalait ingénument tout l'art de nos tortures civilisées. On n'avait oublié qu'une chose, c'était de nous dire comment les hommes venaient en ces invitantes geôles. Je vois avec chagrin que M. Millerand n'a pas eu la pensée de combler cette lacune fâcheuse. Une exposition des différents systèmes judiciaires en tous pays, n'était-ce pas la préface commandée d'un étalage des procédures de coercition ? La cause et le résultat, cela ne va-t-il pas ensemble ? Que ne donnerais-je pas pour voir la hideuse chaîne des forçats de Sibérie telle que Tolstoï nous l'a montrée en son admirable « Résurrection » ? Mais combien plus belle encore la leçon, si l'on nous exhibait au vif les célébrations de « Justice » qui envoient tous ces gens à la mort ! La France, en dépit de ses chiourmes guyanaises, se laisserait distancer sans doute par son alliée. Cependant nous ferions encore assez belle figure avec la double boucle de Lebon et le gardien secrètement stylé par Chautemps. Pour la vitrine des faux, il y faudrait un tel développement que ce ne serait pas trop d'une annexe. Mais ce qui ferait accourir tous les peuples de la terre, ce serait une représentation du procès de Rennes au naturel. On s'écraserait pour entendre Jouaust, pour voir Carrière, pour admirer en action toute la bande des faux témoins et des faussaires. Dans la coulisse, Galliffet, renseigné par Chamoin (et comment ?) jouerait son rôle modeste, mais indispensable, dans le crime judiciaire. Aux côtés de Galliffet, les ministres, qui iraient chuchotant : « Si nous ne poursuivons pas les faux témoins, si nous n'arrêtons pas les faussaires, si nous décorons ceux qui nous trahissent, l'acquittement de Dreyfus est certain. Qu'importent les moyens, si nous obtenons la justice des militaires ? » Puis, le résultat contraire obtenu, M. le ministre du commerce referait pour le public ses prédications privées en faveur de l'amnistie de Mercier. Et, dans l'apothéose du crime impuni, Millerand, d'en haut, tonnerait : « La Justice, c'est nous ».

Je crois vraiment qu'à ce mot on ne rirait pas moins qu'aux contorsions des danseuses javanaises.

24 *avril* 1900.

XXIII

La Trêve

Nous sommes dans « la trêve de l'Exposition ». Si nous en profitions pour chercher ce que cela veut dire ? Depuis des mois, je n'entends pas parler d'autre chose. Des ministériels bénissent la trêve, les opposants la maudissent, mais tous tombent d'accord qu'il y a « trêve » véritablement. Trêve de qui et de quoi, voilà seulement ce qu'on ne peut pas dire.

Puisqu'il s'ouvre à Paris un immense bazar accompagné d'un rare développement de kermesse, faut-il entendre que l'Eglise romaine laissera sommeiller six mois durant ses revendications séculaires de théocratie ; que, pendant une demi-année, Orléans, Napoléon ou tout dictateur de rencontre cesseront de battre en brèche la République, de diffamer la liberté, d'organiser le mensonge, le faux, l'iniquité ? Cela signifie-t-il que les républicains devront pour un temps renoncer à défendre le droit, la liberté des citoyens, la justice des lois, tout ce qui gêne la présomptueuse sottise des impuissants qui aspirent à devenir nos maîtres ? Et si ce n'est pas là, comme je le suppose, ce qui doit caractériser la « trêve » dont on fait tant de bruit, peut-être pourrait-on reconnaître sans plus attendre que ce mot, vide de sens, n'est qu'un des nombreux attrape-nigauds de la grande foire du monde.

Il n'y a, d'ailleurs, qu'à regarder ce qui se passe pour découvrir que, jusqu'ici, la « trêve » a principalement consisté dans un redoublement de la fureur réactionnaire. Toutes les communes de France vont procéder dans quelques jours à l'élection de municipalités nouvelles. La loi n'a pas prévu que la danse du ventre au Trocadéro dût interrompre l'exercice de la souveraineté populaire. On ne peut s'étonner que les partis mis en demeure de livrer leur bataille s'empressent au rendez-vous devant les électeurs. Et, s'il y a contestation électorale, comment les contestants pourraient-ils renoncer à déployer, dans cette occurrence décisive, la plénitude de leurs efforts ? Inaugurer la « trêve » par le déchaînement de la lutte entre candidats, comme entre électeurs, c'est peut-être dépasser la mesure des jocrisseries politiques admises.

Maintenant, si vous voulez savoir quelles dispositions d'apaisement sont manifestées par les ennemis de la République ou par les républicains qui n'admettent la République qu'antirépublicaine, ouvrez les gazettes de Paris ou de province. Ce n'est partout qu'un long accès de rage contre tout ce qui fait obstacle aux conspirateurs de coups d'Etat, à l'absolutisme romain ; ce n'est partout qu'un assaut furieux contre nos garanties de justice, contre nos institutions de liberté. M. Loubet, le ministre et le Parlement sont traînés dans la boue, par la seule raison qu'ils refusent de trahir la République et de céder la place à une coalition des résidus de tous les partis réactionnaires. François Coppée, Jules Lemaître, Arthur Meyer et Déroulède ont découvert la France : nul n'a le droit d'être Français sans leur estampille. Dans notre pays qui a vu tant de choses, jamais spectacle aussi ridicule n'avait été donné.

Est-il besoin de dire que ce syndicat de Français professionnels, dont un juif allemand, nous apporte pour idéal de gouvernement l'absolutisme de l'Eglise romaine sous la garde des prétoriens ? M. Déroulède est de l'autre côté de la frontière pour avoir voulu lancer contre les citoyens français les soldats de la

France. Nous avons eu, l'autre jour, l'ineffable joie de voir symboliquement émerger du grand portail de Notre-Dame, à l'issue d'une manifestation politico-religieuse dont le colonel de Villebois-Mareuil n'était que le prétexte, le néophyte François Coppée entre Jules Lemaître, qui ne croit pas en Dieu, et Arthur Meyer, qui ne croit pas même au diable, sous l'œil du général Mercier, le scélérat impuni pour qui le socialiste révolutionnaire Millerand demande grâce.

Ceci n'est qu'un commencement. Les Assomptionnistes et M. Méline ont repris la campagne, chacun de son côté, contre l'ennemi commun : la République gouvernée par les républicains. Les Assomptionnistes ont quitté la rédaction de *La Croix*, comme vous savez, mais ils y ont laissé tous leurs moyens d'action aux mains de leurs agents les plus sûrs. Il n'y a donc rien de changé : pas même l'enseigne. *La Croix* du Père Bailly avait l'encouragement public des évêques. *La Croix* de son successeur a l'approbation des cardinaux. Le cardinal Vannutelli — papable, dit-on — nous vante en termes hyperboliques la direction nouvelle. Enfin, le fameux comité « Justice-Egalité », qui n'a jamais rien été que l'organe des Assomptionnistes eux-mêmes, a reparu au premier rang de la bataille électorale. Son programme, naturellement, n'a pas changé d'une ligne. On y retrouve même toute la question Dreyfus avivée en l'honneur de l'apaisement.

On conviendra que M. Méline, quand ses troupes sont au combat, ne peut pas demeurer à l'écart du champ de bataille. Le grand politique de la République sans républicains s'est donc jeté d'élan dans la mêlée. Son discours fait l'admiration du *Temps* et de tous les journaux de la monarchie, ces derniers exprimant leur satisfaction avec plus de mesure pour ne pas compromettre « le patron ». « Excellente plateforme pour les mécontents », dit *Le Gaulois* d'Arthur Meyer. « Il n'y a plus que deux partis en présence, dit *Le Soleil* du duc d'Orléans. D'un côté, les sectaires, francs-maçons, cosmopolites, révolutionnaires ; de l'autre, la partie saine, libérale, conservatrice, française en un mot, de la population. » Nous pouvons, je crois, nous classer dans la première catégorie, sans nulle vanité ; M. Méline et le duc d'Orléans, paraît-il, sont de l'autre. Pour ce qui est du *Temps*, il est féru de Méline au-delà de toute mesure. « Une nouvelle campagne d'anticléricalisme n'est assurément pas de saison », dit M. Adrien Hébrard. Parole bien républicaine, n'est-ce pas? quand tous les moines marchent à l'assaut de la République. On voit que le Père du Lac a passé par là.

L'éternelle plainte de Méline, c'est que les monarchistes aient été remplacés par les socialistes dans la majorité de gouvernement. Il est pourtant aisé de découvrir que Millerand n'a pas encore « socialisé » plus de choses que n'aurait fait Méline lui-même. Mais le malheureux — c'est de Méline que je parle — prétend être ministre à tort et à travers, et, dans son ardeur à rechercher l'appui des monarchistes, il va même jusqu'à nier l'existence du complot dont la tentative d'émeute militaire de la place de la Nation a manifesté la réalité assez publiquement. M. Méline triomphe de ce qu'aucun soldat n'a été impliqué dans le complot. Il ne peut ignorer que le gouvernement amnistieur de Mercier a tout fait pour empêcher la culpabilité de certains chefs de venir au jour. On sait quel mal s'est donné le président Fallières pour empêcher la confrontation de M. Déroulède et du général Roget. De ce que MM. Waldeck-Rousseau et Millerand ont manqué d'énergie, il me paraît assez difficile de conclure que les coupables sont innocents. On n'a pas même osé expulser le juif anglais Porgès qu'on a trouvé subventionnant le duc d'Orléans et le fameux parti de « la France aux Français ». Cela prouve-t-il qu'il n'y ait pas eu de subvention?

Mais le plus admirable sans contre-dit, c'est le cynisme avec lequel M. Méline ose remettre l'affaire Dreyfus sur le tapis. Depuis que MM. Millerand et

Waldeck-Rousseau ont rassuré tous les criminels par leur projet d'amnistie, ceux-ci, loin de se tenir cois, comme on nous l'avait promis, ont repris l'assurance des anciens jours. M. Hanotaux a reconnu que les faux de Henry lui avaient été signalés par le comte Tornielli, et qu'il avait fait part de cette découverte à M. Méline, président du conseil. Or, celui-ci a laissé alléguer ces faux comme une charge contre Dreyfus, et a même permis (tout son effort ayant été de s'abstenir) qu'ils fussent affichés avec l'estampille du gouvernement sur les murailles. Y eut-il jamais usage de faux plus caractérisé? Pourquoi MM. Millerand et Waldeck-Rousseau proposent-ils d'amnistier M. Méline au lieu de le poursuivre? La fusillade de la Martinique, suivie d'une farce d'enquête, pourra les placer en fâcheuse posture devant la Chambre. Il n'est pas besoin d'être dans les secrets de la destinée pour prédire que la question de l'amnistie, dont ils ne pourront reculer indéfiniment l'échéance, les mettra dans un embarras plus cruel encore.

Je vois des gens qui me disent : « Il paraît qu'on va ressusciter l'affaire Dreyfus en novembre. » Je suis là-dessus sans lumières. Je vois que le comité « Justice-Egalité » a l'affaire Dreyfus pour arme de chevet dans sa campagne antirépublicaine. Ainsi fait M. Méline au service des prétoriens. De même les journaux antisémites au service des congrégations. Et cela me conduit à soupçonner qu'on ne peut pas fonder la paix civile sur cette double base : l'innocent condamné et le criminel impuni. Le crime et la justice sont en guerre éternelle ; la conscience humaine le veut ainsi. Il n'y a point d'armistice entre eux. Parler de trêve, c'est proposer la soumission des lois au crime. Il ne faudra pas moins que le triomphe de la justice pour faire la paix de la France.

29 *avril* 1900.

XXIV

Leçon perdue

L'accident d'une passerelle à l'Exposition, suivi de l'écroulement d'un échafaudage, met tous les esprits en émoi. Qu'une catastrophe qui a causé tant de morts suscite, avec les regrets naturels, l'apitoiement des foules et les commentaires plus ou moins passionnés de chacun, c'est le spectacle ordinaire. Pour ce qui est de profiter de la leçon, qui donc y songe? Il reste le recours de philosopher, pour ceux qui ont encore la curiosité de l'analyse.

Vous souvient-il de l'éboulement d'une mine à Bessèges qui fit d'un coup trente cadavres? Cela ne remonte pas plus loin que l'incendie du Théâtre-Français. La petite Henriot, jolie fille de vingt ans, venait d'être asphyxiée. En trois lignes de texte, la plupart des journaux réglèrent le compte de larmes avec les trente mineurs. En revanche, pendant toute une semaine, on détailla les faits et gestes de la malheureuse actrice des Français. Il y a présentement quatre ou cinq millions d'Hindous qui meurent de faim sous le gouvernement paternel de l'Angleterre. Qui donc se préoccupe parmi nous de la famine de l'Inde! L'effroyable incendie d'Ottawa, où tant de Français d'origine sont si cruellement atteints, nous afflige sans doute, mais d'une douleur très contenue. Ceci pour constater que nous sommes moins faciles à émouvoir qu'il ne semble. Il nous faut le drame prochain, et tous les jours nous pouvons découvrir quelle dose de snobisme se mêle à la sincérité de nos gémissements.

Quelle clameur emplit le monde pour l'incendie d'un bazar d'aristocratique charité! Notre clergé, serviteur des puissances de la terre, en est encore à prendre de temps à autre cette calamité pour texte de ses prédications. La Bavaroise duchesse d'Alençon obtint toutes les lamentations des patriotes professionnels qu'enflamma jadis l'incendie bavarois de Bazeilles. A sa suite, pas une dame titrée qui ne fût une héroïne des anciens jours. En revanche, une pauvre amie obscure que j'avais là, et qui faisait le bien sans attendre de récompense dans ce monde ou dans l'autre, n'eut pas l'honneur d'émouvoir le public. L'adieu que nous lui envoyâmes, Claretie, Sarcey et moi, demeura sans écho. Il faut, pour émouvoir le juif Arthur Meyer et ses lecteurs chrétiens, autre chose. Dirai-je une fois de plus les trois cent mille Arméniens massacrés, brûlés vifs, hommes, femmes, enfants, vieillards, sans que la majorité de la presse, étrangement silencieuse, consentît à s'en émouvoir? Le pape lui-même n'eut que fort tardivement l'idée d'une parole de pitié sur la mort de ces schismatiques. Par contre, si quelque Chinois, rebelle à la conversion, cherche pouille à l'un de ses missionnaires, voilà le Vatican plein de cris et d'appels de secours jusqu'au jour où notre diplomatie, aidée de nos canons, obtient le prix du sang en espèces sonnantes.

L'accident de la passerelle de l'Exposition n'a point de ces allures d'historique tragédie. Ni gouvernants, ni représentants des puissances sociales n'y ont trouvé la mort, ou même une simple blessure. Les victimes sont de petites gens « sans nom » dont les malheurs ne pourraient fournir matière aux développements de grandiloquence recherchés du commun des lecteurs. Chacun se trouve donc réduit à ses petits moyens ordinaires pour exploiter l'événement au profit des passions du jour. Etes-vous ennemi du gouvernement, modéré, nationaliste, soldat de César, ami du Roi? C'est la faute à Loubet. C'est la faute à Millerand. Vous croyez peut-être que je veux rire? Lisez *la Presse,* je vous prie : « Si la passerelle s'est écroulée, c'est la faute à Millerand! Si des passants ont été écrasés, c'est la faute à Millerand! Le ministre avait déclaré que l'Exposition était prête; il mentait. Sur sa parole, des visiteurs sont venus et ont été victimes de ses mensonges ». Pour M. Rochefort, Millerand est un « assassin », tout simplement. On m'excusera de ne pas discuter cette sorte d' « arguments ». Le plus beau, c'est que les amis du gouvernement n'ont pas voulu demeurer en reste avec ses adversaires. Un socialiste a sérieusement allégué que, si Millerand n'avait pas déclaré l'Exposition prête quand elle ne l'était pas, il y aurait eu encombrement sous la passerelle de l'avenue de Suffren, et, par suite, un nombre incalculable de morts. De l'utilité du mensonge dans le gouvernement des hommes.

M. Cornély, à l'autre extrémité du parti ministériel, a trouvé mieux encore. Il expose qu'au banquet des paysans, à l'occasion du couronnement du tzar Nicolas II, l'administration russe avait si bien disposé les choses que trois mille moujiks trouvèrent la mort au fond d'une tranchée. C'est une « catastrophe », cela. Eh bien! admirez la Russie, « personne n'accusa même le gouverneur de Moscou, qui aurait pourtant dû prendre ses précautions ». Que n'en sommes-nous à la mentalité des moujiks, soigneusement entretenue par la censure de la presse? A quand le gouvernement moscovite de la République française?

Nos administrations, je dois le reconnaître, s'emploient de leur mieux à nous faire obtenir dès à présent la faveur d'un fonctionnarisme irresponsable. C'est ainsi que tout le monde se trouva d'abord innocent de l'accident de la passerelle. On avait imaginé, pour premier argument, qu'un terrain relié à l'Exposition « n'était pas dans l'Exposition ». Nos jésuites laïques ont de ces trouvailles. La rupture d'un échafaudage dans la galerie des Machines se prête assez malaisément à ce « distinguo ». « Nous n'avions pas encore éprouvé la passerelle », s'écrient tout d'une voix les ingénieurs. Mais, braves gens, cela même vous condamne. Si vous ne laissiez pas passer dessus, pourquoi laissiez-vous passer dessous? Il va sans dire qu'on procède à une enquête. Sans avoir le don de divination, je puis en faire connaître d'avance le résultat. Lisez *les Animaux malades de la peste* et préparez-vous à voir quelque âne galeux payer pour nos lions ordinaires. N'a-t-il pas été officiellement reconnu que les pierres seules étaient coupables dans la catastrophe causée par la rupture de la digue de Bouzey? Il suffit de deux ou trois ans d'enquête pour en faire la preuve.

Actuellement, les vrais coupables ont un grand avantage, c'est qu'ils ont commencé par se surdécorer les uns les autres après avoir fait déclarer prête l'Exposition, qui ne l'était pas Comment toucher désormais à des poitrines si chamarrées? L'Exposition est prête, a proclamé du haut de la tribune le ministre en qui sont rassemblés tous les pouvoirs. Et, comme ce n'était pas vrai, on a enlevé précisément à grands frais les échafaudages de la salle des Fètes pour l'inauguration, et l'on a recommencé le travail aussitôt après le mensonge public d'une fausse ouverture. Sur quoi il arrive que les visiteurs du 29 avril ont vu quatre ouvriers venir s'écraser à leurs pieds, par les soins de je ne sais quel superbe dignitaire de notre Légion d'honneur. Le ministre ne peut pas surveiller les échafaudages, mais il pourrait, il devrait même surveiller ceux qui les surveillent. Et surtout quand ces messieurs sont venus lui proposer de mentir officiellement à la tribune de la Chambre, il aurait fait sagement de leur opposer son refus. Ç'eût été une révolution, j'en conviens. Mais, voyez ma candeur, je n'en aurais point éprouvé de surprise, par la bête de raison que le ministre était supposé révolutionnaire.

Un autre aspect de la question, en dehors du laisser-faire ministériel, c'est l'intervention manifeste de la Providence. Etes-vous des Assomptionnistes? Prenez-vous le mot d'ordre, en tant que papalin, du juif Arthur Meyer? Vous devez savoir, en ce cas, que nous faisons « la guerre à Dieu », qui est vraiment bien bon de se laisser faire, et qui doit être surtout bien ennuyé de se voir défendu par le juif Arthur Meyer. Or, rien n'arrive, évidemment, que par la permission d'en haut. Comment expliquer que la justice divine se soit si lourdement abattue sur des travailleurs innocents, sur des passants inofensifs? Le Père Ollivier nous a déjà dit que la duchesse d'Alençon, très pieuse, ainsi que ses chrétiennes compagnes avaient été soumises au supplice du feu terrestre par la providentielle bonté, en expiation des péchés pour lesquels nous, mécréants, nous ne serons brûlés que dans un monde meilleur. Cette vue m'a fort attristé, puisque personne, dans ce système, n'échappe à l'incendie. Les hérétiques et les papalins, à Ottawa, ont tous brûlé de même : les bons pour le compte des méchants, les méchants pour leur propre compte. Ainsi, il ne peut rien arriver qui ne se trouve justifié d'avance. Niez, après cela, que l'Eglise ait la clef de tous les mystères.

Une dernière considération m'afflige. J'apprends qu'on va reconstruire la passerelle d'après un système plus sûr, et que les ingénieurs de l'Exposition ont conçu l'idée de vérifier désormais leurs échafaudages. Que penseront nos Arthur Meyer et nos Père Ollivier de ces précautions contre Dieu? On a, en effet, remarqué que ces sortes d'accidents voulus de Dieu n'arrivaient jamais que par le moyen de l'ignorance ou de la négligence humaine. Si le béton de la passerelle avait été convenablement disposé, Dieu n'aurait pas pu châtier les innocents pour les coupables, de cette façon-là tout au moins. Puisque tout le monde est d'accord là-dessus, je demande de quel droit nous nous opposons aux vues de la Providence? Cela ne paraît rien de moins qu'un sacrilège. Ainsi, miss Gould, marquise de Castellane, fait rebâtir le Bazar de la Charité « à l'épreuve de l'incendie ». Il n'y a dans ce bâtiment que de la pierre et du fer, et si le Dieu de bonté juge à propos de recommencer le bûcher de la rue Jean-Goujon, il sera obligé de s'arrêter devant le refus de concours de la noblesse française. J'en suis fâché pour la Toute-Puissance, humiliée par l'or d'un Gould. Par chance, il est à prévoir que nos ingénieurs lui fourniront des occasions de se rattraper.

4 *Mai* 1900.

XXV

La politique impolitique

J'admire les gens qui proclament qu'ils feront revivre à telle date l'affaire Dreyfus et ceux qui suent de pénibles articles pour démontrer qu'il faut en rester là. Rien n'est visiblement si vain que cette discussion des deux parts. M. Joseph Reinach, dont la race compte une infinité de prophètes, s'est avisé tout à coup de prédire l'avenir sur les suites prochaines que pouvait avoir la folle condamnation de Rennes. Les candidats nationalistes au conseil municipal de Paris ont reçu de cette prédiction un notable réconfort, comme leurs discours et leurs affiches le prouvent, sans parler des articles de leurs journaux. Donc ils proposent à leurs électeurs de voter d'ensemble contre M. Reinach, ce qu'un très grand nombre d'entre eux se disposent à faire.

D'autre part, cependant, M. Cornély, du *Figaro*, « dreyfusard » qui prit, lâcha et reprit Dreyfus à ses heures, ne veut pas entendre parler des batailles où la ferveur de M. Reinach semble devoir se complaire. M. Cornély exige à tout prix « l'apaisement » même par le triomphe du criminel Mercier dans l'amnistie. C'était le programme de Méline clamant : « Il n'y a pas d'affaire Dreyfus ». Que M. Cornély, conservateur, qui croit servir les conservateurs en s'écriant aujourd'hui : « Il n'y a plus d'affaire Dreyfus », ne se rangeait-il derrière MM. Méline et Billot? C'est bien ce qu'il fit du premier mouvement, mais de si mauvaise grâce! Puis il prêcha qu'il fallait faire aveuglément confiance aux chefs militaires protecteurs des faux témoins et des faussaires, et jura qu'il en sortirait l'acquittement de Dreyfus. Galliffet, Millerand, Waldeck-Rousseau, sans trop d'efforts, se laissèrent convaincre. On combla de faveurs quelques révoltés, sous prétexte de châtiment, on décora des criminels, on laissa Mercier et Chamoin fausser le dossier secret, on protégea Roget, on laissa impunis les faux témoignages, et Cornély, et Galliffet, et Millerand, et Waldeck-Rousseau furent bien étonnés d'apprendre que leurs savantes manœuvres avaient abouti à la condamnation de l'innocence.

Peut-être est-il sage, dans ces conditions, de ne pas tenir trop de compte des prophéties de M. Joseph Reinach et des *non possumus* de M. Cornély. M. Joseph Reinach offre cette particularité, moins commune qu'on ne croit chez les juifs, de n'être pas antisémite. Même loin de se cacher au moindre bruit, comme la plupart de ses coreligionnaires, il se jette bravement au secours d'Israël, et sa bouillante ardeur l'entraîne. Pour nous, qui défendons les juifs quand nous les trouvons victimes de la tyrannie du plus fort, mais qui n'hésitons pas à leur faire la guerre quand nous les voyons abuser cruellement — comme les chrétiens, d'ailleurs — de la puissance de l'argent, c'est la cause seule, c'est l'idée que nous prétendons servir, et la race et la religion ne pèsent d'aucun poids dans nos revendications de justice égale pour tout le monde.

L'affaire Dreyfus eut pour nous, dès le premier jour, l'intérêt d'une abominable injustice à réparer. Mais il n'est pas un de nos lecteurs qui ne sache que j'ai infatigablement poursuivi, avec la réparation de justice au profit d'un seul, la réparation des abus au profit de tous. Il n'est pas douteux qu'avant l'affaire Dreyfus nul ne soupçonnait l'abominable état d'esprit de certains chefs militaires, ni l'action désastreuse de l'esprit de corps sur un trop grand nombre d'officiers au service de la congrégation. La lumière est faite là-dessus... et surabondante. Ce n'est pas le moindre avantage de « l'Affaire ». On a vu, il y a quelques jours, un conseil de guerre, acquitter à l'unanimité « un capitaine qui se reconnaissait coupable de vols et de faux » et pour qui le commissaire du gouvernement se bornait à solliciter l'indulgence. Un pareil état de choses ne peut se perpétuer impunément. Avec deux justices de poids si différents, nous ne saurions prétendre au titre de nation civilisée. Il faut que le droit légal triomphe de l'arbitraire du soldat, ou que la victoire de la force brutale achève, par la destruction des puissances morales qui font un peuple, la désorganisation, l'effondrement de ce qui fut la France. Considérée de ce point de vue, on reconnaîtra que l'affaire Dreyfus, en soi, n'a plus que la valeur d'un signe. Qu'elle revive sous une forme quelconque ou qu'elle ne revive pas, c'est un point que nous pouvons provisoirement laisser aux discussions des prophètes et de leurs dissidents. Ce que nous voulons, nous, et ce que nous ne cesserons d'exiger des pouvoirs publics, c'est qu'il y ait une justice en France, une justice impartiale résultant de l'application des lois sans distinction de races et de croyances. A cet égard, j'ai le regret de le dire, le présent ministère ne s'est pas montré sensiblement supérieur au précédent. Nous sommes quelques-uns qui attendions beaucoup de lui. Notre déception fut cruelle. Nous aurions dû comprendre que ceux qui, reconnaissant tout bas Dreyfus innocent, s'étaient refusés au combat de la justice, n'étaient pas dignes de la victoire. Quoi qu'il en soit, le fait est là que tout l'effort du gouvernement pour le droit, pour la loi, aboutit à réclamer ouvertement l'impunité pour le crime. Galliffet, Millerand, Waldeck-Rousseau ont demandé l'amnistie, mais ils ne l'ont pas obtenue. Ils n'ont même pas osé monter à la tribune pour mettre le Sénat en demeure d'accomplir l'acte de lâcheté suprême. Tout leur courage s'est manifesté par le silence. Ils ont, sans doute, obtenu de la servilité des juges l'ajournement des procès en cours. Mais parce qu'il y a un ministère qui se cache, ce n'est peut-être pas une raison suffisante pour que toutes les lois soient suspendues.

Vraiment Reinach et Cornély m'amusent, discutant si l'affaire Dreyfus doit ou non se poursuivre, quand le procès Zola, le procès Henry, les procès Picquart sont inévitables, ainsi que le procès Mercier. Si quelqu'un trouve le fait nouveau qui assure la revision, il faudra bien le produire, et aucun esprit sensé ne pourra se plaindre du redressement d'un tort. Si cet événement se fait attendre, tous les hommes capables de juger par eux-mêmes n'en savent pas moins qu'Esterhazy est le traître, et que Dreyfus est une victime des passions antijuives de l'Eglise maîtresse des états-majors. Cependant, en dehors de Dreyfus, au-dessus de Dreyfus même, il y a l'idée de justice à servir, il y a des comptes à régler au nom du droit et de la loi. Quoi que pensent, quoi que disent Reinach et Cornély, comment peut-on empêcher tout le fond de l'affaire Dreyfus de reparaître dans le procès Zola, dans le procès Henry, dans les procès Picquart, dans le procès Mercier? Je sais bien que c'est pour empêcher cela que le trio Galliffet, Millerand, Waldeck-Rousseau a imaginé l'amnistie. Mais déclarer, quand on a pris le ministère pour faire la justice, qu'on ne la fera pas, cela ne peut suffire, car si la justice ne se fait pas par les ministres, inévitablement elle se fera contre eux. Déjà les juges se fatiguent de biaiser et refusent de leur obéir.

Hier venait le procès du colonel Picquart contre *le Jour*. On sait que ce journal a prétendu prouver la « trahison » du colonel Picquart par le moyen de photographies (qui naturellement sont fausses) montrant l'ancien chef du bureau des renseignements en conversation avec des agents d'espionnage à Carlsruhe. Il est assez naturel que le colonel Picquart veuille confondre ses calomniateurs. Mais la politique de MM. Galliffet, Millerand, Waldeck-Rousseau exige que l'innocent reste sous le coup d'une accusation de trahison sans pouvoir se défendre. M. le garde des sceaux Monis a donc trouvé tout simple d'ordonner à ses juges d'arrêter le cours de la justice dans l'intérêt du gouvernement. A deux reprises, les juges ont obéi. Hier encore, l'avocat général Jambois, représentant le magistrat qui est chargé de « procurer » la justice aux Français, osait demander « pour des motifs supérieurs », un nouvel ajournement de l'affaire. Les juges, cette fois, ont regimbé. Picquart et Labori demandent quel « intérêt supérieur » peut être supérieur à l'intérêt de la justice ? Point de réponse. Picquart insiste : « Loin de cesser leurs attaques, ceux que je poursuis, se sentant couverts par une impunité tout au moins momentanée, continuent leurs injures et leurs calomnies. Une remise aurait pour moi les plus grands inconvénients ». Là-dessus, le tribunal délibère et rapporte un jugement aux termes duquel, contrairement à la volonté des ministres, il déclare « retenir l'affaire ». Par bonheur pour la politique du gouvernement, les calomniateurs qu'elle protège faisaient défaut. Le débat est donc ajourné. La belle avance! Commence-t-on à comprendre qu'il est impossible d'anéantir toute justice en France? A défaut de Galliffet, qui croit qu'on peut résoudre une question de droit à coups de sabre, Millerand et Waldeck-Rousseau, qui sont avocats, peuvent entrevoir déjà qu'ils ne pourront pas empêcher la vérité de se faire jour, de protéger le crime contre la justice des lois. Ils n'auront réussi, en somme, au lieu de supprimer les procès inévitables, qu'à les compliquer d'un grand procès de tribune où ils joueront, j'en suis fâché pour eux, un rôle qui ne sera pas très différent de celui de Méline et de Billot.

6 *Mai* 1900.

XXVI

En reculant toujours...

Vingt et un républicains sont élus au premier tour des élections municipales à Paris, en regard de vingt-neuf nationalistes : orléanistes, bonapartistes, antisémites, républicains du césarisme, si les deux mots peuvent être accouplés, tous ayant pour trait commun d'être au service de la jésuitière. Il n'est pas douteux que le second tour donne un résultat très différent. Néanmoins, nul ne peut contester que le sens de cette première manifestation municipale des Parisiens soit au préjudice des institutions républicaines. De croire que les prétendus républicains qui suivent Jules Lemaître et François Coppée reculeront devant leur œuvre en voyant monarchistes et moines exulter à ce triomphe, je n'en ai pas un instant la pensée. Ces faux patriotes veulent soumettre la France à Rome, ces faux républicains rêvent de mettre la Révolution française sous le sabre. Candidats de *La Croix*, du *Soleil* et de *l'Autorité*, leur République est bonne fille — loin de s'effaroucher des privautés de Tartufe — de Philippe ou de Victor. Je me garderai donc bien d'escompter les remords de ces « républicains » de mensonges qui ne rendent hommage à l'idée républicaine que pour la mieux trahir. D'autre part, ce ne serait pas une moindre folie d'exagérer les conséquences d'un vote dans quelques quartiers de Paris. Sans se dissimuler le côté fâcheux de l'aventure, il suffit de mettre les choses au point.

D'abord, on sait de reste, depuis la fameuse élection du cheval noir, que Paris a abdiqué — provisoirement, j'espère — sa traditionnelle autorité de direction républicaine. Sans doute, le mot de République conserve une écrasante majorité dans Paris, mais les mots ne sont rien qu'un danger lorsqu'on en fait usage pour la tromperie d'une étiquette fausse. Si un roi ou un empereur se présentait demain sur nos boulevards, il verrait se dresser contre lui tout le monde. Mais ce n'est pas de ce péril que la République semble aujourd'hui menacée. Parce que les républicains parlementaires ont failli désastreusement à leur mandat et ne nous ont point donné les réformes promises, s'ensuit-il que le peuple, qui, en somme, est responsable de leur élection et, par conséquent, de leurs fautes, n'ait d'autre ressource que de se jeter sous la botte d'un maître et de s'abêtir systématiquement aux capucinières? La lâcheté des foules peut se plaire à cet abandon d'idéal dont l'esprit républicain nous fait honte, et la tentation peut passer sur Paris de renoncer aux luttes glorieuses pour chercher dans la servitude une paix d'ignominie. Mais au plus fort de ces funestes heures, il y aura des hommes pour résister aux sollicitations d'avilissement public, et, s'il plaisait à Paris même de se mettre à la tête d'une nouvelle Boulange, la province, une fois de plus, donnerait une leçon de République à Paris. Quoi qu'en disent, en effet, les gazettes qui opèrent pour le compte des moines, quelques quartiers de Paris ne peuvent pas représenter la France. On l'a bien vu précisément à ces mêmes élections où les grandes et les petites villes de la République française ont su remarquablement se garder du péril prétorien en infligeant au parti jésuite des défaites significatives.

Dire que la République est en danger parce que quelques troupeaux de sujets du Pape et de Césarion reculent d'effroi devant la liberté républicaine serait une simple parole d'extravagance. Pourtant, comme nous nous serions réjouis d'un progrès de la République, nous ressentons nécessairement l'affront quelle vient de recevoir dans la capitale même de la France. Et nous ne sommes pas de ceux, n'est-ce pas, à qui la vaine lamentation peut suffire. Nous savons que le mal passera comme a passé la Boulange, mais nous voulons connaître les causes du mal pour y remédier au plus tôt ; c'est notre devoir de bons Français et de bons républicains.

Les causes du mal sont si proches quelles frappent tous les esprits désintéressés. Je ne veux point perdre mon temps à récriminer. Mais puisque je n'ai cessé d'avertir les ministres chemin faisant, pourquoi ne signalerais-je pas la nouvelle confirmation de mes vues lorsqu'il apparaît si clairement que la politique Galliffet, Millerand, Waldeck-Rousseau nous pousse au fossé grand ouvert ? La situation politique est, en réalité, des plus simples, et tout le monde peut la comprendre, hors ceux qui se plaisent à la rendre chaque jour de plus en plus grave. Nous avons traversé une crise violente à laquelle l'opinion publique, dans tous les pays du monde, a pris part, et, en dépit de tous les gens qui vont répétant : « Il n'y a plus d'affaire Dreyfus », nous sommes au plein des conséquences de cette crise. J'écarte complètement de mes considérations la personnalité même du condamné de Rennes qui, de fait, dans les circonstances présentes, ne se trouve pas en cause. Si l'affaire Dreyfus n'a pas disparu de nos préoccupations, puisqu'elle s'étale en plein jour sur toutes nos affiches électorales, c'est que le gouvernement qui avait été constitué pour résoudre la crise n'a su que la rendre infiniment plus redoutable pour nos institutions de justice et de liberté. Toute sa politique n'a été qu'une reculade éperdue. Il a reculé devant la trahison de Chamoin, de Deloye, devant les mensonges de Mercier, devant le faux témoignage de Maurel, faute du plus vulgaire courage pour appliquer la loi. Il a décoré Lauth, Carrière. En dehors de Négrier, il a infligé à des officiers révoltés des châtiments qui étaient des récompenses. Il a reculé devant Guérin au fort Chabrol, donnant un spectacle sans précédents en aucun pays. Il a fait le procès de la Haute-Cour en donnant pour mot d'ordre d'en écarter moines et soldats, dans l'intérêt de Roget, qui n'était peut-être pas le plus coupable. Et la lâcheté du Sénat a dignement répondu à la lâcheté du gouvernement. Enfin, il a proposé l'amnistie pour sauver tous les bandits de l'état-major, Mercier en tête, alors qu'il laissait Picquart, par un scandale inouï, sous la menace de poursuites infâmes. Parlerai-je des seize francs d'amende aux millionnaires de l'Assomption ? J'en passe, et des pires. Dites-moi seulement si vous croyez qu'on peut enthousiasmer le populaire pour des ministres qui ont un tel passif à leur compte. Ayant assumé la charge de « la défense républicaine », comme ils ont reculé toujours, les ennemis de la République ont avancé ; il n'y a pas d'autre secret des élections de Paris. La crise de justice n'est pas résolue, puisque les criminels ne sont pas frappés, puisque le gouvernement propose de les absoudre avant le jugement. Y a-t-il des lois en France ? On n'en sait rien. Le ministère Galliffet, Millerand, Waldeck-Rousseau propose de déclarer que cela dépend des jours et surtout de la qualité des criminels. Et comme tous ces criminels absous d'avance se donnent ouvertement pour des ennemis résolus du régime républicain, peut-on s'étonner que les ennemis de la République obtiennent aux élections des avantages ? Le miracle serait qu'il en fût autrement. Les lâches vont à la force. On a tout fait pour mettre la lâcheté publique au service de l'Eglise et de la monarchie.

Quant aux conséquences du vote, il n'est pas moins aisé de les apercevoir. Tous ceux qui conspirent la perte de la République vont redoubler d'audace. Prétoriens, moines, apprentis dictateurs, prétendants, sous la haute conduite de l'Eglise romaine, vont donner d'ensemble contre tout ce qui fait nos garanties de justice et de liberté, c'est-à-dire contre le fondement même de nos institutions républicaines. Et la fameuse « défense républicaine », cette fois, comment se manifestera-t-elle ? Je vois bien que tous les républicains s'unissent à Paris, socialistes en tête, pour faire front contre l'ennemi commun. Mais quand les électeurs auront fait leur devoir, que pouvons-nous attendre des gouvernants ? Voilà la question qui se pose. Les ministres reconnaîtront-ils leurs fautes ? Trouveront-ils un reste de volonté, un acte d'énergie pour les luttes futures ? Je le souhaite sans l'espérer. Ils ont laissé passer la plus belle heure. La fortune, par une chance imméritée, les avait mis au tournant où il dépendait d'eux de nous faire rentrer par un coup de résolution dans les voies du droit humain et de la justice égale pour tous les citoyens. Ils ont eu peur, ils ont fui devant l'ennemi qu'il s'agissait de vaincre. Et maintenant quoi qu'ils puissent dire, je crains bien qu'ils ne soient condamnés à faire éternellement figure de vaincus. Mais comme, d'ailleurs, ceux qui aspirent à prendre leur place n'ont pour ambition que de les recommencer, j'avoue que je n'ai point hâte de leur voir joncher de leurs tristes ossements l'hémicycle parlementaire. Ce n'est pas les hommes seulement qu'il faudrait changer, c'est la politique qui fomente contre la République les entreprises des jésuites et des césariens. L'expérience actuelle démontre que, même pratiquée par un socialiste révolutionnaire, la politique opportuniste d'ajournements n'est pas moins dangereuse qu'aux mains d'un modéré. Qu'importe qu'on nous donne un représentant de la révolution sociale ou un modéré pour ne pas agir ! Que d'articles ai-je fait (après combien de discours) sur les avantages de l'action ! Combien d'articles ferai-je encore pour adjurer nos « hommes d'action » de sortir de leur inertie ! Il n'y a pas d'autre issue de la situation présente. Apprenez, ministres républicains, qu'on ne peut pas être vainqueur quand on a pour unique stratégie de déserter le champ de bataille.

13 *mai* 1900.

XXVII

Edouard Grimaux

Je voudrais rendre hommage, après tant d'autres, à la mémoire d'Edouard Grimaux, le bon et le grand savant qu'un nombre de « dreyfusards », Institut en tête, ont conduit récemment au repos du Père-Lachaise sans l'assistance d'aucun clergé. J'ai connu Grimaux mieux que la plupart de ceux qui le racontent, par la raison que la chance de son mariage l'avait fixé dans la petite ville de Sainte-Hermine (Vendée), à vingt minutes du hameau que je tiens encore, malgré l'éloignement, pour ma petite patrie dans la grande. Edouard Grimaux, Charentais, était entré dans une famille de bonne bourgeoisie vendéenne, protestante de religion, très ferme dans les doctrines du libéralisme républicain.

Ainsi qu'on l'a rappelé, il exerçait la modeste profession de pharmacien. Mais ceux qui le voyaient accoudé derrière l'humble comptoir se trompaient fort s'ils le supposaient préoccupé de la vente de ses « kinas » ou de ses « fers ». Ce pharmacien de village était né chimiste, et comme il se trouvait doué d'une incroyable obstination dans le labeur, il avait entrepris, tout seul, de faire sa voie dans la science de Lavoisier que Gerhardt, par une conception de génie, renouvelait à ce moment même. Grimaux fut un des premiers adeptes de la chimie transformée. Lui, si tranquille, et si doux, il exprimait la joie des nouvelles idées avec une ardeur d'enthousiasme qui, vraiment, illuminait sa vie. Charles Lauth, autorisé plus que personne, a dit les travaux du savant. Je n'ai point qualité pour les apprécier. Il suffit d'observer qu'on ne passe d'une pharmacie de village à l'Institut sans une énorme accumulation de labeur.

Le temps des débuts de Grimaux dans la pharmacie vendéenne était celui-là même où je faisais mon apprentissage hippocratique à l'Hôtel-Dieu de Nantes. Le carabin et le pharmacien devaient être amis : ils le furent. Après les sorciers et les rebouteurs, Grimaux et moi nous tenions un rang honorable dans la confiance des paysans prompts à nous consulter sur certains cas de maladie qui résistaient à l'absence coutumière de tout traitement. On raconte que Magendie consultant ses élèves, au chevet d'un malade, sur la thérapeuthique à suivre, les entendit proposer tour à tour mille remèdes violents ou plus ou moins contradictoires ; sur quoi le génial savant remarqua simplement : « Ah ! jeunes gens, on voit bien que vous n'avez jamais essayé de ne rien faire ! » Le paysan vendéen est de la pratique sinon de la doctrine de Magendie. Pour lui, le traitement consiste surtout à consulter qui passe, en submergeant toute question dans un flot de paroles explicatives. On finit généralement par tomber d'accord qu'il faudrait essayer tel ou tel remède dont la renommée rapporte que quelque malade d'un village voisin éprouva de bons effets. Mais de là à acheter quoi que ce soit, il y a très loin, car l'argent ne sort pas facilement de « l'armoire », et puis autant de consultations, autant de remèdes. Il faudrait acheter toute la pharmacie. On attend, au milieu de discussions sans fin sur les cas analogues, et le plus sûr de son affaire, en ce cas, c'est le curé qui, narguant la pharmacie, finit toujours par glisser deux mots à l'oreille du créateur en faveur d'un mort, moyennant un honnête salaire.

On pense bien qu'une telle médication n'était point pour effrayer notre inexpérience. Donc on nous consultait ferme, en dépit de la loi, et sans danger pour les malades puisque jamais nos ordonnances ne recevaient un commencement d'exécution. J'avais sur Grimaux un grand avantage. J'étais du crû, et l'autre était Charentais. Le reproche portait, dans un pays où, de village à village, on se traite couramment d'étranger. Mais, par son extrême bienveillance, par sa bonté, par la force de la résidence continue, Grimaux conquit bientôt l'universelle faveur. On se retrouvait aux vacances. Un temps de galop me mettait à la porte de la pharmacie où l'accueil le plus chaud m'attendait. Grimaux me disait ses travaux, les examens passés, les expériences qui se poursuivaient dans le petit laboratoire, et c'étaient des projets, et c'étaient des espérances... sur lesquelles on vient de sceller la pierre.

Après les entretiens de médecine et de chimie, il y avait la chasse où Grimaux déployait des qualités de chimiste myope, sujet de plaisanteries interminables. Sainte-Hermine est de « la plaine », une vaste étendue de terrain calcaire dénudé qui par une série de vallonnements successifs joint « le bocage » au « marais ». Point d'arbres en ce fertile désert. Point d'eau que des puits rares. Sous l'implacable ciel rien que des taches de culture, luzernes, vignes, blés, colzas, diversement colorées des saisons. Les mouvements du sol font l'horizon toujours changeant à mesure qu'on avance. Un ormeau isolé, une ferme, un clocher, qui semblent proches et sont au loin, prennent une importance, guident le regard. Par un point de repère on maintient sa direction. Encore faut-il connaître « sa » plaine. Que de fois me suis-je égaré en un territoire que je croyais familier ! Ce pays a un grand charme. Le paysan lavé de la pluie et brûlé du soleil, ayant l'accoutumance du ciel, ne peut vivre à quelques kilomètres de là sans les arbres du bocage. Pas un « plainaud » n'ira servir comme garçon de ferme dans le pays boisé. Grimaux aimait « sa » plaine, comme on pense. Nous la parcourions en tous sens avec le bon Toussaint Guinaudeau qui remplaça Grimaux dans sa pharmacie et dont les exploits de chasse vaudraient un livre. Grimaux, je dois le dire, était le plus pitoyable chasseur, incapable de distinguer un lièvre d'un ânon à vingt pas. Dès que son chien se mettait à l'arrêt sur une caille, Grimaux prenait ce temps pour rouler une cigarette ou vous narrer une curieuse expérience de chimie. Tout de même on était jeune, plein de rires et de gais propos. La vie était bien belle en ce temps-là.

Puis la Faculté de médecine prit Grimaux. Nous passâmes notre thèse à quelques jours l'un de l'autre. Grimaux avait pris pour sujet les effets du haschich et, afin de mieux connaître son sujet, il se « haschïschait » en conscience. Il y gagna de terribles maux d'estomac mais n'eut aucune des visions paradisiaques que promettaient les livres. Chaque matin il me disait son désappointement et voulait expérimenter sur moi la terrible drogue. Heureusement, le travail auquel j'étais moi-même attelé ne me permettait pas cette fantaisie.

A mon retour d'Amérique je me trouvai en 1870 maire de Montmartre, par un beau matin de septembre. Les Allemands arrivaient sous Paris et une mairie parisienne était tout autre chose qu'une sinécure.

Quelque jour, si j'en trouve le loisir, je dirai cette histoire. Dans la dernière semaine d'octobre, un de mes adjoints venant à disparaître, j'offris sa place à Grimaux qui accepta. On trouvera son nom à côté du mien dans les affiches du temps. Mais l'affaire du 31 octobre survint, suivie des élections municipales, et Grimaux ne fut pas candidat. Il dut à cette heureuse chance de ne connaître que trente ans plus tard les douceurs de la calomnie. La politique m'emporta d'un côté, la science l'entraîna de l'autre. On se rencontrait de hasard pour se remémorer le bon temps d'autrefois.

Et voilà qu'au tournant le plus imprévu de la vie, je vois arriver Grimaux, un soir, dans mon cabinet de *l'Aurore*. L'affaire Dreyfus avait bouleversé sa vie. L'idée qu'on pût commettre sciemment un tel acte d'iniquité lui paraissait le plus monstrueux défi à tout ce qu'il avait aimé. La France pour lui était la plus haute personne morale : il ne pouvait admettre qu'elle oubliât ses généreuses passions de justice humaine pour tomber, sous l'autorité des Jésuites, dans les sanglantes abominations des guerres religieuses. Ce républicain était bon patriote, comme tout républicain, mais il n'était pas de ces saltimbanques qui font parade de patriotisme aux tréteaux de la foire. Bien plus, Grimaux, comme il le déclara lui-même à la cour d'assises, était fort loin d'être antimilitariste. Mais il aurait cru faire outrage à l'armée en la considérant comme incompatible avec la justice, avec les garanties de la loi, avec l'institution d'un droit égal pour tous les citoyens. Il déposa ingénument devant l'immonde Delegorgue et il n'y eut pas un mot de sa déposition qui pût blesser aucune conscience. Sur quoi l'ignominieux coquin qui a nom Billot lui enleva sa chaire de l'Ecole polytechnique pour le châtier du crime de n'avoir pas menti. Le coup atteignit Grimaux en plein cœur. Non pour lui, sa situation de fortune le mettait à l'abri de tout accident, mais pour « son » Ecole polytechnique qui lui était chère, pour son pays qui se faisait le champion de l'injustice devant le monde civilisé, pour les grandes idées directrices de la pensée française subitement désertées par la France elle-même.

Et Sainte-Hermine à son tour abandonne Grimaux, sa gloire. On l'insulte, on lui dit qu'il est « vendu ». Le cercle républicain (dont je fus président d'honneur, hélas !) devient un lieu de discussions violentes. Le séjour de sa propre demeure est rendu odieux à Grimaux, réduit à faire construire aux extrémités du canton voisin la maison où il pense finir ses jours. Mais déja il chancelle sous le poids du malheur. Les sources de la nutrition sont taries. L'esprit demeure vaillant, mais la vie physique progressivement s'amoindrit, et penché sur sa dernière œuvre, soudainement il reçoit le coup de la mort. Il n'avait que soixante-sept ans. Toute sa vie avait été de travail désintéressé pour l'accroissement de la connaissance. Il n'avait jamais dit une parole mauvaise. Il n'avait jamais fait du mal à qui que ce fût au monde. Quand la brute de Billot le frappa, il n'eut qu'une parole : « Me voilà sans laboratoire ! » Grimaux est mort. C'est la seule victoire que nous connaîtrons jamais de Billot. Victoire déshonorante d'un général déshonoré. Grimaux est à l'honneur. Que cette pensée console la vaillante femme qui fut son bon appui, les enfants qui continueront la noble tradition de leur père. Nous, pour honorer nos morts, continuons leur lutte, et de tant de défaites contribuons à préparer un triomphe de justice pour l'avenir.

15 *mai* 1900.

XXVIII

Méditations de vaincu

Il n'y a pas à épiloguer. Les républicains ont subi dans Paris une défaite grave. Les électeurs se sont détournés d'eux pour se mettre à plat ventre sous le goupillon et le sabre. La coalition des monarchistes et des pseudo-républicains de César, marchant sous l'étendard du Gésu, a fait reculer le drapeau de la Révolution française. Je n'ignore pas que les nationalistes plébiscitaires se prétendent républicains, comme Louis-Napoléon lui-même avant le Deux-Décembre. Mais leurs électeurs, pas plus qu'eux-mêmes, ne pouvaient croire sincèrement qu'ils servaient l'idée républicaine, marchant au scrutin derrière le Père du Lac entre les amis du duc d'Orléans et ceux du prince Victor. Au punch de la Saint-Philippe, organisé par les groupes royalistes de Paris, M. Eugène Godefroy a dit « combien les résultats des élections avaient apporté un rayon de joie aux exilés ». Malgré l'étrangeté du style, le sentiment est légitime, surtout quand on ajoute que « la République ne peut pas être améliorée, et que, si les royalistes le veulent, « l'œuvre positive » commencera demain ». M. Paul de Cassagnac, à son tour, chante victoire, et nul ne peut lui en contester le droit, puisqu'il est au premier rang des vainqueurs. Enfin, M. Jules Lemaître obtient les félicitations — bien méritées — de l'*Univers*, et déjà une réunion des curés de Paris a délibéré sur le programme d'action cléricale qu'il convient de soumettre aux nouveaux maîtres de l'Hôtel-de-Ville.

La défaite du parti républicain est donc, à quelque point de vue qu'on se place, éclatante. Les vainqueurs seuls, afin de maintenir leur coalition, peuvent avoir encore quelque intérêt à la dissimuler pour un jour. Nous, au contraire, nous ne devons épargner aucun effort pour montrer publiquement les choses comme elles sont. Eh bien! la vérité, c'est que Paris s'est prononcé, sinon contre la République elle-même, du moins contre les républicains, et qu'il y a de la faute de Paris, et qu'il y a de la faute des républicains,

Si Paris a des élections municipales, c'est aux républicains qu'il le doit : l'oubli de ce bienfait reçu ne lui fait pas honneur. Les césariens, les jésuites, les monarchistes de tout poil ont toujours refusé de reconnaître le droit municipal de Paris. La municipalité parisienne est uniquement d'organisation républicaine. Cela, sans doute, ne confère pas aux républicains le droit d'abuser, mais il en aurait pu résulter pour les Parisiens un certain devoir de réflexion avant de donner leurs suffrages aux ennemis de l'idée républicaine. Paris est Paris, c'est-à-dire un composé hétéroclite susceptible de tous les à-coups. Il porte la gloire de la grande Révolution, qui lui est lourde, paraît-il, à certaines heures. Il était royaliste en vendémiaire. On l'a vu bonapartiste au 18 Brumaire. Napoléon et Louis XVIII se sont disputés ses faveurs en 1814 et en 1815. Il fit, en ce temps, grand accueil à l'ennemi... 1870 et 1871 ont racheté ces tristes souvenirs. Paris se retrouva républicain... jusqu'au boulangisme, dont les récentes élections ne sont rien qu'une survivance. Avec ses gloires et ses tristesses, il ne faut point médire de Paris. Si l'homme isolé se trompe, comment les hommes en masse seraient-ils infaillibles ? Paris n'a pas vu qu'il donnait raison à ses ennemis, qu'il désarmait ses défenseurs. Il paiera sa faute. Tâchons que l'expiation ne soit pas trop cruelle. En ce moment, toute la jésuitière l'encense.

Quelles malédictions quand la grande ville aura retrouvé sa voie ! Pour nous, qui n'avons d'autre devoir que de l'éclairer sur elle-même, gardons précieusement des atteintes la lumière de l'idée, confiants qu'elle percera les crânes endurcis, qu'elle illuminera les cerveaux obscurs. Les républicains, hélas ! n'ont que trop de fautes à se reprocher !

Sur ce point délicat, les avis, comme toujours, sont remarquablement contradictoires. Deux écoles éternelles : « Nous avons trop fait », dit l'un. « Pas assez », répond l'autre. La vérité toute simple est que les républicains ont tout menacé des institutions monarchiques encore existantes et des intérêts oligarchiques qui y sont joints, sans oser jamais rien faire pour enlever de leurs forces aux puissances ennemies des institutions républicaines « en devenir ». Au fond, les républicains ont eu peur de la République; il n'y a pas d'autre mystère. Le fait qu'eux, républicains, se trouvaient au pouvoir leur a paru une quantité de République provisoirement suffisante. Ils se sont installés dans les places, dans les honneurs, ils ont pris la plus formidable part des félicités budgétaires, rougissant moins du front que de la boutonnière. Oh ! ce n'est pas qu'ils aient perdu de vue les réformes promises. Ils y pensaient, ils en parlaient même quelquefois — pour les ajourner — enclins à oublier que les électeurs avaient moins de raisons qu'eux pour patienter confortablement. Je ferais de cruels tableaux si je ne croyais devoir réfréner la satire. L'excuse est la même pour tous les gouvernements, monarchistes ou républicains.

Quand Auguste avait bu, la Pologne était ivre.

L'humanité n'est pas d'une composition différente suivant les opinions politiques. Tout satisfait admet en principe que la satisfaction règne autour de lui, et qu'il n'y a que les esprits mal faits pour n'être pas contents. L'électeur, cependant, finit par découvrir tôt ou tard qu'on a soigneusement maintenu au profit de nouveaux personnages les abus qu'on lui avait promis de supprimer. Il se fâche, et, faute de pouvoir calculer ses actes, clamant avec plus ou moins de justice les fautes des gouvernants, les aggrave des fautes des gouvernés. C'est ce qui vient d'arriver précisément. Par bonheur, il ne s'agit que d'élections municipales, et dans une seule ville de France. Tout le monde a donc le temps de se reprendre. Se reprendra-t-on vraiment? Voilà ce qu'il faut savoir.

Le premier fait qui apparaisse, c'est que nos nouveaux maîtres sont plutôt embarrassés de leur victoire. L'ancienne majorité du conseil municipal avait au moins un programme commun. Ses remplaçants, non moins désireux que tous autres de « l'assiette au beurre », mais venus de tous les points de l'horizon, auront quelque peine à s'accorder sur quelque chose qui ressemble même de loin à une idée. Je sais bien qu'ils font profession d'aimer la patrie, et qu'ils prétendent s'en faire des mandats rentés. Mais l'idée qu'il faut la permission de Jules Lemaître, de François Coppée ou de Déroulède pour être bon Français est un peu trop ridicule pour qu'on puisse rien fonder là-dessus. Quand ils auront crié : « Vive Marchand! A bas les Juifs ! Conspuons Loubet ! », quand ils auront remplacé la rue Scheurer-Kestner par la rue du faussaire Henry ou du traître Esterhazy, quand ils auront élevé une statue à Mercier avec cette inscription : « Honneur à la forfaiture ! », nos bons édiles n'auront encore rien fait pour une meilleure gestion municipale. On parle de la réintégration des religieuses dans les hôpitaux laïcisés. J'espère que la joie nous sera donnée de cette « réforme » bien « française » au profit de la domination « romaine ». Rien ne sera plus propre à faire comprendre aux Parisiens la portée de l'acte dont la responsabilité leur incombe. Pour le reste, attendons les événements. Ces messieurs annoncent à grand fracas qu'ils seront « sages ». Si cela veut dire qu'ils feront comme leurs prédécesseurs, nous jugerons ainsi de la valeur de leurs cris d'orfraies alors qu'ils n'étaient que candidats. En tout cas, nous allons faire l'expérience du nationalisme municipal, et cela n'est pas sans intérêt.

Quant au retentissement de l'aventure sur la politique parlementaire, la prochaine réunion des Chambres nous le fera bientôt connaître. La tactique des partis n'est d'ailleurs pas très difficile à prévoir. Déjà, d'anciens ministres de M. Méline et M. Méline lui-même nous font savoir que c'est la peur du drapeau rouge qui a conduit les électeurs de Montmartre à quitter le candidat socialiste pour le césarien. C'est d'une bêtise un peu trop grossière. Méline, Billot, Hanotaux, convaincus d'usage de faux solliciteront en vain le pouvoir. Leur crime a déchaîné la crise. Ils peuvent achever la France, non la sauver. J'observe, d'autre part, que la coalition de réaction victorieuse imagine pour grand stratagème de dire qu'il n'y a plus que les nationalistes et les socialistes aux prises. On espère ainsi par l'épouvantail de Millerand, qui a tout fait cependant pour rassurer les plus timides, jeter la bourgeoisie républicaine dans les bras du Père du Lac et de son Coppée. Le piège est enfantin. Il reste l'affaire Dreyfus. *Le Temps*, « Ribotiste » a découvert que les élections de Paris veulent dire qu'il ne faut pas ressusciter l'affaire Dreyfus. Pour Adrien Hébrard, qui n'est pas sot, le propos est vraiment d'une sottise amère. Car, si les élections de Paris ont cette signification, les élections de province, qui sont toutes contraires, exigent que l'affaire Dreyfus recommence.

La vérité est qu'il n'y a à recommencer ou à ne pas recommencer rien du tout. Que la loi suive son cours en toutes choses. Nous n'avons pas d'autre programme à présenter. Dans les circonstances actuelles, je vois principalement contre les solutions de justice deux catégories d'hommes : les faussaires mélinistes suivis de leurs acolytes antisémites, et les gros juifs qui craignent de recevoir des coups dans la bataille de la

Justice et de la Liberté. Ni les uns ni les autres ne m'intéressent. Si nous abandonnions la cause de la Justice parce que Dreyfus est libre, nous mériterions le sobriquet de « dreyfusards », car alors nous n'aurions combattu que dans l'intérêt d'un homme, non pour l'avantage de tous, ainsi que nous n'avons cessé de le crier bien haut.

Dès le principe, nous avons déclaré que nous ne réclamerions rien que le droit et la loi. Il n'y a eu crise que parce que le droit et la loi nous ont été refusés. La crise ne peut pas finir tant que le droit et la loi seront en souffrance. Waldeck-Rousseau, Galliffet et Millerand n'ont pas voulu le comprendre. Ils se trouvent avoir aggravé la crise qu'ils prétendaient résoudre. La justice qui pouvait se faire par eux se fera malgré eux. Nous sommes au service non des hommes, mais de l'idée. Et, servant l'idée, nous servons la patrie, en qui nous nous faisons honneur de l'incarner. Comprendras-tu jamais cela, pauvre François Coppée, toi dont le Dieu est, par définition, le plus grand des « Sans-Patrie » ?

22 *Mai* 1900.

XXIX

Le Manoir à l'envers

Une exposition finie. Nous n'avons plus la parade des têtes coupées. Les journaux modérés eux-mêmes, jugeant le spectacle inesthétique, se sont plaints d'une exhibition un peu trop scandaleuse, et le gouvernement, enfin pris d'une pudeur, a débarrassé Paris des immondes trophées. De l'incident en soi, il n'y a plus rien à dire. Laissons le grand-maître de l'Exposition et ses subordonnés s'en partager la responsabilité, chacun dans la proportion de ses pouvoirs. Ce qui me paraît plus intéressant, c'est d'en dégager la leçon pour ceux d'entre nous chez qui l'antisémitisme, le nationalisme et autres fureurs sauvages n'ont pas encore aboli les possibilités de respect envers la créature humaine, dans quelque race qu'elle soit née, dans quelque religion que le hasard l'ait classée au jour de sa naissance.

S'il y avait un peuple qui, en l'an 1900, ne parût pas destiné à arborer sur ses places publiques, aux yeux de tous les hommes expressément conviés, l'emblème classique des pires sauvageries, c'était bien le peuple français. Les idées de liberté, d'égalité, de fraternité sont, ou plutôt furent les siennes. Il a pris soin de les inscrire sur le drapeau qu'il a promené par le monde. Car, il n'y a pas plus d'un siècle, on le vit soudainement épris de toutes les nobles passions de l'âme humaine. Au temps du « triomphe de la foi », il avait, comme toutes les nations chrétiennes, fait ses délices des bûchers et des massacres d'hérétiques au nom du Dieu qui avait dit : « Tu ne tueras pas ». Le christianisme, maître des territoires, en faisait des champs de carnage en l'honneur de la souveraine bonté. Mais, dès que la foi se prit à décroître, dès que la conscience humaine révoltée commença d'imposer le respect de la vie et de la pensée à ces prêtres brûleurs, tortureurs et tueurs lavant aux bénitiers de Rome leurs mains ensanglantées, l'homme se découvrit bon, pitoyable, anxieux de secourir et d'aimer. Et comme l'esprit français avait, le premier, secoué le joug des croyances dont un clergé dominateur, traître à son Christ, avait fait cette barbarie, il se trouva que, par la voix de ses philosophes, nous fûmes les premiers à prêcher la grande communion des créatures humaines dans la justice, dans la bonté ! Quelque oublieux que nous soyons de ce grand passé, la gloire en sera toujours pour nous, car ce fut, en ce temps, un incroyable élan de toutes les nations gémissantes vers le généreux peuple qui, reprenant la parole du grand Juif, criait aux hommes : « Aimez-vous ! »

Hélas ! qu'il y a loin du rêve à l'action ! Le jour vint où ce même peuple qui avait découvert l'humanité juste et charitable, s'émancipant de ses maîtres, prêtres persécuteurs et rois convertisseurs par la grâce des dragonnades, fut en demeure de pratiquer librement lui-même la justice et la charité. Pour instituer parmi nous ce règne de pacifique labeur, il n'aperçut rien de plns urgent que de proscrire, de faire tomber des têtes, comme le lui avaient d'ailleurs enseigné les maîtres contre qui sa révolte se dressait maintenant. « Tuons puisqu'on a tué ! », tel fut le premier cri du Peuple-roi. Et quand les Français eurent fini de s'entre-tuer, un Grand-Tueur sortit tout exprès des maquis de la Corse pour donner des satisfactions nouvelles à leur besoin de tuerie en répandant, par eux, la mort sur toutes les terres civilisées.

Depuis ce temps, il existe, à vrai dire, dans notre pays deux nations contradictoires. L'une qui, sans croyances — car la foi est irréparablement perdue malgré les gestes de mensonge — s'est replacée sous le joug romain pour y retrouver le rêve d'unité religieuse imposée par le fer et le feu selon les traditions de l'Eglise. L'autre, « l'intellectuelle » — suivant la qualification de mépris qui lui fut infligée par la puissance d'abêtissement suprême — acceptant l'esprit libre et divers, cherchant l'ordre humain dans la pacification de justice et de tolérance. Ainsi se continue en nous la grande bataille de l'animalité brutale et de l'intellectualité de justice qui tient en suspens toute l'humanité sur notre planète errante. Sous des formes diverses, même spectacle au fond chez tous les peuples de tous les continents. Si la tragédie chez nous paraît plus poignante, c'est que nous nous sommes donnés de bonne foi et que les nations longtemps nous ont acceptés pour le peuple représentatif par excellence. Après Athènes et Rome, quel ensemble de qualités — et de défauts peut-être — nous avait désignés pour ce rôle? Je livre la question aux psychologues de l'histoire pour rester moi-même dans mon sujet.

Il y aura bientôt cent ans que l'effondrement de la dynastie impériale, si cruellement tyrannique aux peuples vaincus — nous compris — nous rendit la liberté de nous-mêmes. Avec des succès divers, depuis ce temps, l'esprit césarien de Rome et l'esprit français de justice humanitaire se sont livrés de grands combats sur le sol de la France pour une fin encore inconnue. Où en sommes-nous, avec notre exposition passagère de têtes coupées? Quelque peine qu'on éprouve à le constater, il faut bien reconnaître que notre prestige de peuple représentatif a beaucoup souffert dans ces dernières années. 1830 et 1848 furent de beaux triomphes de l'idéalisme français. César prit sa revanche au Deux-Décembre, et le peuple français pendant près de vingt ans laissa lentement filtrer le poison dans ses veines.

Sedan et Metz semblaient promettre un retour aux énergies de la virilité! Vaine espérance! Parce que la République n'a pas d'un coup de baguette réalisé les rêves d'antan, l'infirmité des hommes, seule responsable du mal, les rejette dans le pire, et voici Boulanger, Déroulède et je ne sais qui, candidats césariens. Bien plus Paris les suit, Paris s'enrôle dans leur bande. Vaincus sur notre propre territoire, nous avons pris notre revanche sur les nègres et sur les hommes jaunes, par les actes de barbarie que raconte M. Vigné d'Octon. Quant à nos vainqueurs, détenant des populations françaises germanisées en dépit d'elles-mêmes, nous mendions leur amitié sans que les brutales rebuffades nous lassent. Pendant ce temps, la domination catholique s'étend comme un réseau de mort sur les pensées. Jamais la France ne fut si peu croyante. Jamais la France, à ne considérer que le développement cultuel, ne parut si religieuse. Le prêtre gagne tout ce que l'esprit perd. Les jésuites proclament qu'ils ne nous lâcheront plus. Et par leurs prétoriens, en effet, ils nous tiennent solidement. Le militarisme se donne carrière... contre les Français rebelles à la servitude. Nous sommes engagés dans la sombre voie où l'Espagne agonise, l'Espagne catholique qui prétendit coloniser — comme nous à cette heure — par le crucifix et le sabre, l'Espagne de ce Cervera qui fait bénir son épée par la Vierge pour la rendre.

Nous n'en sommes pas encore à ce degré, mais nous roulons très vite sur la pente. L'affaire Dreyfus a révélé chez nous un état d'âme tel qu'il nous paraît indifférent que le crime soit impuni et l'innocence condamnée. La lâcheté de nos politiciens fait litière des lois, tandis que notre abaissement s'atteste par les souscriptions du monument Henry, et que MM. Waldeck-Rousseau et Millerand, espoirs de « la défense républicaine », demandent l'amnistie pour le bandit Mercier et surtout pour eux-mêmes. Ministres hardis, ils proposent des lois nouvelles pour empêcher les élèves des Jésuites d'arriver aux fonctions publiques, et se donnent en même temps le plus grand mal pour introduire eux-mêmes les fils chéris du Père du Lac dans l'administration « républicaine ». Il y a quelques jours les fils de deux généraux antirépublicains, dont l'un tient à « la Croix » de fort près, étaient candidats fonctionnaires dans un de ces ridicules concours placés à l'entrée des administrations publiques pour en interdire l'accès aux capacités. Les deux jeunes gens, malgré l'infinie complaisance des examinateurs, furent reconnus dignes... d'être blackboulés. Vite on avertit le ministre (un élève de Gambetta, s'il vous plaît) que deux enfants de la congrégation étaient en péril. Sur quoi le « défenseur de la République » fit un signe, et les deux jeunes jésuites furent sacrés fonctionnaires de la République française. C'est ce même ministre qui veut absolument, par une loi de son cru, barrer la route des fonctions publiques aux élèves des écoles cléricales... Demain nos ministres vont déclarer qu'il n'y a plus d'affaire Dreyfus, quand tous les journaux nationalistes mettent au ban de l'opinion publique chaque matin les hommes qui demandent la justice des lois, quand toutes les affiches des candidats nationalistes aux élections municipales ont pris pour plateforme le jugement de Rennes dont M. Havet a dit crânement que les auteurs n'avaient pas même l'excuse de la bonne foi.

Quand un pays en est là, ce n'est pas trop dire que sa mentalité est sens dessus dessous. Il y a, à l'Exposition, un « Manoir à l'envers » dont le toit est fiché dans le sol tandis que les caves renversées regardent le soleil. C'est l'image même de la France actuelle où le haut et le bas semblent intervertis en toutes choses. L'exhibition des têtes coupées dans le pays qui se donna pour mission d'affranchir l'homme et d'humaniser toute la terre n'est, après tout, que l'un des signes — non des moins frappants, je l'avoue — de cette mentalité cul par-dessus tête. Millerand, sur nos avis, a fait disparaître ces sanglants trophées. Que fait-on contre la barbarie dont ils sont l'emblème ?

28 *Mai* 1900.

XXX

Il n'y a pas d'affaire Dreyfus

L'opposition antirépublicaine menée par MM. Paul de Cassagnac, Ribot et Alphonse Humbert a perdu la première manche. On s'est furieusement battu, on s'est fort insulté : finalement le nationalisme et le monarchisme et le cléricalisme se sont mis en déroute, emportant l'espoir d'une revanche prochaine. M. Paul de Cassagnac est dans son rôle. Aussi M. Ribot, le parti modéré n'ayant jamais eu d'autre politique que de servir la réaction. Pour M. Humbert, s'il songe jamais au temps où M. de Galliffet défendait l'armée contre lui, se peut-il garder d'une surprise quand il se voit défendre l'armée de Henry, d'Esterhazy et de Mercier contre Galliffet. En politique tout arrive. Un jour, parlant pour l'amnistie des condamnés de la Commune je prononçai le nom de M. Humbert à la tribune. Ce fut sur tous les bancs de la droite et des modérés un concert de malédictions haineuses. De ces mêmes bancs aujourd'hui des acclamations unanimes font accueil à ce même M. Humbert, auxiliaire de M. de Cassagnac et de M. Ribot. Il ne faut s'étonner de rien.

La journée a été « bonne » pour le ministère. Il ne reste plus qu'à espérer qu'elle sera bonne aussi pour la République et par conséquent pour la France. Ce n'est pas que la discussion ait été remarquable par le développement des idées. On peut même dire que la seule idée à laquelle le gouvernement et la majorité aient paru s'attacher est tout justement l'envers d'une pensée républicaine. Pourquoi faut-il qu'on n'y puisse voir en même temps qu'un trait de cet état d'âme qui se caractérise euphémiquement sous le nom de manque de courage? M. Waldeck-Rousseau a convenablement « rhétoriqué », et je voudrais trouver matière à m'en féliciter. Mais nous avons appris par une longue et triste expérience qu'il est plus aisé de bien dire que de bien faire. Qui parle mieux que M. Bourgeois? Qui a plus profondément déçu ceux qui avaient mis aux belles paroles leur confiance? Voilà pourquoi je ne m'échauffe pas outre mesure à l'éloquence de M. Waldeck-Rousseau. Je donnerais pour un acte toute la sonorité des phrases, et les actes hélas! sont moins satisfaisants que les discours.

Quel programme se dégage de l'orageuse discussion de la Chambre? La Chambre et le gouvernement se disent résolus à « poursuivre » énergiquement « une politique de réformes républicaines et de défense de l'Etat laïque ». Voilà qui est excellent. On aurait pu mieux rédiger : on ne pouvait pas exprimer des intentions meilleures. Mais comment se traduisent tout aussitôt ces « énergiques » sentiments? Par cet ordre du jour de M. Chapuis : « La Chambre invite le gouvernement à s'opposer « énergiquement à la reprise de l'affaire Dreyfus ». Que « d'énergie! » Et pourquoi? M. Chapuis explique qu'il ne veut pas permettre aux Français de parler d'une question qui lui est déplaisante. Au besoin il est prêt à voter une loi contre la presse dans l'intérêt de la justice et de la liberté. M. Chapuis est coté « radical », me dit-on. Comment parlerait-il s'il était de la dictature ou de la sacristie?

Le gouvernement de MM. Waldeck-Rousseau et Millerand est comme M. Chapuis lui-même « énergiquement opposé à la reprise de l'affaire Dreyfus ». Seulement ses moyens sont différents. J'oserai même dire qu'ils sont pires. M. Chapuis, « républicain radical », veut seulement bâillonner les Français. M. Waldeck-Rousseau, opportuniste, et M. Millerand, socialiste révolutionnaire, ne refusent pas de bâillonner leurs électeurs — car ils ont eux aussi leur loi contre la presse — mais ils veulent en même temps déshonorer la France en mettant par un vote parlementaire le crime au-dessus de la loi. C'est ce qu'ils font de propos délibéré par l'amnistie, reconnaissant que l'application de la loi aux criminels trop haut placés est au-dessus de leur courage. Connaissez-vous rien de plus grotesque qu'un révolutionnaire qui veut détruire le capitalisme et « dépropriétariser » les propriétaires, et qui commence par se sauver à toutes jambes quand on lui demande simplement d'appliquer la plus vulgaire loi de la société bourgeoise aux plus ignobles malfaiteurs? En vérité, il est facile à tout le monde de se coller des étiquettes sur le ventre, mais pour mettre en chemin la révolution sociale, il faut d'abord être capable de caractère. Pour MM. Waldeck-Rousseau et Millerand le caractère consiste, voulant la République, à obéir aux sommations que leur font les monarchistes de déshonorer le régime républicain, et, voulant l'Etat laïque, à se soumettre à l'Église qui ne permet pas qu'il y ait de justice ni de légalité pour les Juifs. Il n'y a pas de loi pour Dreyfus parce qu'il est juif, il n'y a pas de loi contre Mercier parce qu'il a commis ses crimes au profit de l'Eglise. Le gouvernement le proclame et ose dire qu'il sert la République et l'Etat laïque lorsqu'il livre par trahison tout ce qui fait leur raison d'être aux monarchistes et au clergé romain. MM. Waldeck-Rousseau et Millerand ne peuvent s'y tromper quand ils sollicitent le vote de lâcheté qui confond cléricaux et laïcisateurs, monarchistes et républicains dans une glorification de Mercier. Ils savent très bien qu'il y a nécessairement une dupe en cette affaire, et que ce ne peut être ni l'Eglise, ni la monarchie, puisqu'ils ne font que se soumettre à la volonté de la coalition antirépublicaine.

Qu'est-ce que cela veut dire : « S'opposer énergiquement à la reprise de l'affaire Dreyfus ? » Je n'y vois qu'une signification possible : « S'opposer énergiquement à l'application des lois ». C'est, en effet, ce que propose le projet d'amnistie. M. Millerand avait annoncé, dans un interview dont j'ai parlé, il y a deux mois, aux lecteurs de *la Dépêche*, « qu'on ferait passer l'amnistie pendant l'Exposition », comme on fait un mauvais coup quand l'attention du public est ailleurs. Voilà le grand parti que M. le ministre du commerce entend tirer de son exhibition commerciale. Ce doit être une vue « révolutionnaire ». Déjà le garde des sceaux Monis, qui a voulu prendre sa part du commun déshonneur en faisant avancer scandaleusement l'un des magistrats les plus compromis avec les faussaires, vient de signifier au Sénat qu'il eût à voter son amnistie. Et bientôt le Parlement va reprendre à son compte le fameux mot de Méline : « Il n'y a pas d'affaire Dreyfus ». S'il n'y a pas d'affaire Dreyfus, comment se fait-il qu'on ne parle pas d'autre chose? Les affiches de nos élections municipales sont encore sur les murailles. Vous y pouvez voir vivantes toutes les passions de l'affaire Dreyfus. Les journaux nationalistes frémissant de toutes les haines que souffle la cléricaille de soutane et de sabre prétendent sceller l'affaire sous cette conclusion : « l'impunité au crime, le déshonneur à l'innocence; réclamer la justice des lois, c'est faire œuvre de traître et de vendu ». Sur quoi, Waldeck-Rousseau et Millerand, avec Méline, de nous dire : « Qu'est-ce que cela vous fait d'accepter comme final ce jugement du Père du Lac et de ses prétoriens, faux témoins et faussaires? Restons-en là, et parlons, si vous voulez, de la pluie de décorations qui se prépare. Un nuage d'étoiles va crever : il n'y a pour les républicains qu'une préoccupation urgente, c'est de se mettre en queue à la gouttière ». Ainsi parlait Méline, ainsi parlent ceux qui ne sont ministres que pour l'avoir blâmé. Les députés sans doute sont faits à ce langage merveilleusement approprié à leur conception de la justice et de la légalité.

Après tout, à bien considérer les choses, ces gens ont raison plus qu'ils ne pensent. Il n'y a pas d'affaire Dreyfus, car la personnalité de Dreyfus a fini par disparaître complètement dans l'Affaire. Admettons que Dreyfus, parce que juif, doit être condamné, flétri, et qu'il n'a rien à dire. Admettons, s'il vous plaît, qu'il subisse passivement l'injustice et s'y résigne. Qu'est-ce que cela peut changer à l'attentat de ceux qui veulent fonder l'ordre légal de la République française sur l'impunité du crime et la condamnation de l'innocence? Il n'y a pas de question Dreyfus, c'est entendu. Mais il y a une question de la justice et de la loi en France, et les Français ont charge de dire si la France peut subsister en prenant pour principe de sa vie matérielle et morale cette idée qu'il n'y aura de justice que pour les valets des prétoriens et les suppôts de l'Eglise.

Voilà ce que nos plus fougueux politiciens, uniquement préoccupés de leur « chère circonscription », refusent de voir. Aussi longtemps qu'il vous plaira, ils aligneront de magnifiques réformes en des discussions, en des rapports qui ne peuvent pas aboutir. Pour défendre la République contre les entreprises cléricales, ils sont exquis tant qu'il n'est besoin que de phrases. Mais quand l'oppression cléricale, quand la domination brutale des prétoriens de l'Église s'affirme en la condamnatien d'un hérétique innocent, cela dérange nos « réformateurs » qui tout d'une voix s'écrient : « Ne nous parlez pas de cette histoire ». L'aventure est fâcheuse, j'en conviens, pour la tranquillité de nos bons maîtres du gouvernement ou de l'opposition. Il serait si commode de combattre le cléricalisme et la dictature du sabre en les amnistiant par avance de tous les crimes qu'ils peuvent commettre contre la République et contre la France. Les parlementaires croient sans doute qu'ils ont tout pouvoir du mandat populaire comme Louis XIV du mandat divin. Le mandat divin a rendu ses comptes. Messieurs du « mandat populaire » auront leur jour.

29 *Mai* 1900.

XXXI

Toujours le Manoir à l'envers

Dans la crise que nous traversons, un peu de psychologie nationale ne paraîtra pas déplacé. Je comparais l'autre jour la France de Henry, de Mercier et d'Esterhazy, de Billot et de son Méline, de Boisdeffre et de son Père du Lac, de du Paty de Clam, de Gonse et de leur Jouaust, de Jules Lemaître, de François Coppée, de Déroulède et de Drumont à ce « Manoir à l'envers » que l'Exposition nous montre toits à la place des caves et caves à la place des toits. Il n'est pas douteux qu'un jour l'historien, faisant le recensement des « idées » qui ont agité notre peuple en ce temps, s'ébahira que l'effort le plus caractérisé contre les plus belles traditions de l'esprit français ait pu revêtir l'aspect — même pour une heure — d'une évolution légitime de la nationalité française.

Je ne fais point ici de polémique, et surtout je ne rentre pas d'une façon détournée dans l'Affaire. Que tout ce mouvement — auquel j'ai résisté dès l'origine — aboutisse, en haine de la justice et de la liberté, à une tentative concertée pour la destruction de la République en France, c'est ce qu'il n'est plus possible aujourd'hui de nier. Tous les anciens partis donnent d'un même effort au même point de notre défense, aidés de quelques rénégats, de Méline à Alphonse Humbert qui se voit aujourd'hui même promettre un portefeuille par le « Gaulois » catholique et monarchiste du juif Arthur Meyer. Je n'entreprends point la description même la plus sommaire de la lutte tragique où nous sommes engagés. Tous les intérêts de classe organisés et hiérarchisés de l'ancien monde sont aux prises avec les vagues instincts de justice et de liberté que l'inorganisation et l'indiscipline de notre jeune démocratie laissent momentanément sans force de victoire. Dans ce tumulte confus les aigrefins, les lâches, les imbéciles jouent leur rôle ordinaire, Les hommes, les partis qui sont hors d'état de se manifester pour l'idée font appel aux deux forces prédominantes de l'humanité primitive : le prêtre et le soldat, faussant la vérité par la parole ou par l'écriture autant qu'il leur paraît nécessaire pour nous imposer le joug du Grand-Féticheur qui parle au nom de la divinité, et du Grand-Sabreur dont l'unique vertu est de résoudre par la mort la question de l'organisation de la vie. Si au moins tous ceux qui se donnent pour les représentants de l'idée avaient confiance dans l'idée, et la servaient dans la victoire après avoir fait de sa force leur triomphe ! Ce serait trop simple et trop beau, paraît-il, car cette joie jusqu'ici nous a été systématiquement refusée.

Je veux écarter d'une étude philosophique toute apparence de critique personnelle. Mais si le lecteur veut bien se désintéresser, pour un moment, des espérances qu'il a pu mettre en tel ou tel homme politique et des jugements plus ou moins favorables qui lui en sont restés, il lui faudra reconnaître que tous les « hommes d'Etat » qui depuis un quart de siècle ont véritablement été chez nous les maîtres du pouvoir, ont perdu leur belle confiance dans la puissance de l'idée dès qu'ils se sont crus capables de conduire les hommes par l'intérêt. Ils ont appelé cela « gouverner », les pauvres ! et ils ont traité férocement en ennemis ceux qui les avertissaient de l'erreur. Résultat : les satisfactions d'intérêt, pas plus que sous la monarchie, n'ont donné de force au régime, et tous ceux qui ont des appétits à satisfaire — de justice, comme la partie consciente du populaire, et d'injustice comme les mendiants de la dictature sacerdoto-militaire — n'ont cessé de protester plus ou moins heureusement suivant l'heure.

En ce moment, c'est la dictature du sabre et du goupillon qui est à l'ordre du jour, et les gouvernants qui la combattent — socialiste compris — n'ont rien trouvé de mieux que de s'unir aux ennemis de l'idée pour mettre l'idée en déroute, s'il est possible, plus complètement encore. L'idée c'est la liberté, l'idée c'est la justice. On pourvoit à la liberté en préparant contre la presse une loi supprimant toute critique possible des chefs irresponsables qui tiennent la France sous la serre administrative. Et pour comble, comme nous avons un brave homme de président qui n'est pas aussi populaire qu'on pourrait le désirer, on propose de l'achever d'impopularité par des procès de presse sous prétexte de le défendre. Quant à l'idée de justice, on me permettra de ne pas insister. La politique qui consiste à faire reculer la loi devant le crime pour mieux écraser l'innocence se livre d'elle-même au jugement de la postérité.

Des sentiments de l'Eglise et de ses prétoriens, il n'y a plus grand'chose à dire tant ils ont eux-mêmes pris soin de ne pas nous laisser d'illusions là-dessus. Les commentaires cannibalesques qui accompagnaient les souscriptions au monument de Henry-le-faussaire caractérisent mieux que personne n'aurait jamais pu faire la mentalité des hommes qui prétendent, sous le programme « nationaliste », au gouvernement de la nation française. Deux jolis traits cependant me paraissent à relever. M. Déroulède, à Saint-Sébastien, fêtant avec les nouveaux élus de Paris la grande victoire municipale des nationalistes, a prononcé les paroles suivantes :

Ce que je veux, ce que veulent avec moi tous ceux qui m'appuient de leurs votes, de leur influence, de leur talent et de leur dévouement, c'est l'égalité de tous les citoyens. Aux utopistes odieux lorsqu ils sont habiles, touchants lorsqu'ils sont sincères, de rêver l'égalité de la fortune ou l'égalité du talent. Il n'y en a qu'une de possible et qu'une de juste : l'égalité du bulletin de vote.

Quelle conception de justice sociale? Pour toute satisfaction égalitaire, l'égalité... du bulletin de vote. Je ne le lui fais pas dire. A ce compte nous devrions jouir déjà d'un bonheur sans mélange. Encore le vote dont il s'agit est-il le vote plébiscitaire par lequel l'électeur aliène d'un coup toute sa liberté. Je sais bien que les césariens n'ont jamais eu et ne peuvent pas avoir d'autre programme. Mais ils n'osaient en faire l'aveu publiquement. Aujourd'hui nous en sommes là que les fauteurs de servitude croient se donner des chances en faisant sonner devant la plèbe les fers dont ils se proposent de l'orner.

Dans une petite revue nationaliste, l'*Action française*, je trouve le second trait du caractère bien spécial à notre temps. Il s'agit d'une enquête sur le protestantisme, d'une enquête nationaliste, bien entendu. Comment l'Eglise catholique, dont la dénomination même implique l'internationalisme et qui se vante d'être la puissance internationale par excellence, peut-elle être spécialement nationaliste française? je l'ignore et aucun des pontifes du nationalisme n'essaie de le dire. Cela ne leur importe guère. Il n'y a pour eux qu'un point. Comme il s'agit de livrer la France à l'Eglise romaine, tout ce qui n'est pas de l'obéissance romaine est entaché d'un vice irrémédiable au point de vue français. Pour être de Paris, de Lyon, ou de Toulouse, il faut être de Rome d'abord. Telle est ingénument la sottise antifrançaise que ces français professionnels mettent laborieusement en formules amphigouriques. S'ils ont conçu la pensée de mettre les Juifs hors la loi, il n'est plus permis d'avoir le moindre doute à cet égard, après l'expérience de ces deux dernières années. M. Jules Lemaître qui est chargé de régler le compte des francs-maçons les excommunie chaque jour au nom des congrégations.

D'autres ont résolu de nous débarrasser des protestants. Quand nous irons tous à la messe la France sera le premier pays du monde, comme on en peut juger par l'Espagne, la Pologne et l'Irlande. Quant au protestantisme, il est incompatible avec le développement des nations ; voyez plutôt l'Allemagne, l'Angleterre et les Etats-Unis.

Tel est le thème où se répondent MM. Paul Bourget, Melchior de Vogüé et je ne sais combien d'autres moindres seigneurs, à l'occasion de « l'enquête » menée contre le protestantisme par l'*Action française*. « Le catholicisme c'est le patriotisme », dit l'un d'eux. « Le protestantisme c'est la religion antinationale ». Et M. Paul Bourget : « Attaquer le catholicisme, c'est contribuer à la décadence du pays. Par suite, défendre ce même catholicisme, c'est remplir un devoir civique ». Comme vous pouvez le remarquer, il s'agit, pour ces messieurs, de politique, non de vérité religieuse. C'est par machiavélisme que nous devons croire. D'autres paroles sont à cueillir, mais le plus beau joyau de l'écrin se trouve sans contredit dans cette conclusion de M. Gauthier-Villars :

Et puis, zut! Je peine à comprimer ma rage. Ce n'est pas en phrases polies que je voudrais répondre, ami, navré de voir comme notre pauvre France se « chienlise », sans joie! Raca sur l'esprit protestant — constipation spirituelle, laïcisation de la piété, obligation des complets deuil pour la nudité des œuvres d'art. — Ah! je regrette les temps de l'Ecole d'Alexandrie, et « je souhaite qu'une guerre civile nous permette enfin de passer de la littérature à l'action » : on ne rendra la santé à ce pays qu'en « riflant » un tiers des électeurs — au moins.

« A suivre », ajoute l'enquêteur de l'*Action française*. Ce mot me rend rêveur. Que pourra-t-on trouver après l'appel de guerre civile et la proposition de « rifler un tiers au moins des électeurs » ? Nous voilà en progrès sur cet accusé de la Haute-Cour qui voulait seulement « décerveler » les Juifs et leurs défenseurs. Toutefois, n'est-ce pas dommage que pour rétablir la France dans sa grandeur une telle Saint-Barthélemy soit nécessaire? Un tiers « aux moins » des Français massacrés par les deux autres tiers. De quel amour faut-il aimer la France pour lui vouloir, dans l'intérêt de Rome, un baptême de sang comme n'en a encore fait aucune barbarie? Mais, j'y songe. Si le tiers à massacrer — douze ou quinze millions de Français peut-être — n'était pas d'humeur à se laisser faire, que d'ennuis pour la France romaine! M. Gauthier-Villars ne semble pas avoir prévu cette difficulté. Je vous la soumets, bon lecteur, en vous engageant fort à lire l'enquête de l'*Action française*. Vous y apprendrez ce qu'on peut académiquement prêcher, de nos jours, dans « le Manoir à l'envers ».

1er *juin* 1900.

XXXII

Les hommes et l'idée

Grand chahut d'exposition! Quand on aime éperdument la France, il faut montrer aux étrangers conviés à cet effet quels aboiements le « patriotisme » peut inspirer aux représentants de nos classes « supérieures ». Des quatre points cardinaux, les hommes sont accourus pour contempler les spectacles de la France et se délecter de sa splendeur. Précisément il arrive qu'à ce moment même la France parle au

Palais-Bourbon. C'est la délibération solennelle de ses mandataires décidant de ses intérêts. Les peuples se pressent anxieux d'admirer l'auguste assemblée. Des clameurs de chenil ! Voilà ce que nos patriotes se font gloire d'exhiber à l'ébahissement du monde civilisé.

Et pourquoi ces jappements de meute à l'hallali ? Parce que M. le président du conseil a caractérisé comme un acte de félonie le fait pour un officier d'avoir livré les papiers placés sous la double garde de son devoir et de son honneur. Vraiment quand on a glorifié la trahison dans Esterhazy, le faux dans Henry, la forfaiture dans Mercier, pourquoi n'acclamerait-on pas la « félonie » dans Fritsch ? Tout se tient. D'Esterhazy à Gribelin, en passant par Mercier, toute la bande est solidaire. M. de Galliffet a fait le grand effort de mettre le capitaine Fritsch en retrait d'emploi — son « crime » étant avoué — alors que le même ministre de la guerre poursuivait le colonel Picquart sous le coup de la même accusation déjà reconnue fausse. Pourquoi le conseil de guerre pour l'innocent, et l'indulgence du retrait d'emploi pour le coupable ? Qu'on le dise si on l'ose. Je ne veux pas revenir sur le fantastique récit de M. de Galliffet à la tribune du Sénat. Après tant de ministres grotesques, M. Waldeck-Rousseau nous avait certainement imposé le plus grotesque de tous. Après tant de ministres malfaisants, M. de Galliffet brillera, sans contredit, d'un magnifique éclat de malfaisance. Relisez ce morceau je vous prie et dites-moi s'il se vit jamais rien de plus bassement bouffon que ce « chef » qui sait tout, qui signe tout — même quand il va « crever » — et qui ne sait rien : à ce point qu'il est obligé de démentir publiquement le lendemain ses affirmations d'honneur si retentissantes de la veille.

Je n'essayerai pas de rétablir la vérité dans cette affaire Tomps, défigurée de toutes parts. Cela m'entraînerait plus loin qu'il ne me paraît bon d'aller aujourd'hui. Mais ce que chacun sait déjà, c'est que si Galliffet ne s'est pas engagé à fond contre le capitaine Fritsch en lui appliquant purement et simplement la loi, c'est qu'il fallait sauver le principal coupable, le chef d'état-major qui savait tout, qui a tout conduit en ne révélant au ministre que des parties de vérité artificieusement groupées pour l'égarer à plaisir. En dépit de ses fanfaronnades de tribune, M. de Galliffet n'a jamais été que le paravent du général Delanne, véritable ministre de la guerre, fidèlement obéi des officiers nationalistes devant qui M. de Galliffet reculait de peur. Après les scandales de l'affaire Dreyfus, M. de Galliffet a dû supprimer le deuxième bureau. Moyennant quoi, le deuxième bureau a été maintenu, si ouvertement que trois officiers ont continué d'y figurer en titre. Est-il besoin de dire qu'à partir de ce moment les survivants du deuxième bureau n'ont eu qu'une idée : « rouler » le service de la Sûreté qui leur avait officiellement succédé, afin d'en démontrer l'impuissance. C'est de là, grâce à l'invraisemblable sottise de certains chefs qu'est sortie l'histoire de Tomps. De tout cela, est-il besoin de le dire, Galliffet ne connaissait pas le premier mot, et il n'est pas probable qu'aujourd'hui même il y comprenne quelque chose. C'est lui qui s'est trouvé le plus « roulé » finalement et ses airs de capitan sénile ne feront d'illusion à personne sur ce point.

Le plus fâcheux, c'est qu'après avoir mis « l'ami Waldeck » dans le plus cruel embarras, il l'a bravement planté là au beau milieu de la bataille. Nous avions déjà eu le coup de Chanoine. Cela c'était la trahison, si grossière qu'il n'y avait même point lieu d'essayer un déguisement. Galliffet n'a point trahi... de la même façon. Quand le combat est devenu trop chaud, il a simplement déserté. « J'en ai assez », telle a été la noble parole de ce guerrier devant l'ennemi. Et, là-dessus, le voilà qui se sauve à toutes jambes, laissant son chef effroyablement engagé. En aucun pays cela ne passerait pour une très glorieuse action de guerre. Quand on connaît les dessous, quand on sait à quel point M. de Galliffet, laissant le ministère aux hommes de confiance de ses prédécesseurs, comme M. Fritsch et beaucoup d'autres, est responsable de la situation présente, on ne peut qu'admirer l'inconscience du soldat désertant, sous le feu, la troupe qu'il a mise en péril. Il faut bien le dire, l'acte était d'autant plus abominable que la troupe qui aboyait aux chausses de M. Waldeck-Rousseau n'a pas manqué de l'interpréter comme une éclatante répudiation des actes du ministère. Aussi, l'a-t-on vue redoubler de fureur beuglante sous l'encouragement plus ou moins discret du président Deschanel. Alors que les amis de M. Waldeck-Rousseau cherchaient, de premier mouvement, à excuser le déserteur en le « portant malade », M. de Ramel, ancien accusé de la Haute-Cour, proclamait à deux reprises (l'*Officiel* en fait foi) que Galliffet était démissionnaire. Il paraît que M. de Ramel en savait plus long que M. Waldeck-Rousseau lui-même sur les intentions du ministre de la guerre. Dans sa lettre de démission, M. de Galliffet, pour sortir d'embarras, a cru très politique d'invoquer à son tour l'excuse de la maladie. Je croyais qu'il n'y avait pas d'excuse pour un soldat qui désertait son poste de bataille : pas même de « crever », comme dit élégamment M. le général marquis de Galliffet, prince des Martigues.

M. Waldeck-Rousseau, n'étant qu'un simple civil, a fait, lui, bonne contenance. Héroïquement, il est resté sans broncher sous la mitraille d'injures, et son intrépidité a reçu la récompense de cinquante voix de majorité. C'est aux républicains, aux seuls républicains qu'il doit ce succès. Qu'en va-t-il faire ? Hélas ! il n'en fait pas un mystère. Il va profiter de la confiance des républicains parlementaires pour fortifier, par l'amnistie, l'audace des ennemis de la République et du Parlement. La République, c'est l'idée : l'idée de justice, comme règle de liberté, politiquement organisée. En faisant, de propos délibéré, l'impunité du crime, M. Waldeck-Rousseau, sans que les intentions soient comparables, déserte dans la victoire, comme a déserté M. de Galliffet quand il a pu craindre la défaite. M. de Galliffet, qui de sa vie n'a su ce que c'était qu'une idée, a trahi les hommes tout simplement, sa faculté de penser ne lui permettant pas davantage, M. Waldeck-Rousseau, lui, ne peut pas ignorer que la République n'est rien sans l'idée. Par quelle aberration en vient-il donc, sous prétexte de servir la République, à sacrifier l'idée fondamentale de justice où la République trouve toute sa raison d'être ? Le problème de psychologie n'est point nouveau. Les anciens l'avaient considéré en une formule fameuse : « Pour conserver la vie, perdre toutes les raisons de vivre ». Tous les jours, notre parti républicain s'enfonce un peu plus avant dans cette folie. Pour lui, défendre la République, c'est défendre, non plus l'idée républicaine, mais des « républicains » qui se maintiennent au pouvoir en sacrifiant l'idée républicaine. C'est ce que vont faire demain M. Waldeck-Rousseau, ses ministres, ses députés, ses sénateurs. Ils vont dire cette parole infâme : « Il n'y aura pas de justice dans la République française ». Et aucun d'eux ne comprendra que c'est crier du même coup : « Il n'y aura pas de République française ». Aussi, après avoir supprimé de fait la République, se vanteront-ils bien haut, comme autant d'oiseaux capitolins, de l'avoir sauvée.

Ce qui est curieux, c'est qu'au moment même où l'on voit les politiques, par déformation professionnelle coutumière, en venir à sacrifier ce qu'ils appellent dédaigneusement « l'idéal » pour le bas intérêt du jour, des « intellectuels » qui, sans être républicains de profession, sont les serviteurs naturels de l'idée, s'acharnent à défendre contre les républicains égarés la cause de l'idée républicaine. C'est M. Duclaux, c'est M. Paul Meyer, c'est M. Louis Havet qui n'ont jamais été mêlés ni de près ni de loin aux intrigues de la politique et ne le seront probablement jamais, qui se lèvent pour faire entendre la parole que les républicains professionnels prétendent stupidement étouffer. Ces « idéalistes » demandent la justice, ils demandent la loi, et leur voix, plus haute que celle des politiciens, sera tôt ou tard entendue. « En constatant, dit M. Havet, qu'il existe un gouvernement militaire occulte, dont les agents avouent faire de la « politique » et, suivant l'appréciation du gouvernement visible, commettent des « crimes », ils se demanderont si c'est l'heure de désarmer les pouvoirs légaux et de tirer d'affaire les violateurs des lois ». Eh bien ! oui, messieurs du Sénat et de la Chambre vont dire que c'est l'heure, quand le crime triomphe par la lâcheté des pouvoirs publics, d'humiller irréparablement la loi devant lui. Et nous avons la tristesse de voir le chef parlementaire du socialisme révolutionnaire, grand fabricateur de justice sociale entre les hommes, venir jeter sa pierre, au nom du peuple lapidé, à la justice elle-même. Que le destin s'accomplisse. Le cas personnel de Dreyfus n'est plus rien dans la grande tragédie qui met tout un peuple aux prises avec des gouvernants incapables de se gouverner eux-mêmes. Aussi longtemps qu'il n'y aura pas de justice contre les grands criminels, il n'y aura ni République ni loi, rien qui vaille l'hommage de l'esprit, rien qui vaille le dévouement des cœurs. Le peuple le sent d'instinct et, par ignorance, cherche follement un recours auprès du premier charlatan qui passe. Avertissons-le de sa faute, aidons-le à se ressaisir, donnons-lui le temps de se reconnaître, en nous acharnant, quoi qu'il arrive, à la défense de l'idée.

3 *juin* 1900.

XXXIII

L'amnistie

L'amnistie a été votée au Sénat dans des conditions particulièrement désastreuses pour « la défense républicaine ». Je me hâte d'en prendre acte avant que les événements ne fassent une démonstration trop évidente des maux que cause en tous temps et en tous lieux la politique de recul.

Après une campagne de plus de deux années, mes lecteurs me rendront cette justice que je n'ai jamais cherché à les apitoyer sur le cas particulier de Dreyfus. J'ai vu dans cette affaire plus haut que l'intérêt d'un homme, l'intérêt de la justice elle-même que je me refuse à séparer de l'intérêt de la France. Triste temps où il faudra se défendre d'avoir pu s'apitoyer sur les malheurs immérités d'une créature humaine. Ainsi le veut l'esprit sectaire de Rome semant la haine et la mise hors l'humanité de tout ce qui n'est pas sujet du Vatican. Pour moi, j'en fais l'aveu, j'ai eu pitié du juif torturé au nom de l'Evangile, comme j'aurais eu pitié du chrétien supplicié au nom de la loi de Moïse ou de Mahomet. Mais j'ai toujours dit qu'au-dessus de ce sentiment dont je fais l'aveu, une passion de générosité plus vaste et plus haute dominait toute cette bataille contre les pires manifestations de l'âme humaine. Aujourd'hui, Dreyfus est gracié après que ses juges — jugeant contre leur conscience, a dit hautement M. Havet — se sont condamnés eux-mêmes en découvrant à sa prétendue trahison des circonstances atténuantes impossibles à faire connaître. Qu'est-ce que cela change ? Y en a-t-il moins une question de la justice en France, une question de la loi ? Quel citoyen n'a pas un intérêt capital à savoir s'il vit dans un pays dont les lois assurent la protection de l'innocence et le châtiment du crime, ou dont les gouvernants, complices soumis ou récalcitrants de l'Eglise, peuvent à leur fantaisie absoudre le crime et écraser l'innocence? Que cela soit la dernière préoccupation du conseil de guerre présidé par le colonel Maurel et du conseil de guerre présidé par le colonel Jouaust, je n'en ai point de surprise. Que MM. Waldeck-Rousseau et Millerand et leur Sénat et leur Chambre n'en montrent pas plus de souci, je m'en afflige infiniment, et, quand il se rencontre si peu d'hommes pour le leur dire, je me fais gloire de me ranger dans ce petit nombre.

M. Clamageran, M. Delpech, M. Trarieux ont protesté en termes admirables contre le grand reniement de l'idée républicaine par des républicains diversement sincères cherchant surtout dans « l'oubli du passé » l'amnistie personnelle de leurs fautes. L'espace me manque, à mon grand regret, pour analyser ces superbes discours. En quelques phrases lapidaires, M. Clamageran a établi qu'on enlevait au condamné de Rennes certains moyens de revision — et des plus précieux — comme la preuve du faux témoignage du colonel Morel, puisqu'il faut la condamnation pour que la revision s'ensuive. Enfin, s'élevant au-dessus des considérations particulières, il a fort heureusement résumé toute l'affaire Dreyfus en montrant qu'elle était l'œuvre du parti de Loyola mettant en action sa devise : « La fin justifie les moyens. »

Le discours de M. Delpech n'est pas moins compréhensif. J'en admire surtout la netteté, la vigueur. C'est un superbe réquisitoire contre ceux qui ont feint de « confondre avec l'honneur de l'armée le déshonneur de quelques individus dont la place n'était pas dans l'armée ». Pourquoi faut-il qu'un discours, qui est un acte, ait manqué précisément d'une conclusion d'acte au scrutin ? Le bulletin de M. Delpech ne s'est pas trouvé dans l'urne à côté de celui de ses amis Clamageran et Trarieux. Il me permettra de le regretter amicalement pour lui.

Quant à M. Trarieux, le grand rôle historique qu'il a joué dans cette affaire et la belle résolution d'esprit avec laquelle il est allé jusqu'au bout de sa parole et de sa pensée le désignaient pour traiter toute la question d'ensemble. C'est ce qu'il a fait avec la plus haute éloquence. Je ne veux retenir de sa magnifique démonstration qu'un point. La loi d'amnistie transférant à la juridiction civile les actions judiciaires dévolues à la cour d'assises est une seconde loi de dessaisissement de tous points comparable à celle que fit voter M. Charles Dupuy malgré la protestation véhémente de M. Waldeck-Rousseau, qui doit à cette manifestation oratoire même d'être aujourd'hui président du conseil. On n'a trouvé qu'une réponse à faire à M. Trarieux : « Vous êtes protestant ». Or, cela n'est pas vrai. Mais M. Trarieux fût-il mahométan, qu'est-ce que cela prouverait contre des arguments de fait et de raison ? On n'avoue pas plus ingénument que, pour le parti des faux témoins et des faussaires, on est tenu d'avoir l'estampille de Rome pour avoir le droit de parler à la tribune française. Publiquement flagellé par la haute parole de M. Delpech, le misérable Mercier, qui n'est pas protestant, lui, n'avait pas répondu, car il ne pouvait pas répondre; mais, rassuré par la proposition d'amnistie qui lui garantissait l'impunité, il apporta cet audacieux défi : « Je n'hésiterais pas à refaire ce que j'ai fait ».

A M. Waldeck-Rousseau de répondre, au ministre républicain de proclamer la loi, de venger la justice outragée. Hélas ! c'est dans le rôle tout contraire que nous avons vu le chef du gouvernement. Non seulement il n'a pas relevé le défi de Mercier, non seulement le parangon de la forfaiture a pu souffleter la justice et la loi devant les représentants de la France, mais encore l'homme qui était en possession de parler au nom de la République française a fait front contre la justice et la loi en compagnie du criminel que réclamait le bagne.

Pourtant, vous entendrez dire que M. Waldeck-Rousseau a fait un magnifique discours. Pour moi, je ne lui marchanderai pas le prix d'éloquence, et je l'inscrirai en aussi belle place qu'on voudra au palmarès des orateurs. Mais s'agit-il d'un exercice de rhétorique ou d'une question de justice et de droit : voilà toute l'affaire. Démosthène et Cicéron peuvent-ils faire que l'innocence soit le crime et le crime l'innocence ? Et si le plus beau tableau ne peut rendre identiques les contraires, quel sophisme nous fera croire que la loi qui protège l'innocence doit être tenue pour nulle et pour nulle la loi qui punit le crime ? Ecoutons là-dessus M. Waldeck-Rousseau lui-même. Sa réponse vaut d'être citée. Ce qui le guide, c'est « cet instinct supérieur qui, à certains moments, à de certaines heures, avertit qu'il vaut mieux jeter un voile sur certaines défaillances que de les étaler pour avoir à les punir ». A quoi reconnaît-on « cet instinct supérieur », c'est naturellement ce que M. Waldeck-Rousseau a négligé de dire. L' « instinct supérieur » se manifesta en lui, non dans ses adversaires. Nous n'en savons pas autre chose. C'est le principe des autocraties qu'on nous offre pour règle d'un gouvernement de discussion.

Cependant, comme en dépit de son « principe », M. Waldeck-Rousseau est d'un gouvernement où l'on tient à honneur de s'expliquer, il s'explique, mais voyez — en quel beau langage ! — quelle faiblesse d'explications. C'est pour ne pas « laisser aux pires adversaires de la République l'arme la plus perfide et la plus mortelle qui puisse être mise entre leurs mains », qu'il faut changer les juges de ceux qui invoquent la justice des lois, enlever au citoyen les moyens de prouver son innocence et assurer l'impunité du crime à toute la jésuitière. L' « *Officiel* » expose que là-dessus le Sénat a éclaté en applaudissements. Tout autre qu'un parlementaire de profession aperçoit, au rebours de l'éloquent ministre, qu'il n'y a pas de pire argument contre la République que d'être un gouvernement incapable de protéger les faibles et d'appliquer la loi aux forts.

Quant aux magnifiques développements sur « l'union nécessaire » pour faire de grandes choses, il est à peine nécessaire d'en parler, car le dernier nègre de Guinée suffirait à comprendre qu'un gouvernement qui n'a pas le courage d'appliquer des lois médiocres est incapable de la vigueur d'esprit et de caractère qu'il faut pour instituer et appliquer des lois meilleures. Aussi les amis du ministre se gardent-ils bien d'appuyer sur cette « argumentation », connaissant aussi bien que moi la valeur des réformes promises. Non. Leur cheval de bataille, c'est la flétrissure. « Waldeck a flétri Mercier », voilà ce qu'ils colportent en tous lieux comme une nouvelle de victoire. J'ouvre donc l'*Officiel* et j'y trouve les deux « flétrissures » suivantes :

En réponse « aux paroles prononcées à la tribune », M. Waldeck-Rousseau oppose cette protestation : « Non, il n'y a pas de devoir supérieur à la sauvegarde des formes judiciaires » (ceci au moment où l'orateur lui-même propose de ne pas les sauvegarder, puisque sa loi a pour résultat d'enlever les accusés à leurs juges naturels — ce qui est interdit par toutes les Constitutions de l'Europe, sauf la nôtre), et à cette loi de la civilisation qui veut qu'un accusé, fût-ce un coupable, ne soit pas frappé à son insu dans l'ombre et par derrière ». Il paraît que c'est ça la première flétrissure. Comme on pouvait s'y tromper et que les paysans à qui l'affichage soumet ce texte auraient pu croire qu'il s'agissait non de Mercier mais de Picquart, un sénateur prévoyant s'écria : « Avez-vous compris, général Mercier? » Mais cela devenait trop clair. On a donc effacé les mots « général Mercier » que tout le monde a entendus, et on les a remplacés par ce mensonge : « S'adressant à la droite ». C'est bien le moins quand on veut amnistier des faux témoins qu'on donne soi-même l'exemple du mensonge, et quand on veut glorifier des faussaires qu'on ait recours au faux. Quoi de plus significatif que cette équivoque voulue pour mettre au clair dans la « flétrissure » embrumée la tartuferie supérieure de nos anti-tartufes « républicains ».

Faut-il parler de la seconde flétrissure ? Elle retombe encore de plus haut sur le « flétrisseur ». Mercier (sans qu'on le nomme, bien entendu) est voué en phrases grandiloquentes, à des châtiments plus sévères que ceux du prétoire. La conscience publique le juge. L'histoire le condamnera. C'est la péroraison. Vous devinez l'enthousiasme du parti des « Ni chair ni poisson », qui ont rédigé un manifeste tout exprès pour nous dire leur satisfaction. Pas un d'eux ne s'est demandé pourquoi ce châtiment, « plus sévère que le bagne », était le privilège des bandits hauts placés, et s'il y avait bien lieu de célébrer magnifiquement une politique républicaine qui aboutit à garder la répression des lois pour le peuple des faibles et la vengeance de l'histoire pour les forts. Que de bruit quand le président Magnaud renvoya au tribunal de l'histoire la femme qui avait volé un pain pour son enfant ! Nos amnistieurs parlementaires peuvent-ils croire de bonne foi qu'ils sont l'histoire ? Cela n'importe guère. Au tribunal où ils envoient Mercier ils comparaîtront eux-mêmes. Et là leur flétrissure, mise en face du crime, recevra son vrai nom : hypocrisie et lâcheté.

Croyez-vous quand je parle ainsi que la passion m'entraîne ? En ce cas, je livre M. Waldeck-Rousseau, auteur de la deuxième loi de dessaisissement de l'affaire Dreyfus, au jugement de M. Waldeck-Rousseau combattant la première loi de dessaisissement dans l'affaire Dreyfus :

Nous avons toujours été un peuple épris d'idéal et de raison. « Nous étions avides de justice et l'on n'a pu dire, sans que partout ce peuple frémisse, que, contre le droit individuel, il peut y avoir des raisons d'Etat... » Je me refuse à amnistier le passé. Nous ne fournirons pas aux réactions de l'avenir un précédent républicain !

Et maintenant, peuple de la Révolution française, juge entre la République et le gouvernement républicain, entre le fait et l'idée.

10 *Juin* 1900.

XXXIV

L'Art de fonder sur paratonnerre

Le « Manoir à l'envers » n'est pas encore rétabli sur sa base. Quand un édifice darde ses fondations vers le ciel pour reposer sur la pointe du paratonnerre, on ne peut pas dire que l'équilibre en soit d'une stabilité à toute épreuve. C'est pourquoi l'homme est sage qui, au lieu de s'extasier à la beauté du phénomène, propose de chercher des conditions de durée, de sécurité, dans une organisation moins fragile des lois de la gravitation. Il est vrai qu'on gagne principalement, à répéter la même critique, le renom d'éternel mécontent, de perpétuel frondeur, tandis que les révolutionnaires capables de s'apaiser à temps s'installent confortablement dans des délices supérieures. A chacun son rôle. Les uns mettent leur joie à profiter du temps présent — et il importe peu qu'ils se disent conservateurs ou réformateurs puisque, sous ces appellations diverses, ils font même chose — les autres se résignent, gêneurs de bon conseil, à n'avoir raison qu'après leur mort. Ceci comme préface aux quelques constatations de psychologie sociale que me fournit l'histoire de la dernière semaine.

Avouez qu'il faut être pourvu d'une impassibilité rare pour voir, sans s'écrier, des républicains de « la laïque » — dont la tradition remonte, s'il vous plaît, jusqu'à la proscription de Décembre — s'en aller quérir le nonce du pape pour bénir un sidérostat qu'ils font commerce d'exhiber. Le sidérostat est un appareil inventé par Foucault pour étudier la lumière des astres. Je ne sache pas que l'Eglise ait été d'un secours quelconque au grand physicien pour ses belles découvertes. Il est juste de reconnaître qu'elle ne les a pas empêchées. Mais l'exemple de Galilée prouve ce qu'elle eût été capable de faire si elle se fût trouvée, comme au temps jadis, maîtresse de tous les pouvoirs. Nous voyons cependant qu'un ancien député de « la République républicaine », grand laïcisateur devant Dieu, si j'ose m'exprimer ainsi, a cru devoir arroser d'eau bénite le sidérostat, qui est pour lui, non pas un instrument de découvertes, mais une machine à fabriquer de la monnaie.

Je n'ai pas à nommer les gens, faciles à découvrir. Il s'agit ici, non de polémiquer, mais de relever des faits caractérisant la présente mentalité de la nation française. Vous pensez bien que notre fier républicain, issu du Deux-Décembre, s'il croyait que la foule payante de l'Exposition se ruât au spectacle d'une machine laïcisée, aurait « franc-maçonné » son sidérostat de la belle manière. Mais la mode est de s'encapuciner. La mode, et le profit. Et de même que le « grand chrétien » Galliffet qui l'autre jour, du haut des marches de Sainte-Clotilde, distribuait cocassement les félicités de l'autre monde, a jugé bon de tourner le dos à l'ennemi en pleine bataille après consultation du Père Du Lac habile à faire jouer les délicates influences, de même qu'Adrien Hébrard, autre ami du Père Du Lac, mais « pour le bon motif », réclame jésuitiquement dans *Le Temps*. l'amnistie pour les organisateurs de guerre civile qui clament en tous lieux leur désir de recommencer, ainsi le républicain de l'Exposition, digne représentant de la majorité parlementaire qui dissout les Assomptionnistes et continue de les subventionner au budget, va chercher pour sa parade d'astronomie les persécuteurs de Galilée.

Le nonce ne s'est pas fait prier, je vous assure. Il est venu, apportant lui aussi son « appareil », et il a congrûment béni toute chose bénissable, machines et gens, avec le laïcisateur repenti, dans le tas, par dessus le marché. Il a même fait un discours sur lequel je vois qu'on s'extasie. De Galilée il n'a rien dit. Le sujet ne lui a pas paru digne de son éloquence. Pourtant quel « clou » d'Exposition si le laïcisateur devenu sacristain et le nonce apostolique, parlant au nom du Saint-Siège, avaient bien voulu s'expliquer sur la sentence fameuse du tribunal de l'Inquisition : « Soutenir que la terre n'est point placée au centre du monde, qu'elle n'est point immobile et qu'elle a même un mouvement de rotation, est une proposition absurde, fausse en philosophie et non moins erronée dans la foi ». Si le sidérostat confirme cette doctrine de l'Eglise « infaillible » qui arracha par la torture à Galilée la répudiation de ses « erreurs », on aurait bien fait de nous le dire. Si toutes les découvertes de la science prouvent, au contraire, que Galilée avait dit vrai et que l'Eglise avait menti, quelle figure font l'homme de la « laïque » et le prêtre à parader pour attirer le public à leur foire respective? Quelle figure surtout fait le public lui-même qu'on juge tombé assez bas pour se laisser prendre à l'annonce d'une « science » engoupillonnée? M. Varbe, un vaincu des dernières élections municipales, avait proposé d'ériger une statue à Galilée sur l'une de nos places publiques. Le suffrage universel y a mis bon ordre en remplaçant le distingué conseiller par un nationaliste. Un monument à l'Inquisition me paraît tout indiqué pour remplacer la pierre et le bronze qui devaient glorifier la victime des moines inquisiteurs.

Il semble qu'après cette aventure on ne trouvera rien de plus significatif pour montrer, dans le temps présent, le merveilleux sens dessus dessous de l'esprit français. Et pourtant, il n'y a que l'embarras du choix. Le culte de la patrie ne nous est-il pas enseigné à grand tapage par des gens dont les ancêtres français envahirent la France il y a cent ans à la solde de l'Angleterre et de l'Allemagne? Je veux bien qu'ils ne soient pas responsables des actes de leurs aïeux, bien que cette responsabilité traditionnelle soit toute la raison d'être de leur classe. Mais quand les ont-ils désavoués? Loin de là, ils les glorifient en toute occasion. Naguère encore, M. de Mun revendiquait à la tribune la plus éclatante solidarité avec les Français de Quiberon aux gages des Anglais envahisseurs. Et nous, dont les pères étaient dans les rangs des bleus, nous qui nous réclamons de leurs actes, de leurs idées, nous nous voyons enseigner le patriotisme par les fils des mercenaires de l'étranger, très fiers de la trahison de leurs ancêtres. Reconnaissez que cela n'est pas « ordinaire ».

Est-ce ordinaire aussi que la brutalité des répressions militaires dans les grèves soit particulièrement accentuée sous le règne d'un ministre socialiste révolutionnaire, et que ceux qui ont qualité pour lui demander des comptes se donnent un mal extrême pour s'en prendre à M. Waldeck-Rousseau seulement, comme si la solidarité ministérielle et les responsabilités communes du gouvernement étaient des inventions ultra-planétaires. Je ne veux toucher que d'une main délicate à ces choses. Sinon, j'aurais trop beau jeu contre la « Révolution » miraculeusement assagie.

Et s'il faut relever encore un fait extraordinaire en ce pays, quoi de plus fou que cet appel au silence sur une question donnée, comme si ministres, députés et suffrage universel lui-même étaient maîtres des pensées. Un filou vous vole votre montre et vous dit :

« N'en parlons plus »; c'est la chose la plus commune du monde. Il n'est donc pas surprenant que les bandits qui nous ont volé la justice, qui nous ont escroqué la loi, insistent avec ardeur pour qu'il ne soit plus question de cette affaire. Il n'est pas pour nous étonner davantage que les dits filous se donnent à tous venants pour les plus honnêtes gens du monde. C'est la coutume de leur profession. Quiconque aborde les passants pour leur parler de son honnêteté se rend par là suspect au policier le plus vulgaire. Tout cela est dans l'ordre. Dans l'ordre aussi que la foule abêtie qui suit les complices ensoutanés s'offre à partager les dépouilles du vol de justice et de liberté. Dans l'ordre encore que ceux qui demandent le silence sur leurs crimes ne puissent pas parler d'autre chose, et ressuscitent chaque jour l'affaire Dreyfus sous prétexte de l'anéantir. (Déjà, dans l'*Echo de Paris*, Quesnay nous annonce de nouveaux témoins qui doivent « prouver cette fois » le crime de l'innocence). Pour la lâcheté de ceux qui ont le devoir de défendre l'idée contre les intérêts des puissants, elle n'est pas plus nouvelle. Mais tout de même, il y a quelque chose de particulièrement scandaleux à voir les hommes que nous avons mis au pouvoir pour sauver la justice, nous sommer de sacrifier cette même justice parce qu'ils jugent bon de la sacrifier. Que vous avez la mémoire courte, ministres amis. Avez-vous donc oublié les jours — proches encore — où l'on formait le ministère? Ah! vous vouliez bien qu'on parlât de l'affaire Dreyfus en ce temps-là. J'en connais des témoins. Vous aussi. Et qu'est-il arrivé depuis lors? Vous avez fait condamner l'homme que vous proclamiez innocent. Bel exploit! Vous avez sauvé le crime que vous aviez promis de frapper. Vous vous êtes honteusement enfuis devant les voleurs de justice et de loi. Et vous avez obtenu du parlement qu'il prît sa part de votre honte. Et la raison qu'en donnent nos sénateurs, c'est que vous avez bien plaidé la cause de la honte.

Dans mon prochain article politique j'oserai discuter cette question. Je ne veux pas anticiper. Je me borne à constater qu'un peuple capable d'accepter un tel état de chose témoigne d'un état d'esprit où toutes les notions de la connaissance et de la raison sont simplement à l'envers. Par toutes les voies d'investigation, j'en reviens ainsi, en dépit de moi-même, à l'édifice symbolique de la « rue de Paris » bâti sur la pointe de son paratonnerre.

11 *juin* 1900.

XXXV

Le Sous-Directoire

Rien de si malaisé que de faire une psychologie exacte de son temps. Pour parler des choses et des gens il faut les connaître, et pour les connaître il faut les avoir approchés de si près qu'il peut se rencontrer, chez le plus héroïque d'entre nous, maintes raisons de ne pas juger avec tout le désintéressement qu'il faudrait. Nos appréciations, je veux le croire, auront besoin d'être revisées. S'ensuit-il que nous devions renoncer à observer, à dire? Aristophane, Juvénal, Saint-Simon ne sont pas des oracles. Ils ont pourtant jeté de terribles lumières. Je consens que la race n'en est pas commune, mais nul ne peut savoir quel de nos contemporains prend à cette heure même des notes pour l'avenir. Louis XIV ignora Saint-Simon. Notre Louis XIV, qui est le suffrage universel, peut très bien passer dédaigneusement à côté de son juge. Pour nous, simples gribouilleurs dont l'unique fonction est de préparer les jugements futurs, il semble bien vraiment que nous ayons une utilité sociale possible si nous consignons en nos écrits hâtifs les éléments d'information nécessaires aux critiques futures de premier et de second rang. Il n'est besoin que d'accomplir en toute simplicité ce devoir sans prendre garde aux protestations des parties trop intéressées.

On a fait de nombreux rapprochements entre notre époque et le temps du Directoire. Il y a des analogies. D'abord le découragement d'une révolution manquée et le défaut d'énergie pour reprendre à pied d'œuvre la tâche immense dont on ne pouvait du premier coup attendre le succès. Une importante distinction, c'est que notre grande Révolution périssait par la violence, tandis que notre petite tentative de changer menace de sombrer dans la déliquescence de l'universelle faiblesse. Mais violence et faiblesse, pour le psychologue, se ressemblent plus que ne le croit le vulgaire, étant deux manifestations extrêmes d'un même état d'esprit : « la discontinuité de vouloir ».

Il y a des peuples qui veulent d'une volonté tranquille, méthodique, continue. Il y a des peuples qui veulent par accès, dépensant la force d'un siècle en une année, pour se retrouver, après l'effort qui a dépassé la mesure des organes, incapables de tendre muscles, nerfs et cerveau pour l'action la plus urgente, la plus simple. C'est notre cas. De fait, nous ne sommes pas encore remis de la secousse frénétique d'il y a cent ans, et révolutionnaires et conservateurs sont encore occupés à chercher l'équilibre de pensée et d'action perdu dans la tourmente. Avec la guillotine, les révolutionnaires étaient allés jusqu'au bout du possible, les réactionnaires avec l'armée de Condé. L'éducation catholique d'absolutisme autocratique, ayant pour conséquence l'ultime confiance en la force brutale, leur avait fait ces destinées. Depuis ce temps, les révolutionnaires ont fait des diminutifs de révolution, et les réactionnaires, après des essais de réaction violente, ont abouti au carnage furieux de mai 1871, prenant ainsi sur la révolution la plus terrible avance. Ce que n'auraient pas fait des généraux vainqueurs, les généraux des capitulations l'osèrent, avec l'appui de l'Eglise et de toutes les puissances d'ancien régime groupées autour d'une bourgeoisie « libérale » affolée de peur.

Autre analogie avec le Directoire : La haine des idées, l'amour de la violence, la glorification du militaire. Seulement les « militaires » du Directoire étaient des soldats vainqueurs, tandis que les « militaires » d'aujourd'hui sont des soldats vaincus. Cela fait une différence. Vaincus en Europe, vaincus même en Asie. Certains de nos généraux ont pour titre de guerre de s'être mis en déroute à Langson devant une armée chinoise qui n'existait pas. A Madagascar, par l'impéritie des états-majors, nous avons perdu cinq ou six mille hommes sans un coup de feu à l'ennemi. « Les généraux de Sedan ont fait leur devoir », disait l'autre jour le général Lambert, à la tribune du Sénat. Rien ne caractérise mieux que cette parole l'état d'esprit de nos guerriers. Qu'un général prépare la défaite : cela n'a pas d'importance. S'il s'est bien conduit au feu « il a fait son devoir ». Ainsi l'on réduit la fonction du chef à celle du dernier combattant. Ainsi la glorification de héros de défaites — dont personne n'a jamais contesté le courage mais qui sont criminels d'avoir ouvert par leur présomptueuse ineptie les chemins de la France à l'envahisseur — nous a conduits au cabotinage militaire où notre effort de défense menace de s'anéantir.

Les hommes qui se donnent aujourd'hui pour les champions attitrés de « l'armée » sont de simples « gueulards » de prose ou de poésie sans aucun titre de guerre. C'est que « l'armée » telle que beaucoup la conçoivent maintenant est moins une organisation de victoire sur l'ennemi qu'un instrument de domination de la France aux mains de l'Eglise romaine. Esterhazy est de « l'armée » quoique traître, Henry quoique faussaire, Mercier, Billot, Boisdeffre, Gonse quoique bandits. Picquart, Hartmann ne sont pas de « l'armée » ayant refusé de mentir au profit des moines brûleurs de juifs. Et parce qu'ils veulent remettre aux criminels la puissance publique, François Coppée et Jules Lemaître sont presque de l'armée, tandis que les Français qui veulent ranger la France sous la justice des lois sont des « ennemis de la patrie »..Car il n'y a pas de lois pour « l'armée ». Un général est venu devant les juges excuser M. Déroulède d'avoir tenté de jeter dans la guerre civile un général à la tête de ses troupes, et loin d'en témoigner quelque surprise nos « patriotes » professionnels ont trouvé admirable cette conception du devoir militaire envers la patrie. Le devoir militaire français, c'est d'être soumis à Rome : il n'y en a pas d'autres. La congrégation a façonné nos chefs de guerre en inquisiteurs de la foi. Jetez vos canons dans le Song-Ki-Koi, fuyant devant un ennemi imaginaire, vous serez général, si vous êtes dévot. Car vous êtes au service moins de la France que de l'Eglise.

Tout le reste s'ensuit. Le goût du sang qui s'est subitement réveillé en nous fut toujours une des caractéristiques de la domination romaine. Toute l'histoire de l'Espagne et de l'Italie l'attestent suffisamment. Le juif Arthur Meyer pour se « romaniser » demande une « saignée » de la nation française, à la condition, bien entendu, qu'il soit du côté des « saigneurs ». Et la clientèle nobiliaire du juif immonde se réjouit grandement de « l'idée ». Enfin, M. Georges Thiébaud qui est, à ses heures, un Saint-Jean-Bouche-d'Or, nous présente la boucherie espagnole du taureau — qu'on fait tant d'efforts pour acclimater en France — comme « une récréation latine et catholique contre le protestantisme anglo-saxon ». N'est-il pas temps, en effet, de rendre nos catholiques à la joie du sang, pour les conduire aux carnages de religion dont les « événements » d'Alger semblent le signe avant-coureur ?

Et contre cette insurrection formidable du dogme sanguinaire, que font les prêcheurs de justice, les partisans de la liberté de l'esprit? Chaque jour nous enregistrons de leur part une capitulation nouvelle. Rendons cette justice au Directoire qu'il fit une plus belle défense. Oh! des projets d'action, ce n'est pas qu'il en manque. Mais, dès qu'on en vient à l'acte lui-même, notre « Directoire » se rend à merci, son plus bel acte de courage, jusqu'à présent, étant de désavouer la loi devant le crime. Pour le Parlement, qu'en dire? Oh! ce n'est pas la Convention, même après Thermidor. On a remarqué, qu'à chaque élection, le niveau intellectuel baissait dans les Assemblées. Il faudra bien que ce mouvement s'arrête. Le plus tôt sera le mieux, car il a la répercussion la plus fâcheuse sur l'intellectualité de nos gouvernants. Nous avons vu ministres des hommes... il serait cruel d'insister.

Dans toute l'Europe, d'ailleurs, les Parlements ne sont pas en hausse. En Italie, en Autriche, on y joue de la trompette — et du poing — pour argument. Chez nos voisins du Royaume-Uni, l'obstruction irlandaise a eu ses grands jours. Le Parlement d'Amérique dévore les Philippines, qui représentent contre les Etats-Unis toutes les idées de la fameuse déclaration d'indépendance. Le Parlement anglais supprime de la carte le peuple boer. Au fond, les perfectionnements du gouvernement civilisé ont surtout changé les dénominations de tyrannie. L'autocratie brisée en minuscules fragments de représentation populaire se reconstitue par l'agrégation naturelle des intérêts. Au nom du droit divin, au nom du peuple souverain, on peut tyranniser de même. Nous n'en sommes chez nous, devant la puissance universelle de l'Eglise, qu'à la dissociation de tous les éléments de résistance. J'indiquais tout à l'heure — avec quelle précaution de langage — quelques lointaines analogies entre la Convention usée et la Chambre qui s'orne de M. Deschanel. La Convention avait lutté. Le Parlement républicain eut, grâce au coup de Mac-Mahon, quelques velléités de bataille. L'opportunisme, qui fut la capitulation organisée, eut bientôt raison de ces belles ardeurs. Tous les partis y ont passé. Nous en sommes, maintenant, au socialisme révolutionnaire qui, pour le présent, « ministérialise » à miracle. On peut s'attendre à tout depuis qu'on l'a vu récompenser les contraventions à la loi protectrice des travailleurs. Un de nos ministres, l'autre jour, promenant le roi de Suède à l'Exposition, lui montrait un tableau :

— Sire, cette peinture est votre propriété !

— Vous faites erreur, Excellence. Cet objet d'art, en effet, fut acquis par mon gouvernement. Mais, c'est la propriété de la Suède. « Je ne suis pas l'Etat ».

Quelle jolie leçon d'un monarque à un révolutionnaire !

Je lis dans les journaux qu'on a crié : « Vive le roi ! » sur le passage d'Oscar. N'en prenez pas ombrage. Chez nos Parisiens, cela ne tire pas à conséquence. A l'arrivée de Nicolas II, je me trouvais dans une maison du Bois de Boulogne, à côté d'une charmante bonapartiste, dont le mari chante dans *le Gaulois* la gloire des autocraties. « Enfin, répétait-elle, on va pouvoir crier : « Vive l'empereur ! » L'empereur parut avec l'impératrice à son côté. Ma voisine, penchée sur l'appui du balcon, se préparait aux cris d'admiration. Elle voulait voir la tzarine d'abord, mais un rayon de soleil fit, tout à coup, déplacer l'ombrelle impériale, qui nous déroba le visage attendu. « Oh ! la dinde ! » s'exclama furieusement l'aimable monarchiste désappointée. Ce fut le seul cri d'enthousiasme qui partit de notre balcon. A quoi tient la popularité des maîtres du monde !

Ce n'est pas la dinde qui a eu les honneurs de cette semaine, ce n'est pas même le cheval du Grand-Prix. C'est le chameau du bal costumé, où une artiste bien connue a eu l'heureuse idée de réunir actrices en renom et duchesses collet-monté, pour préparer la grande fusion de tous les mondes. Que venait faire l'officiel chameau là-dedans, direz-vous? Je ne l'y attendais pas. Il y vint, pourtant, si j'en crois les gazettes, portant au plus haut de sa bosse une gloire de la Comédie, et tenu en laisse par un représentant de l'aristocratie française. Enfoncée, la Cabarus et ses fêtes dévêtues! Le chameau au bal distance à jamais le Directoire. Serions-nous bientôt aux approches du Sous-Directoire?

14 *Juin* 1900.

XXXVI

L'apaisement

— Vous faites du sentimentalisme, non de la politique, me disait un féroce amnistieur du Sénat.

— En vérité, répondis-je. C'est de la politique de mettre la loi au service du crime? De la politique républicaine?

— Si l'apaisement doit s'en suivre! Nous voulons l'apaisement. Alors, nous faisons ce qu'il faut pour ça.

— Vous êtes-vous jamais demandé ce que c'était que l'apaisement?

— Oui. Non. Ce n'est pas la peine. Tout le monde comprend ce que cela veut dire. Il y a l'apaisement quand on ne parle plus des choses qui excitent les passions. Nous voulons la fin des discussions irritantes.

— Pas davantage? En quel pays cela s'est-il vu?

— Oh! nous ne prétendons pas supprimer les discussions humaines.

— Et vous avez raison. Ce pourrait être au-dessus de vos moyens. Je m'étais laissé dire que la République était l'organisation même de la discussion.

— Personne n'a intérêt à ce que les discussions dégénèrent en violence.

— Assurément. Aussi n'est-ce pas de cela qu'il s'agit. Dans le cas présent il n'y a eu de violences que du côté des criminels, et c'est eux que vous amnistiez, tandis que les discussions « passionnées » que vous voulez éteindre, ne sont que les revendications légales du droit.

— C'est possible. J'accepte un petit mal pour un grand bien. J'assure la tranquillité publique.

— Un petit mal de ligotter la loi pour faire l'impunité du crime? Je n'attendais pas cette parole de vous. Quant à votre grand bien, êtes-vous sûr de l'obtenir?

— Oui. Sûr.

— Ah! Vous n'êtes pas sans savoir que tous les gouvernements l'ont cherchée avec obstination, cette tranquillité publique qui fait l'objet de votre envie, et que beaucoup se sont fait renverser faute d'en avoir trouvé le secret dans l'impartiale observation des lois. Il y a des conditions de la tranquillité publique, et la première c'est justement la confiance des citoyens en l'impartialité de la loi. Comment en serait-il autrement, puisqu'en dehors de cela il n'y a que l'arbitraire, et que notre Républiqne a pour principale raison d'être le fait que les gouvernements d'arbitraire n'ont produit que le désordre et le trouble en France.

— Je sais. Je sais. Mais il n'y a pas de règle absolue. Vous faites de la philosophie de principes. Non de la politique. De la politique de résultats. Il faut savoir s'y prendre.

— Et vous savez, vous? Nos compliments. Quel malheur que Charles X et Louis-Philippe ne vous aient pas eu sous la main!

— Vos railleries ne me touchent guère. Je ne m'attache qu'aux résultats, vous dis-je.

— Eh bien! parlons des résultats, puisqu'ils vous tiennent au cœur. Que pensez-vous du vote de la Chambre en ses bureaux sur l'extension de l'amnistie?

— J'en pense que c'est un acte inadmissible, une insulte à nous autres, sénateurs, qui...

— Si nous laissions vos questions personnelles de côté? Vous voulez l'apaisement, dites-vous, et vous proposez, pour cela, une amnistie partielle. On vous répond par une proposition d'amnistie totale ou quasi-totale (car on n'en exclut que l'innocent). A votre point de vue, je ne vois pas de réplique possible. Puisque vous êtes apaiseur, soyez-le tout à fait. Comment pourriez-vous vous plaindre qu'il y ait trop d'apaisement?

— Vous raillez fort mal à propos. Guérin est un homme de coup de main. Déroulède a crié partout qu'il recommencerait à la première occasion sa tentative de guerre civile. Et vous me proposez de leur livrer la rue?

— Je ne vous propose rien. Quand il vous est apparu que votre vote n'était pas défendable devant la raison raisonnable, vous vous êtes réfugié comme tous les empiriques dans le maquis des résultats. Eh bien! je vous mets sous le nez le premier de vos « résultats ». Un « résultat » qu'aurait pu prévoir un enfant de l'école primaire. A savoir que la conséquence logique, inéluctable de la mesure dont vous êtes si fier, c'est un apaisement agrandi à ce point qu'il aboutit à la guerre civile, vous le proclamez vous-même. Je vous trouve sévère pour votre « politique des résultats ».

— J'avoue que c'est incompréhensible. Je n'aurais jamais cru que la Chambre...

— Comment! vous n'aviez pas prévu ce qui arrive? Vous ne saviez pas que la lâcheté engendre la lâcheté, que le gouvernement et le Sénat se mettant en déroute devant Mercier, la Chambre se dirait : Pourquoi pas devant Guérin et Déroulède? En vérité, votre prévision politique est de courte vue.

— Je pensais au moins apaiser les antidreyfusards, puisque je leur donne satisfaction.

— Oui, vos ministres se disaient : « Nos amis seront contents, puisque nous sommes au pouvoir, et nos ennemis, puisque nous les sauvons du bagne ».

— Ce n'était pas si mal raisonné.

— Jugeons-en par l'effet. Mais c'est raisonner comme un pot, au contraire. Les nationalistes vous disent : « Puisque vous m'avez donné la moitié de ce que je demande, je n'ai plus besoin que de l'autre moitié avant de vous jeter dehors ». Et vous vous trouvez plus faible pour résister, et ils se trouvent plus forts pour imposer leurs exigences. Que leur répondrez-vous ?

— Que je ne veux pas.

— Pour cette parole, laissez-moi vous dire que Louis XIV avait plus de prestige que Loubet lui-même. Quand les républicains gouvernent par l'idée, ils ont la force de l'idée. Lorsqu'ils singent l'ancien régime, ils ont l'autorité de laquais dans la dépouille de leurs maîtres.

— Enfin, on ne peut pas amnistier Déroulède qui a commis un crime politique.

— Tandis que Mercier qui est un vulgaire bandit...

— Nous sommes à peu près sûrs du vote de la Chambre.

— « A peu près » n'est pas mal. Le grand coup politique qui vous conduit à être « à peu près sûr » de ne pas vous casser le nez à la première pierre est, sur cette simple parole, jugé. Vous savez comme moi que la Chambre, élue sous l'inspiration de Méline, est, au fond, d'un nationalisme honteux qui ne demande qu'à se manifester par des coups de traîtrise. Vous savez qu'elle ne soutient que par pure lâcheté la lâcheté du ministère.

— Jamais les républicains ne consentiront à amnistier les pires ennemis de la République.

— Oui, parlons-en des porteurs de l'étiquette républicaine. Voilà M. Strauss, élu premier sénateur du département de la Seine. C'est un juif d'un antisémitisme modéré, l'élève de Ranc, qu'il a joliment supplanté tout en travaillant pour lui.

— Je sais ce que vous voulez dire. Hier, il annonçait dans les couloirs que, si la Chambre amnistiait les fauteurs de guerre civile, il les amnistierait à son tour.

— Eh bien ! que dites-vous de cela ?

— Je dis que ce juif n'est pas reluisant.

— Et je suis de votre avis grandement. Mais laissez-moi vous dire que, si vous étiez « reluisant » vous-même, ce même juif ne demanderait pas mieux que de « reluire » à vos côtés Vous vous plaignez que vos amis ne soient pas braves. Il ne fallait pas leur crier : « Sauvons-nous ! »

— Le gouvernement se dispose à faire acte de « défense républicaine ». Il va agir.

— Pouvez-vous le croire vous-même ? Quand on commence par rendre les armes, comment se battre une fois désarmé ?

— Nous mâterons les congrégations.

— Vous savez bien quel sort attend vos propositions, qui ne sont là que pour la galerie.

— Il ne dépend pas de nous de faire qu'il y ait une majorité.

— Cela dépendait de vous, au contraire. Si vous aviez accepté la bataille qui vous était offerte, si vous aviez combattu les congrégations dans l'armée, la victoire entraînant la victoire, vous les auriez vaincues jusque dans les couvents peut-être. Mais, les grandes positions livrées, vous ne pouvez plus que succomber avec des attitudes plus ou moins classiques, et c'est ce que vous vous préparez à faire.

— Nous n'avons point livré de positions.

— Qu'avez-vous fait en vous montrant plus indulgent pour le bandit Mercier que M. Charles Dupuy lui-même ?

— Nous ne serons point vaincus, car nous avons Loubet.

— Loubet n'est tendre qu'à ceux qui conspirent sa ruine. Voyez dans quel parti il a choisi sa maison militaire. N'entendez-vous pas parler du » grand coup en préparation pour novembre »?

— Le général André n'en est pas.

— Aussi, voyez comme Mézières, Coppée, Lemaître, se déchaînent contre lui.

— La Chambre n'en est pas davantage.

— Oh! non. Seulement, Poincaré, Barthou, Ribot, Mesureur veulent être ministres. Ils ont l'appui du *Temps*, de M. Adrien Hébrard, et, comme par hasard, en même temps les vœux du Père du Lac. Pendant ce temps, le petit Deschanel fait ses petites manigances, attelant à son char la noblesse de Condé, pas fière. Un homme politique anglais, qui fut le voir hier, reçut de lui cette confidence que l'homme le plus influent de France était M. Jules Lemaître. Tout ce monde s'entend dans votre grande foire, où nul n'aura ce qu'il convoite, quoi qu'il arrive. Le succès de Déroulède aboutirait à un Napoléon. Le petit Deschanel servirait de pont — de ponceau — à la monarchie...

— Nous ne le permettrons pas.

— Je vous le souhaite de bon cœur. Mais quand l'ennemi se rue sur vous par devant et par derrière, ce n'est peut-être pas l'heure de lever les yeux au ciel et de crier : « Messieurs, apaisons-nous! »

17 *Juin* 1900.

XXXVII

Choses de mon temps

Il ne faudrait pas croire que les notes de psychologie nationale où je m'essaie sont simplement le fait d'un esprit chagrin qui se plaît à prendre acte des défaillances. Tout au contraire, ma qualité de républicain m'interdit trop souvent d'aller jusqu'au bout de ma pensée. Je me propose non de renverser la République, comme nos nationalistes, mais de la réformer. C'est pourquoi je me donne un mal extrême pour mesurer ma critique des républicains, dans l'espoir — chimérique peut-être — de les amener à faire un retour nécessaire sur eux-mêmes. Ainsi, je n'ose tout dire. Ainsi je m'abstiens de relater des anecdotes savoureuses dont je ne voudrais pas que la malveillance tirât argument pour les simples d'esprit contre le régime lui-même.

Au fond, le principal inconvénient de la République, c'est de mettre les gouvernants en lumière. Les hommes ne changent pas avec l'étiquette des pouvoirs publics. Les mêmes passions, les mêmes intérêts les mènent par les mêmes chemins aux mêmes fondrières. Suivant l'occasion, les gouvernants prennent la tête ou la queue de la procession, et, la culbute faite, chacun de s'en prendre à l'autre. En réalité, la faute est de tout le monde. Pour les politiques, font-ils mieux, font-ils pire sous un Louis-Philippe républicain que sous un roi Loubet? L'expérience du siècle suffit à prononcer. En général, les ministres de la monarchie s'attribuent de plus nobles attitudes et paraissent moins ridicules parce qu'ils se laissent moins connaître Ils ne souffrent point la critique, ceux-là, l'ayant d'abord ligottée. Discrètement cachés dans le clair-obscur favorable et flagornés à discrétion, ils peuvent prendre une apparence de personnages. Quelle figure feraient-ils dans la lumière crue où je reconnais que nos présents ministres s'agitent sans aucune grâce? Murat fut laveur de vaisselle; ses petits-enfants aujourd'hui sont « de la haute ». Les petits-enfants de Loubet, de Millerand, de Baudin seront peut-être ducs ou princes de la République à l'envers, mais, pour le moment, la reculée manque à notre admiration, et quand nous voyons les chefs que nous avons tirés du plus épais de notre pâte se donner « des airs », il n'y a pas d'enthousiasme républicain pour nous empêcher de rire.

Peut-être pourrions-nous montrer plus d'indulgence, car le fait que Loubet faisait son bésigue au café du Commerce, et que Millerand ne porte pas une perruque poudrée ne prouve rien contre eux. Mais, quoi! Louis XIV possédait nos aïeux par droit de propriétaire. Il ne leur avait rien promis, et ce qu'il leur laissait de biens, et ce qu'il leur laissait de vie était un pur effet de son bon plaisir. Millerand et Baudin ne s'offusqueront pas, je pense, si je leur dis que leur cas est tout autre. Ils ne sont là que par le choix de leurs concitoyens, envers qui ils ont pris des engagements que je vois en souffrance. Qu'ils se regardent bien. Ce pourrait être l'heure de la modestie.

Comment nier, en effet, que la République dont ils ont accepté « la défense » n'a pas été mise par eux, jusqu'ici, en posture triomphante? Il ne suffit pas d'être incapable de lire les publications étrangères pour que l'opinion de l'étranger soit nulle et non avenue. Faut-il donc apprendre à nos maîtres que les observateurs non-français ne gardent pas toujours vis-à-vis d'un gouvernement dit républicain les ménagements que des républicains se croient tenus d'observer? S'ils lisaient les gazettes étrangères autrement que dans des coupures savamment préparées, ils verraient à quel point la République souffre, dans l'opinion européenne, de leurs fautes, et ils apprendraient même, à leur grande surprise, que leurs parades d'Exposition ne peuvent rien changer à cet état de choses.

Bien plus, voici que les parades mêmes dégénèrent en manifestations « officielles » contre la République et les politiciens qui la représentent. Le gouvernement avait si bien composé sa salle au gala du roi de Suède et de Norwège, à la Comédie-Française, que tous nos fonctionnaires nationalistes ont saisi l'occasion trop belle de manifester en faveur de la monarchie. Je serais surpris, si M Loubet va jamais à Stockholm, qu'il y fût officiellement accueilli aux cris de : « Vive la République! » En revanche, les représentants de la République française assemblés dans la salle de l'Odéon par les soins du gouvernement ont accueilli par des cris formidables de : « Vive le roi! » le petit-fils d'un général français qui fut un traître. Pour la République, ou simplement pour Loubet lui-même, le silence. Il a fallu que deux journalistes, à la sortie, improvisassent tant bien que mal une contre-manifestation républicaine. Je me garde bien de désigner les catégories de fonctionnaires en uniforme qui se sont distinguées dans cette affaire. Le général Bailloud et M. Loubet leur feraient demain une distribution de grades et de décorations supplémentaires. Ils croient faire de la haute stratégie en obtenant des journaux officieux qu'ils se taisent sur l'aventure. Ainsi l'autruche se cache du chasseur.

La manifestation royaliste de l'Odéon s'est complétée du banquet nationaliste où MM. Rochefort et Drumont, Jules Lemaître et Coppée ont présenté Mercier aux acclamations d'un peuple immense. Cette fois, c'était, non pour la République nominale qu'on manifestait, mais pour la République de Mercier. Rochefort, Drumont, Lemaître et Coppée ont expliqué que c'était là la République honnête, et Mercier, pour couronner dignement ces discours, a prononcé cette parole admirable : « Nous triompherons, car nous avons pour nous le nombre et la loi ». Oui, il a osé invoquer la loi, l'homme que la loi a marqué pour le bagne. L'amnistié du gouvernement « républicain » jette ce cynique défi à la justice républicaine, sûr qu'il n'y aura pas dans tout le ministère un homme de cœur pour lui faire la réponse voulue de la loi. Aussi, ne ne s'en tient-il pas là. Après avoir bravé, il menace superbement, annonçant « l'emploi de la force », se réservant le choix de l'heure, et les poltrons insignes à qui nous avons donné du galon d'or pour défendre la République, paradent sous le galon d'or, mais décampent au premier cri d'alarme. « A l'Elysée », a répondu la foule quand Mercier faisait appel à la force. Ce sera pour plus tard. Pour le moment, nos ministres s'occupent à empêcher la loi, pour prévenir le coup, de saisir au collet les bandits. Le Sénat, hier, a déclaré cette « stratégie » admirable. La Chambre, demain, confirmera le vote du Sénat. Comme on a raison de dire que les mauvaises chances de la République se résument en un mot : les républicains.

Etonnez-vous si un homme d'esprit aussi pondéré que M. Conybeare, le professeur d'Oxford, publiant dans la *National Review* un important article intitulé : « La Conspiration contre la République française », en vient à écrire ce qui suit : « La vérité est que la justice est en souffrance dans la République française, et que l'honneur et la vérité ne comptent plus... Le besoin de paix est plus grand que le besoin de justice. L'Exposition est une trêve de Dieu où Dieu n'est que pour peu de chose... Le destin de la République est suspendu à un cheveu que le sabre peut trancher aussitôt qu'il se trouvera un Roget pour frapper le coup. C'est l'Exposition qui sauve la République. La propagande de l'Eglise qui met la vérité et la justice au plateau inférieur de la balance et la servile défense du prêtre au-dessus de tout a sapé la conscience française. Les intellectuels ont fait de grands efforts pour la faire revivre, pour lui infuser un sang nouveau. Ils ont échoué, ils sont vaincus... Aussitôt que les portes de l'Exposition seront fermées, le cabinet Waldeck-Rousseau tombera, et M. Méline ou M. Dupuy feront un ministère de pantins cléricaux et militaristes. La réaction inévitable s'ensuivra. Dans toutes les grandes villes, Paris compris, il y aura des émeutes, et, avec le siècle nouveau, la France entrera dans un nouveau cycle de révolutions, de proscriptions et peut-être de guerre civile ».

Je n'ai pas besoin de dire que j'en appelle très haut de ce jugement pessimiste venu d'un homme à qui les choses de France ne sont pas suffisamment familières. Néanmoins, j'ai cité le morceau parce qu'il contient, malgré tout, une part de vérité notable, et parce qu'il faut qu'on sache comment nous jugent au dehors des hommes qui, jusqu'ici, ont professé des sentiments amicaux pour notre pays.

Un fait n'est que trop certain parmi les prédictions de M. Conybeare, c'est que la fin de l'Exposition marquera l'explosion d'une crise antirépublicaine dont tous les éléments se disposent en plein jour sous l'œil ahuri de ministres tremblant de peur. Jamais gouvernement ne fut mieux averti. Jamais gouvernement n'aura manqué plus clairement à son devoir. Que font nos maîtres ? Le libéral Monis prépare une loi de lèse-majesté à l'usage de Loubet, qui est de Montélimar, à ce point que les injures l'exaspèrent venant d'un journaliste « académicien ». Baudin, jeune arriviste radical, qui prévoit sa défaite à Paris, a pour unique souci de se faire élire député dans l'Ain, grâce au prestige de la fonction ministérielle sur les imbéciles et les besoigneux. Millerand prend la tête d'une troupe collectiviste qui dénonce le collectivisme comme un danger. Comment voulez-vous que des électeurs — fussent-ils de génie — puissent s'y reconnaître ?

Pendant ce temps, dans la direction de Mercier, le petit Deschanel pousse sa petite pointe, suivi de son ami Poincaré, qu'il nous recommande comme « une des plus puissantes réserves et des plus hautes espérances de la République ». Et, vraiment, je ne serais pas surpris que le jeune saltimbanque eût dit la vérité sans le vouloir. Grouchy ne fut-il pas « une des plus puissantes réserves et des plus hautes espérances » de Napoléon? Deschanel se terre au danger, et Poincaré n'est pas de ceux qui marchent au canon.

22 *juin* 1900.

XXXVIII

La République trahie

Il se fait, en ce moment, de furieux préparatifs de bataille autour de l'amnistie. La trêve de l'Exposition bat son plein. C'est pourquoi les étrangers qui viennent considérer de près la République française ont la joie d'apprendre, tous les matins, des patriotes qualifiés François Coppée et Jules Lemaître que le président de la République est une créature déshonorée, et que le gouvernement de la France est aux mains des « traîtres », des « vendus », des « voleurs ». Quand on aime tant sa patrie, voilà quelle réputation on doit lui faire pour la bien servir.

La trêve de l'Exposition bat son plein, et chaque séance du Parlement nous donne le spectacle d'une nouvelle machine de guerre pour jeter les ministres à bas. J'ai connu, en mon jeune temps, quelqu'un qui renversa des cabinets au nom des idées. On en conçut même contre lui une haine assez belle. Nous avons changé tout cela. On se bat pour des intérêts de personnes. L'intrigue, les injures, le boucan ont remplacé les arguments de raison. Mercier, Ribot, Deschanel, Poincaré, Mesureur disputent la France à Waldeck-Rousseau, à Millerand, à Baudin, qui se donnent un mal incroyable pour leur donner toutes satisfactions, sauf celle précisément qui les désarmerait : la remise du portefeuille bourré des délices suprêmes.

Waldeck-Rousseau, Millerand, Baudin avaient promis de « défendre la République ». On leur remit, à cet effet, tout l'arsenal du pouvoir, et, dès qu'ils furent équipés en guerre, ils n'eurent rien de plus pressé, après un simulacre de combat, que de déposer les armes. Regardez-les plutôt lever les bras en l'air et implorer piteusement la paix de l'amnistie, qu'un Mercier leur refuse en les menaçant à bref délai d'un déchaînement de violence. C'est ce qu'ils appellent, en leur langage, la grande victoire de la politique républicaine. Car l'amnistie, on nous l'a dit en assez beau langage, c'était le fin du fin, la grande conception du règne. La République obtenait la paix de ses ennemis (cette paix dont vous admirez les effets présentement) à la condition de ne pas appliquer les lois susceptibles de gêner les plus scélérats d'entre eux dans leurs plus scélérates entreprises. Moyennant quoi, on nous faisait la grâce d'ajourner jusqu'à la fin de l'Exposition le grand chambard qui doit jeter le parti républicain dehors. Si c'est là « défendre la République », dites-moi ce que ce serait que de la trahir.

Quoi qu'il en soit, voilà Waldeck-Rousseau, Millerand et Baudin qui se mettent à l'œuvre pour nous faire l'amnistie destructive de la loi française et de la justice républicaine. Moyennant ce léger sacrifice, nous allions obtenir l'éminent avantage de conserver le ministère. Quel grincheux pourrait avoir le mauvais goût de se plaindre ? Aucun ministre, assurément, ne serait de ces grincheux-là. L'amnistie votée au Sénat, nous sommes devant la Chambre. Tout le monde sait d'avance que les députés mettront le même empressement que les pères conscrits à capituler. Il semble donc que tout marche à souhait pour l'universelle entreprise antirépublicaine. Krantz, qui, en sa qualité de ministre de la guerre sous Dupuy, demandait des poursuites contre Mercier, et Millerand, qui fut nommé ministre tout exprès pour appliquer la loi indistinctement à tous les criminels, croit rester ministre en ligottant la loi pour sauver le crime. Les voilà donc ces frères ennemis si bien faits pour s'entendre. Une seule difficulté. Millerand pense tenir Krantz en lui obéissant, Krantz se dit, non sans apparence de raison, que pour faire la politique de Krantz, Krantz vaut mieux que Millerand. Alors, ayant à peu près tout, il demande davantage, et Millerand est tout surpris du beau résultat de sa « stratégie ».

Car voici l'amnistie à l'encan. Les socialistes, mettant au-dessus de tout l'intérêt du parti, se résoudront à subir l'amnistie de Mercier si l'on amnistie du même coup les condamnés pour faits de grève. Millerand peut-il leur refuser ce présent ? Les antisémites veulent en liberté les émeutiers d'Alger. Les nationalistes et les modérés, dans l'intérêt de la République, exigent qu'on nous rende Déroulède pour une nouvelle tentative d'embauchage militaire et de guerre civile avec un nouveau général Roget. Comment refuser ? Quand on absout le criminel par excellence, le reste ne paraît que menu fretin. Ebahissement de nos stratèges ministériels qui par leur manœuvre « de salut » se trouvent jetés précisément au plus fort de l'extrême danger. Les Troyens, dit la légende, introduisirent le cheval de bois dans Ilion. Au moins n'avaient-ils pas commis l'invraisemblable sottise de le construire eux-mêmes de leurs propres mains, et de le bourrer d'ennemis.

Maintenant, que va-t-il arriver ? Toute coalition qui,

sous un prétexte plus ou moins plausible, détachera de la majorité une vingtaine de voix peut abattre le ministère, d'autant plus aisément que le ministère lui-même, par sa folle amnistie, a fourni aux plus sûrs de ses amis trop de raisons de se désintéresser de l'accident. La conspiration s'organise. Elle est organisée, pourrais-je dire. Cochery et Krantz, l'un à la commission du budget, l'autre à la commission d'amnistie, sont les deux pôles de l'affaire. Krantz présentement louvoie, attend que tous les fils de l'intrigue soient noués. Cochery, maître du rapport sur les quatre contributions directes, ne laissera partir la Chambre en congé qu'après avoir donné à l'entreprise son maximum de chances. Deschanel, qui donne si ridiculement un certificat de grandeur à son complice Poincaré, a pris la direction de la manœuvre parlementaire, tenant certains fils en sa main, et tenu lui-même en laisse par l'Eglise. Il ne lui faut pas moins que le trône de Loubet à celui-là, et, pour la grande échéance de novembre, il prépare le coup qui doit jeter Loubet dehors. Ribot, Mesureur et Barthou se contenteront des reliefs. Pour s'emparer du pouvoir, ces gens ont pris la tête des ennemis de la République, et croient imbécilement dénouer à leur profit personnel la lutte tragique de l'histoire entre l'arbitraire et le droit, entre l'oppression des consciences et la liberté. Deschanel s'imagine peut-être avoir enrôlé à son service ce qui reste de l'aristocratie française. Déroulède est fort capable de se rêver César. Ils sont trop loin de compte. Mais les généraux factieux qui attendent une occasion de se servir de Déroulède, mais l'Eglise et les dirigeants d'ancien régime qui ont enrôlé Deschanel, entretiennent chez nous une mentalité de guerre civile qui arrête le développement normal de toute idée républicaine et nous enlève toute force morale au regard de l'étranger.

En ce péril, que je n'exagère point pour le besoin d'une thèse, mais devant lequel je ne puis fermer les yeux pour le simple plaisir d'une fausse sécurité, de quel moyen de défense s'avise le gouvernement institué pour « la défense républicaine ? » Il a trouvé cette idée mirifique que les pires ennemis de la République, pris la main dans le crime, seront sauvés des lois par un acte supérieur de lâcheté ministérielle et parlementaire. Le croirait-on ? Le gouvernement a délibéré, après le discours de Mercier, sur la question de savoir s'il y avait lieu de poursuivre le général factieux, et les ministres ont vivement « regretté » que le cynique défi du bandit ne tombât sous le coup d'aucune loi. Vraiment nous n'admirerons jamais assez tant de jésuitique bêtise. Se plaindre qu'on ne puisse poursuivre Mercier pour un discours, et le libérer, en même temps, du code pénal quand il a lui-même avoué son crime, si c'est de la politique, ce ne peut être que de la politique de lâcheté ou de trahison.

Faut-il un autre exemple ? La neuvième chambre correctionnelle vient de condamner solidairement M. Lepelletier et l'*Echo de Paris* « à cent mille francs de dommages et intérêts » envers le colonel Picquart à qui le nouveau conseiller municipal de Paris s'était permis d'appliquer cette qualification : « Complice du traître ». Naturellement M. Lepelletier a usé de tous les moyens de procédure pour ajourner l'échéance du jugement. Qu'a-t-il invoqué pour éviter d'avoir à fournir la preuve de son abominable diffamation ? Le vote prochain de l'amnistie. Voilà de quel usage se trouve la grande mesure « politique » de MM. Waldeck-Rousseau et Millerand. On aura accusé un officier de trahison. Il se verra privé du droit de faire la preuve qu'on a menti. Le beau plaidoyer de Labori a été une courte mais décisive réponse à la harangue de M. Waldeck-Rousseau devant le Sénat.

La justice de l'Histoire, il n'appartient à personne de nous la réserver. Cette justice-là, elle nous reste à tous, aux heures les plus sombres, quand l'arbitraire et la violence sont au pouvoir ; elle jugera, d'ailleurs, les gouvernements comme les individus. Mais les pouvoirs publics réguliers d'un pays libre, les institutions judiciaires d'un pays libre doivent aux citoyens une autre justice que la justice de l'Histoire, une justice qui est, celle-là, non pas du domaine des philosophes, mais du domaine des gouvernements et des magistrats. C'est cette justice-là que je vous demande. Nous avons, nous, confiance en vous ; nous croyons qu'il peut sortir du prétoire assez de justice ; nous ne pensons pas qu'en France la justice ait encore fait banqueroute.

Et la justice, en effet, n'a pas voulu faire banqueroute cette fois. M. Lepelletier et l'*Echo de Paris* sont condamnés à cent mille francs de dommages et intérêts. Ceci à l'heure même où le garde des sceaux Monis, sous prétexte que la loi sur la presse ne permet pas de réprimer les diffamateurs, prépare de nouvelles restrictions à notre liberté. Comment croire à la sincérité d'un gouvernement qui propose une loi nouvelle pour punir la diffamation, et qui, trouvant la plus grave diffamation punie par les lois existantes, l'amnistie ? Il ne reste plus maintenant à la Chambre qu'à se prononcer pour le diffamateur contre le diffamé.

24 *juin* 1900.

XXXIX

La République s'amuse

La République s'amuse. Jamais on ne fut si gai dans les ministères. On festine, on se donne la comédie. Ce ne sont que tréteaux. Des révolutionnaires repentis découvrent qu'il y a dans l'ordre social des causes de joie, et ils en font part ingénument aux conservateurs qui clabaudent très fort, n'étant pas de la fête. Cependant rois et grévistes se croisent aux carrefours, recevant un accueil tout contraire des politiciens de la démocratie. Les pétarades en l'honneur d'Oscar et celles du François ou de Châlon-sur-Saône n'ont pas même résultat. Mais quelle satisfaction de penser que cela fait partie d'un ensemble où tous les partis ont des causes de réjouissance ! D'ailleurs, pas un coup de dent de perdu. Par la bouche de ses élus le peuple souverain se gave.

Seuls, assis à la table où Dieu leur sert le monde,

nos grands réformateurs savourent la destinée,

... réglant et retranchant,
Arrangeant l'Univers comme un faucheur son champ,

tandis que les citoyens dont la démocratie fait le règne

... sont à la porte
Respirant la vapeur des mets que l'on apporte,
Regardant à la vitre, attentifs, ennuyés,
Et se haussant pour voir sur la pointe des pieds.

Croiriez-vous que *le Temps* s'est plaint de cet état de choses ? Il ne s'étonnait pas que la principale occupation des hommes qui nous avaient promis la justice fût de décréter législativement l'iniquité. Non.. L'idée que les défenseurs de la loi s'en fassent les violateurs ne révolte plus chez nous qu'une minorité infime. Quelle autre occupation pour la République que de festoyer à l'heure même où elle est universellement trahie ? Ce qui fâchait *le Temps*, c'est que ce sont *toujours les mêmes* devant l'éternelle poularde à la Périgord. On s'est moqué du *Temps* et de sa demande d'invitations. On a eu tort. Le mot était « nature », et la pensée profonde. A la même table toujours les mêmes, c'est ce qui fait les révolutions. Il est suggestif de voir l'emblématique banquet « de la défense républicaine » symboliser à ce point le régime dont il est l'ornement.

Pour les délices de ces fêtes, j'observe au rédacteur du *Temps* qu'on lui en a fait accroire. La « fête » suppose un accroissement de sensations, un développement de plaisir. Quelle félicité d'entendre douze douzaines de malheureux continuer les propos du jour sur les groupes, les bureaux, les commissions! L'obséquieuse platitude des quémandeurs de *la haute*, la morgue des ridicules parvenus est un peu trop vieux spectacle : il n'y a pas moyen d'en rire : cela même n'a pas changé. Ce qui a changé, malgré les efforts des derniers venus pour empêcher que quelque chose change, c'est l'esthétique du spectacle que donnent aux foules les maîtres du pouvoir.

D'abord, l'adaptation des puissances démocratiques — issues de la révolte — aux usages de la domination est naturellement plus longue sous le régime égalitaire que dans les oligarchies. D'où une diminution provisoire de grâce dans les couches officielles dites supérieures. Quand les invités d'un gala remettent leur carte d'entrée au ministre en personne en lui faisant leur salut, celui-ci s'en amuse. Ne sait-il pas que lui-même, chez la duchesse de Pretintailles, il donnerait à rire au juif Arthur Meyer devenu démocratiquement professeur de grandes manières ? Tel Fagotin de la parade parlementaire peut accrocher des lanternes aux arbres de son jardin et faire réciter en pompe des vers de mirliton commandés tout exprès aux mandarins de la littérature bourgeoise. En de tels divertissements, Louis XIV avec la Psyché de Molière et de Corneille garde décidément l'avance. Rien n'est si sot que de singer les anciens quand les pensées nouvelles appellent des formes nouvelles de communion humaine dans la joie.

Encore serait-il bon qu'il y eût des sujets de réjouissance. Sinon la grimace du rire ne fait qu'engendrer la plus noire mélancolie. Comment oublier que Mercier et sa bande nous menace de la violence à l'issue même de l'Exposition, et que ce gouvernement qui s'amuse est celui-là même qui n'a trouvé d'autre réponse à faire aux criminels que d'abaisser le roi devant eux pour donner libre champ, après les crimes d'hier, aux crimes de demain ?

Le seul sujet de fête qui me soit signalé, c'est la fin de la lutte des classes, telle que nous l'annonce Millerand, qui vient, en un discours, de réconcilier patrons et ouvriers définitivement. Que ne l'a-t-on fait ministre plus tôt s'il devait accomplir ce miracle. A la vérité, j'entends des protestations d'où il pourrait résulter que le dernier mot ne soit pas dit sur cette affaire. Même après l'hymne ministériel, la célébration de la paix sociale doit-elle être encore ajournée? Je le crains. Alors, que célébrons-nous donc ? Car il est évident que nous célébrons quelque chose. Peut-être la faillite de la justice légale dans la République française, la faillite de justice organisée par le gouvernement qui avait reçu mission de la prévenir. C'est bien là le fait notoire qui caractérise notre temps, et tout le reste en dérive. Il fallait ou s'en déclarer satisfait ou réagir. Nous avons choisi de fêter l'événement.

Une troupe de faussaires, de faux témoins, de menteurs, saupoudrée de quelques traîtres, se donne pour « l'armée française » et décrète l'intangibilité des criminels au service de l'Eglise romaine. Qu'il en soit comme ils veulent. Il n'y a pas de crime s'il n'y a pas de loi. Laissons faire et chantons, car il y a fête chez nous en l'honneur de ces gens, en l'honneur de ces choses.

Un général coupable de forfaiture va promenant en tous lieux les menaces de guerre civile. Qu'il soit sacré, qu'on empêche les juges de mettre la main sur lui, afin qu'il puisse orner de ses souillures les galas de M. le président de la Chambre.

Esterhazy, le traître, est acquitté par un conseil de

guerre qui voit sa trahison. Un autre conseil de guerre, pour condamner un innocent, prétend trouver des circonstances atténuantes à l'acte de trahir. En avant la musique, et vive la patrie — poignardée dans le dos par des patriotes menteurs.

Un officier a fait un faux pour perdre un autre officier. Un monument au faussaire et la farandole de « l'armée » autour de cette « gloire du patriotisme » à rebours.

Un autre officier a refusé sa complicité aux faussaires. Qu'il soit chassé comme indigne, et faisons sonner nos fanfares pour cette belle « exécution ».

Un tribunal a osé condamner l'homme qui accusait le colonel Picquart de trahison. Amnistié, le diffamateur, que le suffrage universel, infaillible comme le pape, vient d'appeler en ses « conseils ». La faridondaine à l'Hôtel-de-Ville pour commémorer ce triomphe.

Un grand « patriote » a bâtonné le président de la République française. En liberté, Christiani. Vive la joie !

Des officiers, talon rouge, ont manifesté contre la République et son chef en se déculottant le long des murailles de la demeure présidentielle à Montélimar. Pourquoi les avait-on punis ? Chacun peut, dans ses actes, donner la mesure de son intelligence et de son éducation. M. Loubet, qui veut absolument se faire pardonner sa présidence par les ennemis de la République, vient de grâcier ces gentilshommes en gaieté, tandis qu'il garde précieusement sous clef, pour « faits de grève », des malheureux dont la faute fut de vouloir vivre de leur travail. Illuminez au Champ-de-Mars ; tambours, battez aux champs ; c'est la justice de la République qui passe.

Les moines se sont emparés de nos principaux chefs d'armée pour les porter au secours des bandits qui ont servi l'Église par le faux, la forfaiture, le mensonge. Un officier d'état-major a livré hier encore des documents dont il avait la garde, et pour avoir qualifié de félon le soldat qui avait ainsi trahi son devoir, M. le président du Conseil a dû présenter au Parlement des excuses. Danse et comédie, sauts de carpe au Palais-Bourbon.

Nos ministres de la guerre n'ont été successivement que des instruments de la congrégation. Le bruit court que le général André échappe à l'influence mortelle. Alors, c'est la révolte de tout l'état-major. Foin de la discipline. Le chef d'état-major envoie sa démission, et, quand elle est refusée, il adresse à ses subordonnés une circulaire de rébellion que le ministre, terrorisé, subit en silence. Et le factieux, aussitôt assuré de l'impunité, communique sa note à la presse par l'entremise d'Arthur Meyer. Enfin, la punition n'étant pas encore venue, le même rebelle communique au même juif à tout faire une autre note informant le public qu'il a fermé sa porte aux officiers placés sous ses ordres par le ministre de la guerre — c'est-à-dire qu'il s'est refusé à remplir les obligations de son service — et que, propageant l'indiscipline autour de lui, il a obtenu ce beau résultat que certains de ses subordonnés ont manqué de respect à leurs chefs hiérarchiques. Le ministre de la guerre connaissait ces faits. Il n'avait pas sévi. Le coupable a poussé la bravade jusqu'à les livrer lui-même au public. Le ministre se terre. Cependant, toute la bande nous annonce la guerre civile pour le mois de novembre et la prépare comme vous voyez. Des lampions partout, des éclats de cuivre, des danses. C'est la République qui s'amuse de mourir.

29 *juin* 1900.

XL

Sédition militaire

Les dieux s'en vont. Voici que Montjarret et Jamont descendent de cheval à la même heure, passant aux moines révoltés. Jamont est moins connu que Montjarret qui reçut de Félix Faure en personne « les grandes traditions mondaines », mais il n'est pas moins important. Sa fonction? Généralissime. La Constitution n'avait point prévu ce poste. On l'avait créé tout de même par courtisanerie pour le général Saussier dont le rôle dans cette dernière crise n'a pas été des plus brillants. Le besoin d'un généralissime se faisait sentir, paraît-il... chez les généraux. Nous avions un généralissime en 1870, un généralissime empereur. Chacun sait quelle sorte de stratégie nous dûmes à ses talents. On jugea nécessaire de recommencer l'expérience et Saussier fut sacré généralissime par la raison sans doute qu'une impotence graisseuse le mettait hors d'état de monter à cheval. M. de Cassagnac — un de nos plus éminents *Vive l'armée !* — ne se fit pas faute de le lui reprocher cruellement. En ce temps « le patriotisme » permettait d'« outrager » le généralissime. Jamont succéda à Saussier. Comme il allait être atteint par la limite d'âge, on lui improvisa un « commandement en chef devant l'ennemi » tonkinois, qui permit de le maintenir en activité au mépris de la légalité.

Qui était Jamont? direz-vous. Un général comme il y en a beaucoup d'autres, je veux le croire. Solide au feu et pourvu d'une bonne moyenne de science militaire. Eh bien ! non, sachez que Jamont était tout simplement un stratège incomparable, l'homme omniscient, providentiel pour tout dire en un mot, délégué par Dieu même à nos victoires futures. C'est du moins ce que nous dirent tous les organes de l'Eglise et de la monarchie. Et comme nous ne demandions pas mieux que de les croire, on ouvrit d'un commun accord un crédit illimité au généralissime. Il y eut quelque mérite à ne pas rompre en visière lorsque le chef de toutes nos armées, suivi de son état-major, s'en alla parader en grand uniforme à la fameuse pitrerie du moine Didon-coupe-têtes prêchant évangéliquement le triomphe du sabre sur l'idée. C'était pour travailler à notre organisation militaire et non pas pour prendre part à de telles manifestations que la République avait mis M. Jamont à la tête de nos armées. C'est dans l'intérêt de la patrie, non de l'Eglise, qu'on s'accordait à le tenir en dehors des polémiques. On le lui rappela en douceur, et, depuis, je dois lui rendre cette justice qu'il se tint coi... publiquement.

Il était en passe, comme son prédécesseur Miribel (autre don de l'Eglise), de conquérir à huis clos une grande illustration guerrière et de mériter, toujours comme Miribel, l'immortalité du bronze par des victoires inconnues, lorsque la crise militariste où nous nous débattons fut déchaînée sur nous par l'Eglise romaine. Jamont était connu pour l'ami de Mercier. Nous n'en voulûmes rien savoir, et mes lecteurs peuvent témoigner que je me suis toujours abstenu de mêler son nom aux polémiques parfois si dures qui nous furent imposées. Son prédécesseur nous avait, par testament personnel, légué Boisdeffre, Henry, et quelques autres de la même fournée. Nous ne pouvions que lui souhaiter d'avoir la main plus heureuse, et, pour lui laisser toute chance de libre travail, nous fîmes le silence sur lui.

Mais voici que le général Jamont ne veut pas de ce

silence. Il s'avance au premier rang et prétend jouer son rôle dans la grande insurrection militariste organisée par les moines contre la justice, la loi et la République qui les exprime.

Un certain nombre de généraux ont passé depuis deux ans au ministère de la guerre. De Zurlinden à Chanoine et de Chanoine à Galliffet nous les avons tous vus se mettre au service de la bande romaine pour trahir le gouvernement de la France. Ceux-là, le général Jamont a bien voulu les tolérer. Mais il arrive qu'un général qui ne reconnaît pas d'autre souveraineté que celle de la France devient ministre après la désertion de Galliffet. Alors Jamont se révolte avec Delanne son *alter ego*, et c'est contre Loubet que ces deux militaires dirigent aussitôt l'effort de leur stratégie. Jusqu'à quel point Mercier — l'amnistié de Waldeck-Rousseau et de Millerand — était-il dans l'affaire? Ne comptons ni sur Delanne ni sur Jamont pour nous le dire. Libre à chacun de nous d'exercer là-dessus son intelligence. N'oublions pas que Mercier au procès de Rennes rapporta, en le défigurant, un propos jésuitiquement perfide de Freycinet qu'il disait tenir du généralissime. Freycinet vint tout exprès de Suisse pour nous régaler d'un barbotage savant dans le miel de son bénitier, et tout ce qui resta de l'histoire c'est que Mercier avait les confidences de Jamont. Il apparaît que les deux hommes continuent de s'entendre.

Croiriez-vous que le ministre de la guerre — ayant *seul* la responsabilité de son département — s'était permis d'user de son autorité. Delanne et Jamont, indispensables à la France, jugèrent la chose inacceptable. Delanne démissionna et envoya ses confidences au *Gaulois*. Jamont démissionna et envoya ses confidences à la même feuille d'Eglise. Seulement, le général André ayant refusé la démission de Delanne, Jamont, dans sa stratégie de retraite, se trouva fort embarrassé. Il va trouver Loubet et lui annonce dramatiquement son départ. Arthur Meyer, qui ne peut tenir ses renseignements que de Jamont, puisqu'il n'y avait à l'entrevue que deux interlocuteurs, nous informe qu'à cette nouvelle Loubet fondit en larmes. Pauvre Loubet ! Je vous avais bien dit qu'il serait longtemps de Montélimar. Maintenant est-ce Jamont que regrettaient ses pleurs ou Mc· ijarret tout simplement ? Le général Bailloud (encore un don de l'Eglise) nous le dira peut-être en des notes posthumes. Puis, quand le trop plein des yeux présidentiels fut écoulé, on se sépara bourgeoisement avec des attitudes comme Casimir Delavigne en trouve pour ses héros, et Jamont expédia au ministre la lettre dont celui-ci a donné lecture aux députés ébahis.

Ne soyez pas surpris si je partage l'ébahissement parlementaire. Jamais document ne fut plus propre à dérouter l'intelligence. Il paraît que la lettre écrite en même temps que celle de Delanne a été modifiée après le refus de la démission du chef d'état-major. On ne s'en douterait pas. Car l'unique raison qui motive le départ de notre généralissime c'est *l'instabilité du chef d'état-major*. Or c'est celui-ci qui a voulu s'en aller, et c'est le ministre qui lui a donné l'ordre de rester. Alors quelle querelle cherche-t-on au général André ? Quand Jamont écrit qu'*à l'avenir* le chef d'état-major ne sera plus *stable*, qu'est-ce qu'il veut dire ? Depuis deux ans, les ministres qui avaient son agrément ont pu changer le chef d'état-major sans qu'il proférât une plainte. Mais il paraît que si Delanne s'en va la France n'est plus défendue, et, cela étant, le généralissime juge que c'est pour lui l'heure de se retirer à son tour. Delanne s'en va parce que le ministre a envoyé servir dans les régiments un chef de section et deux chefs de bureau. Jamont s'en va parce que Delanne s'en va. A qui fera-t-on croire, en dehors des habitants de Charenton, que ce chef de section et ces deux chefs de bureau étaient indispensables à la défense nationale, qu'il est impossible de trouver dans toute l'armée française des officiers pour les remplacer et que, s'ils avaient la colique demain matin, la France serait perdue ? Si le général Jamont et le général Delanne sont de cette force en matière d'organisation militaire, quel avantage pour la patrie de voir disparaître de tels « défenseurs » !

Heureusement la vérité est beaucoup plus simple. Il y avait au ministère de la guerre une conspiration permanente contre le gouvernement républicain. Les hommes qui en étaient les principaux agents ayant été frappés, Mercier, Delanne, Jamont en éprouvent une fureur très grande. Ils s'en vont... pour revenir. Bon voyage. Ils ne reviendront pas, je sais que ce n'est pas fini. Je ne puis malheureusement douter que la faiblesse du gouvernement ne continue de faire trop beau jeu à nos adversaires. L'entreprise antirépublicaine, un moment déconcertée, va reprendre son cours sous le commandement de ce triumvirat : Mercier, Delanne, Jamont. Mais il me semble que désormais la bataille est trop vivement engagée pour que nos ministres continuent de combattre à reculons.

Si à Rennes on avait fait arrêter les faux témoins Mercier, Maurel, comme le voulait la loi, la conjuration avortait dès ce temps, frappée dans ses œuvres vives.

Si, au lieu de fuir honteusement devant Mercier et sa bande, en organisant la déroute de la loi, le ministère Waldeck-Rousseau-Millerand avait, comme c'était son devoir républicain, fait que la loi fût la même pour tout le monde, quelques-uns des révoltés d'aujourd'hui seraient en route pour le bagne, et Delanne et Jamont s'estimeraient trop heureux d'exercer, suivant leurs talents, la fonction de divisionnaires. Si le général André avait frappé les chefs de rebelles, au lieu d'attendre qu'il fût frappé par eux d'abord, il aurait eu tous les avantages de l'offensive, tandis que je le vois réduit péniblement à se défendre. Quand donc tous ces ministres, militaires ou civils, trouveront-ils le courage, après avoir parlé, d'agir ? M. Jourde, à la tribune, a très justement remarqué que le principal tort du général André, en cette affaire, était « de n'avoir pas répondu plus sévèrement à l'acte de révolte que n'a pas craint de commettre celui qui, étant le plus élevé en grade dans la hiérarchie militaire, devait donner le plus grand exemple de l'obéissance et de la discipline... Un homme était chargé du plus grand honneur qui puisse échoir à un Français — celui d'assurer la défense du pays. Cet homme, parce qu'un ministère ne lui plaît pas, a donné sa démission. On condamne des soldats qui désertent. On devrait bien condamner les généraux qui désertent leurs devoirs. »

Voilà qui est parler. Mais ce n'est rien de parler, quand l'action reste en chemin. Souhaitons que le gouvernement finisse par le comprendre. Les modérés, qui ne cessent de faire le jeu de l'Eglise et de la monarchie, se sont ouvertement prononcés, par l'organe de M. Krantz, en faveur des fauteurs de sédition militaire. Malgré tout le coup Jamont-Delanne n'a pas plus réussi que le coup Chanoine ou le coup Galliffet. Le Père Du Lac prodigue en vain ses meilleurs soldats. La République tient bon. Que serait-ce, si elle marchait à l'ennemi ?

8 *juillet* 1900

XLI

Dont acte

Nouvelle interpellation sur l'incident Jamont au Sénat. Nouveau discours de M. Waldeck-Rousseau. Nouvel affichage. Quand M. Waldeck-Rousseau a parlé, il croit qu'il a agi. Quand les parlementaires ont affiché un discours, ils sont convaincus qu'ils ont fait quelque chose. M. Cavaignac lui-même, en son temps, eut des succès d'affichage en faisant placarder le faux de Henry sur les murs. Qu'est-il resté de cette gloire ?

M. Waldeck-Rousseau est un chef de gouvernement qui conçoit surtout l'institution gouvernementale comme une de ces mécaniques où l'on voit en foire un Turc rébarbatif offrir une tête complaisante aux coups de tous les passants. Quand on le mit en demeure de faire son ministère, M. Waldeck-Rousseau déclara qu'il avait besoin pour la lutte suprême de l'énergie de Galliffet. Il était l'ami de Galliffet. Nous, pas. Cependant nous voulûmes bien l'en croire. Millerand même y mit un certain enthousiasme, tant il avait d'ardeur pour la chose publique. Changements à vue depuis ce jour. Galliffet seul n'a pas changé. Le vieux massacreur, confit dans l'eau bénite, resta gâteux comme devant. Nous eûmes de lui, il est vrai, un célèbre discours sur l'immortalité de l'âme. Après ce vigoureux effort le sacripant, sous l'influence des robes d'Eglise, donna licence à tous les criminels de se ruer sur la justice et sur la loi. On sait qu'ils ne s'en firent pas faute.

M. Waldeck-Rousseau contemplait cette œuvre — qui était sienne, puisque Galliffet était le choix de son cœur — et ne donnait d'autre signe d'existence que de se promener sur les fleuves en compagnie de ses ministres pour alléger sur son âme « le fardeau du pouvoir ». Chambres et gouvernement s'en allaient ainsi à la dérive du yacht ministériel lorsque Galliffet, trouvant le Père Du Lac plus fort que « l'ami Waldeck », fit un plongeon par-dessus bord, dans l'espoir que les camarades allaient donner de la bande. Surprise extrême, ce fut le contraire qui arriva. La nef gouvernementale avec le lest d'André parut prête pour une course nouvelle. Cette fois, disaient les gens, nous allons « tâter du Waldeck ». Pour ma part, je l'avoue, j'étais anxieux de voir la chose. Hélas ! amis, je n'ai rien vu encore, qu'un homme impassible qui reçoit tous les coups sans les rendre et annonce toujours pour le lendemain une énergique riposte qui ne vient jamais.

Quand je sus qu'il était allé rendre visite à Galliffet au lendemain de l'éclatante trahison de ce militaire, et que le massacreur encapuciné avait refusé de le recevoir, je compris que l'incapacité de se résoudre faisait le fond de cette énergie. L'événement, hélas ! ne tarda pas à justifier mes craintes. Je ne connais pas le général André que je n'ai jamais vu. Mes lecteurs savent même que je lui ai fait un accueil réservé, ayant vu, dans ma course à travers la politique, trop de palinodies de soldats, sans parler des autres. Il est juste pourtant de reconnaître que le général André, depuis qu'il est au ministère, a montré d'autres soucis que de garder son portefeuille à tout prix. Belle leçon pour certains collègues !

Cependant qu'arriva-t-il dès que le nouveau ministre se permit de porter la main sur la bande sacro-sainte qui faisait l'appui des faussaires ? Quels cris de paon ! Quels rugissements de tigres dans la jungle ! C'est alors qu'on vit bien comment Galliffet ne s'était maintenu qu'en se faisant le serviteur de la canaille romaine. Pour un lieutenant-colonel que le ministre envoyait servir la patrie au régiment (il paraît que c'est une disgrâce maintenant) le chef d'état-major et le généralissime, déclarant que nous étions livrés à l'ennemi, nous abandonnèrent bravement en ce péril suprême. Lisez les journaux nationalistes : « Nous sommes vendus à Guillaume II, gouvernés par l'étranger, etc., etc. » En vérité, comment s'empêcher de rire ? Le peuple français ne peut pas être devenu si bête que de prendre garde à ces divagations de folie. Cela n'est pas à craindre, et je me féliciterais de voir, par le fait de nos ennemis, la situation s'éclaircir un peu plus chaque jour, s'il n'éclatait que notre fameux gouvernement « de défense républicaine » continue de prendre pour des coups qu'il donne les coups même qu'il reçoit. « Etes-vous content, me disait hier un député. Vous avez vu comme le gouvernement a remplacé Delanne et Jamont ». Il paraît que c'est un acte d'audace de n'avoir pas laissé les deux premiers postes de l'armée sans titulaires.

Ce qui me frappe, moi, c'est que le gouvernement comprend « la défense » comme tous ceux qui vont à la défaite en s'obstinant dans une attitude purement défensive. Jamont, désertant par raison politique le plus beau poste de l'armée, demande à être relevé de ses fonctions. On fait comme il le demande, et aucune punition ne l'atteint pour l'acte d'indiscipline par excellence. On affiche un discours de M. Waldeck-Rousseau. L'*Echo de Paris* nous annonce qu'on va afficher la lettre de démission du général Jamont. Une souscription est ouverte. Tous ceux qui ont apporté l'argent au monument du faussaire ne refuseront pas leur concours. Cela ne peut pas se faire apparemment sans l'assentiment du général Jamont lui-même. Depuis quand un général en disponibilité n'est-il plus sous l'autorité du ministre ? Que va-t-on faire ? Mercier, malgré son cynisme, est un peu gênant, ayant commis la faute d'avouer sa forfaiture. Jamont se prête mieux à un boulangisme renouvelé. Déjà le *Gaulois*, confident de Mercier, de Delanne et de Jamont lui-même, nous donne les états de service de notre futur maître. Sous-lieutenant il fut « écornifié » à la jambe en Crimée. Le titre peut ne pas paraître décisif, car beaucoup d'officiers sans doute furent plus maltraités à la guerre. Au Tonkin il a vaincu... Paul Bert : c'est Arthur Meyer lui-même qui le déclare. Puis, il a fait un discours à une cérémonie funèbre franco-allemande. Enfin il a été passé en revue par Nicolas II. En outre Rochefort nous apprend qu'il était sur le point de nous rendre l'Alsace et la Lorraine lorsque, pour obéir à Guillaume II « cette canaille de Waldeck », etc., etc... Cela vous explique assez, je pense, le ruisseau de larmes dont les yeux de Loubet zébrèrent le parquet de l'Elysée. L'éponge de Cornély elle-même ne suffira pas à sécher tant d'eau amère. Seulement serons-nous beaucoup plus avancés quand Loubet aura versé tous ses pleurs, et que Waldeck-Rousseau, philosophant sur la chose, nous aura une fois de plus promis pour *demain* des larmes de joie ? Je ne me flatte point d'un si ridicule espoir.

M. Waldeck-Rousseau a commencé par ajourner la justice et la loi jusqu'à la consommation des temps par l'amnistie de la bande criminelle qui met tout en œuvre pour déchaîner la guerre civile en France. Il a ajourné le républicanisme des fonctionnaires en maintenant en fonctions des préfets comme M. Doux au service de la réaction antirépublicaine. Il a ajourné la défense contre les congrégations maîtresses de la France. Il a ajourné le rétablissement de la discipline dans l'armée française, alors qu'il suffirait d'abolir la loi d'ancien régime qui fait les officiers propriétaires de leur grade, pour assurer enfin aux pouvoirs publics le plein de l'obéissance militaire. Enfin, d'ajournement en ajournement, il en est venu à ajourner sa propre amnistie qui fut la grande pensée du règne.

Par l'amnistie Waldeck-Rousseau et Millerand, que je n'aurais jamais crus si simples, se faisaient forts de produire l'apaisement (Delanne et Jamont, sans parler de Fritsch, nous en ont fait toucher du doigt les merveilleux effets). Par l'amnistie, clef de toutes les réformes, on allait donner toute sa force à la défense républicaine. M. Waldeck-Rousseau fit là-dessus maints discours — nos murailles en témoignent encore — et renvoya ses opposants aux calendes de l'histoire. Et puis quoi ? Et puis, rien. Rien, comme toujours. A la première apparition le gouvernement s'effondra. Méline, aux ordres de la bande prétorienne, demandait l'amnistie de Déroulède. Waldeck-Rousseau disait non, mais ne trouvait pas le courage de pousser plus loin l'aventure. La commission parlementaire disait oui, mais ne manifestait pas plus d'entrain que Waldeck-Rousseau lui-même. Toujours le grand concours de lâchetés. On peut tout attendre d'une Chambre où il ne se trouve même pas un député pour proposer de mettre à l'ordre du jour le vote de la résolution qui constate la déchéance légale des condamnés de la Haute-Cour. Electeurs, prenez bien note de ceci. C'est la marque de l'étiage. M. Waldeck-Rousseau ni la commission n'osant risquer la bataille, on se regarde en chiens de faïence et, d'un commun accord, on ajourne la fameuse rencontre.

D'ailleurs, dans le chemin du Sénat à la Chambre, voilà qu'un nouvel ennui se présente. Waldeck-Rousseau veut bien amnistier les faux témoins, les faussaires, mais non les malheureux condamnés pour « faits de grève ». Et Millerand qui, au Sénat, sut vaincre sa sollicitude socialiste révolutionnaire pour cette catégorie de misérables, est contraint d'éprouver pour eux quelque bienveillance à la Chambre où les voix socialistes peuvent décider du sort du ministère. Par toutes ces raisons, dont la meilleure est inavouable, on ajournera la grande « loi de salut », et nous aurons le spectacle de nos gouvernants s'infligeant à eux-mêmes l'humiliation de ne pas oser réclamer de la Chambre le vote qu'ils n'ont cessé de déclarer nécessaire. Dont acte, pour l'avenir. On peut ainsi garder des portefeuilles, non pas obtenir la confiance ou même simplement le respect des citoyens.

11 *juillet* 1900.

XLII

Sentinelles, veillez !

Au fond le gouvernement n'a commis qu'une erreur. Seulement il faut avouer qu'elle est de taille. Constitué en vue de « la défense républicaine », il a voulu défendre la République en « apaisant » ses ennemis au lieu de les battre tout simplement. L'idée qu'il fallait livrer bataille pour être vainqueur n'a pas encore fait son chemin dans l'esprit de MM. Waldeck-Rousseau et Millerand. Leur instrument de combat est la lyre d'Orphée qui charmait les ours cimmériens et les tigres d'Hyrcanie. Ils chantent à la tribune, ils chantent aux banquets où nous admirons leur art à se couronner de fleurs, ils se chantent eux-mêmes en toute occasion, et cette musique divine les enivre. Mais plus sauvages que les ours cimmériens, plus rugissants que les tigres d'Hyrcanie, Jules Lemaître, François Coppée, Montjarret et Jamont continuent de grincer effroyablement à cette harmonie. « C'est moi qui suis ministre, flûte l'aède enchanté qui se croit enchanteur. Que la terre et les eaux frémissent de plaisir. Le temps est venu des grandes choses puisque je suis l'une d'elles — non la moins surprenante. Admirez ! Admirez ! » Vains efforts, l'ours et le tigre nationalistes refusent de se rendre, et les mélodieux accents d'Orphée sont couverts par une terrible cacophonie. Baudin s'inquiète : « Quel est ce bruit d'apaisement ? » « Un chœur préparatoire », répond Millerand tout heureux de la dernière dépêche de Lépine : « L'apaisement va son train. »

Oh ! oui, il va son train, « l'apaisement » ; un train rapide, j'ose dire. On a laissé les faux témoins de Rennes avec leur général de forfaiture narguer la justice et violer la loi... pour apaiser. On a, par l'amnistie, proclamé la victoire du crime, pour sceller l'apaisement dans la défaite irréparable du droit. Et, voyez le succès. Nous sommes apaisés. Grâce à la politique du ministère, la paix règne souverainement.

La paix règne. Il n'y a pas plus d'une bataille par jour au Parlement pour renverser le cabinet. On s'injurie, on se cogne, pour *exposer* à l'ébahissement des étrangers les beautés d'une discussion parlementaire française, cependant que le président manœuvre sous la haute direction de l'Église pour donner le croc-en-jambe aux républicains. « M. Deschanel s'est diminué » écrit cet ironiste de Ranc, et chacun de se demander comment un tel accident est possible. D'ailleurs, pour montrer qu'il y a erreur, le « Juif immonde » du *Gaulois* prend le Deschanel sous sa protection et prépare ouvertement avec lui la subversion voulue des moines. Jeux de la paix du ministère !

Mercier amnistié répond par une déclaration de guerre. Il menace hautement les ministres d'employer la force à une échéance déterminée. C'est la paix, vous dis-je, la paix de Waldeck-Rousseau, de Millerand, de Baudin, dans toute sa beauté.

Delanne et Jamont se révoltent. Délices de la paix ! Le colonel Bougon rompt en visière à son ministre, sur le dos d'un subordonné. *O Pax, quando te aspiciam !* Il est bien naturel, n'est-ce pas, qu'un officier qui a eu le malheur d'acquitter un traître (Bougon était *juge* d'Esterhazy) fasse la leçon au chef de l'armée. « Cela ne regarde que sa conscience de soldat », dit le « Juif immonde » de Deschanel et de du Lac. En effet, qu'est-ce que cela peut faire à la France qu'il y ait un officier coupable de trahison dans l'armée française ? Et, pour amusement de nos temps pacifiques, voici le général qui hier était généralissime en guerre d'affiches avec le gouvernement lui-même.

Comment donner une plus haute idée de la discipline militaire? Général en disponibilité, le gouvernement devrait le punir. Mais ce serait troubler la sérénité de Waldeck-Rousseau, de Millerand, de Baudin, qui se font, pour leur jouissance du pouvoir, une paix bien particulière. Ce n'est pas précisémeut l'*otium cum dignitate*. Mais c'est un agréable moment tout de même. D'ailleurs, la pacification se développe tous les jours. Voici venir la grande revue du 14 juillet, date funeste autrefois aux monarchistes, aux papalins, mais devenue précieuse par l'occasion des manifestations prétoriennes et des acclamations aux soldats révoltés. *A bas Loubet-la-Honte ! Vive Jamont ! Vive Bougon ! Montjarret for ewer !* Autant de cris de paix qui vont bientôt retentir. Heureux le chapeau du président s'il s'en tire, cette fois, sans blessure. Vous voyez, n'est-ce pas, que nul peuple ne saurait jouir d'une paix plus profonde. Comment contester les heureux effets de la politique du ministère ?

Et tout cela n'est rien, sachez-le. Ne voyez, je vous prie, dans ces manifestations d'un calme délicieux, que les signes précurseurs du tonnerre de paix qu'on nous prépare. Pour novembre, ne l'oubliez pas, il nous est annoncé une paix foudroyante auprès de laquelle la paix d'aujourd'hui ne sera qu'un petit jeu d'enfant. Le chômage, l'émeute d'affamés, la sédition militaire dans la rue, l'aigle de Déroulède (est-ce aigle ou canard qu'il faut dire ?) volant de clocher en clocher et lançant sur les juifs, les protestants et les libres-penseurs les foudres de l'olympienne colère, seront les moindres traits de cette élyséenne douceur. Ne savez-vous pas que le dogme catholique romain est la pierre de touche de la nationalité française, et qu'il n'y a de bons Français — croyez-en M. Bourget — que ceux qui, croyants ou non, vont (comme les Bavarois de Bazeilles) à la messe. Un beau jour se lèvera sur nous de pacification par le fer et le feu. Nos *Boxeurs* d'Eglise nous auront fait cette paix de silence... dans la mort.

Si vous voulez d'ailleurs savoir comment on s'y prépare, regardez nos conseillers municipaux nationalistes tenter publiquement d'embaucher par des promesses d'argent les ouvriers sans travail pour les manifestations politiques qui doivent conduire à l'émeute. On se propose ainsi d'amener la chair à canon aux mitrailleuses amies chargées de paix jusqu'à la gueule. Rran... Des cris d'agonie, des gémissements de blessés, du sang sur les pavés, et puis plus rien que le Hosanna! de la jésuitière pour célébrer la grande paix retrouvée. Il n'y a pas de plan plus simple et plus conforme aux traditions de l'Église. Il n'y a pas de plan dont on fasse moins de mystère. On le clabaude à tous les carrefours.

Maintenant, qu'en pense notre Loubet qui fut mis là, comme Waldeck-Rousseau, pour défendre la République républicaine? Je vous dirai confidentiellement que je n'en sais rien. Cependant je ne ferais pas mon métier de journaliste si je ne vous rapportais qu'il court là-dessus des bruits divers. M. Loubet, j'ai le regret de le dire, a été l'inventeur de l'amnistie, et il est à ma connaissance personnelle que le président, avec une correction constitutionnelle douteuse, a prêché, de sa personne, cette grande pensée du règne à plus d'un sénateur, à plus d'un député. Je ne jurerais même pas qu'il n'ait fallu toute la force de l'argumentation présidentielle pour emporter l'assentiment de M. Waldeck-Rousseau lui-même. J'en suis fâché pour M. Loubet qui est le plus brave homme du monde, bien qu'il n'ait pas fait encore assez de bien pour justifier tout le mal que les antirépublicains disent de lui. C'est un homme excellent, cela est sûr. Mais il a, comme Panurge, l'horreur des coups, et, tout fin Méridional qu'il est, je crois découvrir en lui des trésors de candeur. Quelle simplicité ne faut-il pas pour demander à Deschanel, qui conspire avec Jules Lemaître, d'apaiser les colères de Coppée! Quelle bonté d'âme d'envoyer Bailloud courir après Galliffet démissionnaire pour faire fermer la porte au nez de l'envoyé du président ! Quelle ingénuité à Loubet d'espérer qu'il désarmera Quesnay de Beaurepaire en graciant Christiani et l'officier de haute lignée qui leva la jambe sur l'immeuble présidentiel de Montélimar ! Quelle innocence de se noyer dans un lac de pleurs à la nouvelle que Jamont, protecteur de Mercier, trouve indigne de lui de commander à l'armée française ! Faut-il croire que le chagrin des injures reçues, les lamentables plaintes suivies du fameux débordement de larmes ont fait concevoir aux ennemis de la République la possibilité d'annihiler Loubet ou même de s'en servir en lui faisant entrevoir les délices d'une bienveillance qu'Arthur Meyer refuse à Waldeck-Rousseau. Cela, je ne saurais le dire. Pourtant il paraît bien qu'on essaie maintenant de *tourner* l'Elysée. Des journalistes féroces, peu coutumiers de ménagements jusqu'ici, jettent sur les ministres, chaque matin, leurs coutumières potées d'ordures, et font bizarrement le silence sur le « patron suprême ». Défendant des nationalistes rebelles, le doyen des avocats, nationaliste lui-même, a loué Loubet. Qu'est-ce que cela veut dire ? Ribot, comme on sait, fait campagne avec Deschanel, et son journal le *Temps*, qui jusqu'ici a soutenu tous les ministères si réactionnaires qu'ils fussent, plaide maintenant pour Déroulède, pour Delanne et Jamont, et reçoit en conséquence les éloges — bien mérités — de la *Patrie*, journal de Millevoye. Quand on sait les relations de M. Adrien Hébrard et du Père du Lac, toutes les suppositions sont permises. Et puis, voilà que des gens « bien informés » vous prennent dans des coins pour vous dire en confidence que « Loubet en a assez de Waldeck », ou que « Waldeck en a assez d'André ». Waldeck lui-même, je le sais, déclare que Loubet l'aime et qu'André lui est cher. Mais je vois ces protestations accueillies par des sourires. Que se prépare-t-il donc ? Quelle ignoble intrigue se noue entre de prétendus défenseurs de la République et la souterraine jésuitière ? Sentinelles, veillez !

13 *juillet* 1900.

XLIII

Dans la Bataille

Malgré les prières de François Coppée, le nationalisme ne fait pas belle figure dans les Deux-Sèvres. Déroulède, Méline et leur ami Mercier sont plutôt outrageusement battus. La République l'emporte si facilement que nos amis de Niort n'ont pas connu l'anxiété des heures douteuses. Au premier coup, l'ennemi s'est trouvé par terre. Il va sans dire que les chefs de la troupe, Arthur Meyer, Paul de Cassagnac et Méline malmènent fort M. Déroulède, qu'il leur plaît de considérer comme seul responsable de l'accident. Laissons ces gens débrouiller entre eux une question si ardue, et, après cette première frottée aux ennemis de la justice et de la liberté, tâchons de préparer celles qui doivent suivre.

Le plus grand danger de l'heure actuelle, c'est que le gouvernement, enclin de nature à regarder l'eau couler sous les ponts, voie dans ce succès, moins un nouveau témoignage de l'attachement des populations françaises à la cause républicaine qu'un heureux effet de sa politique d'inertie. Les hommes impropres à l'action ne manquent jamais de raisonnements pour justifier leur laisser-faire. Il arrive même que tout ce qu'ils ont d'énergie s'emploie à détourner d'agir ceux de leurs compagnons qui ne se croient ministres que pour exercer le pouvoir. Je dirai un mot de cela tout à l'heure.

Depuis longtemps, tout le monde est frappé du double

langage de nos gouvernants de tous les partis. Ils ont mis en circulation ce lieu commun qu'au cours des sessions ils n'ont le temps de rien faire. « On nous oblige, disent-ils, à nous dépenser en discours. » Soit. Par malheur, il arrive que, les vacances venues, n'ayant plus rien à craindre, ils ne trouvent plus rien à faire. Ils réclament alors du « repos ». Les plus fougueux par habitude continuent de discourir, et c'est là tout uniment ce qu'ils appellent « gouverner ». Seulement, ces discours reçoivent parfois de singuliers commentaires, telle l'oraison dithyrambique de Millerand au banquet de l'Exposition du Creusot, suivie de la présente grève où le ministre ne continue plus la conversation avec ses compagnons en socialisme révolutionnaire que par l'entremise de ses soldats.

A vrai dire, les ministres « sauveurs » dont l'effort héroïque aboutit à proposer pour mesure de salut l'amnistie de Mercier et de sa bande, mais non à en demander (par crainte des coups) le vote à la Chambre, nous ont pièce à pièce enlevé notre espérance ingénue de les voir dépenser leur énergie dans la bataille républicaine. Je conviens qu'ils se répandent en cérémonies. Un révolutionnaire reçoit un grand cordon de la main d'une Majesté, quelques-uns même se montrent dans des équipages de cirque, tel Monis dont la livrée de dentiste fait ma joie. Mais M. Waldeck-Rousseau se ferait hacher tout menu plutôt que de toucher au préfet Doux ou à tout autre agent de la réaction jésuite, et l'on voit au quai d'Orsay — grâce à des influences qu'on pourrait nommer — les jeunes gens de *la Croix* les plus connus pour leur ineptie triompher aux concours par ordre de cabinet et s'installer dans les postes les plus enviés pour y décrier la République et vilipender son président Loubet. Je constate sans insister pour aujourd'hui. Peut-être même ne serais-je pas revenu sur cet incident que j'ai déjà signalé et qu'il faudra bien raconter tôt ou tard, si le scandale des *fils à papa* n'éclatait à cette heure dans l'organisation du corps expéditionnaire de Chine. Nous sommes ainsi conduits à parler de la situation du général André au ministère de la guerre et des difficultés que lui opposent ceux de ses collègues dont toute la politique est de ne rien faire.

C'est M. Loubet qui a personnellement choisi le général Voyron. M. Loubet n'a pas toujours la main heureuse en fait de soldats. L'idée d'avoir mis à la tête de sa maison militaire le général Bailloud sera difficilement classée parmi les traits de génie. Le général Bailloud (de Majunga) a sa part des six mille cadavres de soldats français dont la stratégie de Mercier engraissa le sol de Madagascar. En outre, le général Bailloud, jésuite passionné autant que réactionnaire, ne s'est jamais gêné pour parler publiquement de la République comme de « la gueuse à étrangler au plus vite ». Voilà l'homme que M. Loubet (de la défense républicaine) avait délibérément introduit à l'Elysée. Voilà l'homme par qui il se laissait interrompre, en présence d'autres personnages, pour entendre de la bouche impérieuse de son serviteur ce que le chef de l'Etat devait faire ou ne pas faire. Le choix du général Voyron a-t-il été plus heureux ? J'ai des raisons de croire le contraire. Puissé-je n'avoir pas l'occasion de les développer ? Jusqu'ici, la principale manifestation du général Voyron a consisté à favoriser scandaleusement tous les fils de hauts gradés qui, pour exercer leur droit héréditaire à la plume blanche, ont besoin d'aller chercher des grades et des décorations dans les états-majors du corps expéditionnaire où l'on est à l'abri des principaux inconvénients de la guerre. Après de tels hauts faits, il n'y aura plus de galons que pour ces héros paradant devant le public en foudres de guerre. Combien de porte-fanions s'en vont en Extrême-Orient ? Le *coup* du porte-fanion est le grand truc pour faire arriver à l'épaulette les jeunes « bien pensants » qui n'ont pu franchir la porte de Saint-Cyr. Il y a aussi le coup des simples réservistes, admis d'abord au titre étranger et qui reviennent avec un grade dans « l'active ». On a usé et abusé de ce tour de passe-passe au Tonkin. C'est par ce scandaleux favoritisme que l'on détruit la force morale d'une armée. Je voudrais espérer que le général André saura faire son devoir et mettre son holà à cette curée. Le voudra-t-il ? L'osera-t-il ?

Je crois d'instinct qu'il est de ceux qui ne se désintéressent pas de leur tâche. Il vient de le démontrer une fois de plus en frappant le chef de corps d'un officier — pas « dreyfusard » — qui avait insulté le drapeau. On peut compter que cette mesure va rappeler tous les chefs militaires à leur devoir. Cependant, il est visible que les forces de réaction, dont la nomination du général André a marqué la défaite, ont déjà repris contre lui l'offensive. Il devrait se défier de ceux qui lui ont fait surdécorer le commandant Racine, assassin d'un soldat mis, *malgré le règlement*, au supplice de la crapaudine. Je ne sais pas ce qu'il décidera du colonel Bougon, qui vient de récidiver dans l'insubordination en entretenant ses hommes, dans son ordre au régiment, de sa situation particulière, *malgré l'article formel du règlement qui l'interdit*. Mais il est évident que, de tous les côtés, on assiège le ministre de la guerre. Le général Delanne comptait un grand ami dans le cabinet. D'autres ennemis de la République au ministère de la guerre ne sont pas moins soutenus par des politiciens *portefeuillés*. Si cela devient nécessaire, je n'hésiterai pas à démasquer ces personnages. En ce moment, le général André se débat contre une intrigue formidable ourdie par la jésuitière pour lui faire replacer dans l'activité Zurlinden et Négrier. L'inconscience de certaines gens est véritablement extraordinaire. Devineriez-vous que le misérable Chanoine se traîne de banquette en banquette dans toutes les antichambres du ministère, triste loque de trahison ? Zurlinden, après avoir refusé le gouvernement militaire de Marseille, qui était une déchéance, l'a demandé fort humblement. Puis il a redemandé autre chose de Galliffet, n'importe quoi, promettant d'être bien soumis, si l'on consentait à le pourvoir d'une prébende. Galliffet n'a pu s'y résoudre, dégoûté du plat solliciteur. Je n'ai pas à rappeler l'ignoble fourberie de Zurlinden dans l'affaire Picquart. On sait par quelle insigne tartuferie il vint à bout d'engager des poursuites (basées sur des faux témoignages et des faux) malgré l'ordre qu'il avait reçu de surseoir. Quelle confiance avoir en un tel homme ? Ses défenseurs se bornent à dire qu'il n'est pas dangereux parce qu'il est trop bête. Le besoin ne se fait peut-être pas sentir de mettre à la tête de nos soldats un si parfait modèle de jésuitique sottise. Si le général André était capable de céder là où Galliffet lui-même a résisté, il y perdrait le meilleur de son prestige.

Pour Négrier, c'est une simple folie que la question se pose. Afin de préparer sa rentrée, il a demandé à servir dans le corps expéditionnaire. Le meilleur de ses titres est, comme on sait, de se trouver le seul général européen qui ait jamais pu se faire battre par les Chinois. Il est vrai que l'armée chinoise devant laquelle s'est effectuée la déroute de Langson avait pour mérite singulier de ne pas même exister, et que de fameux guerriers, aujourd'hui gradés et surgradés pour cet exploit, ont simplement pris la fuite devant des ombres. La blessure de Négrier le mettait-elle dans la nécessité d'abandonner le commandement ? C'est ce qui n'a jamais été démontré. Les juges les mieux disposés se montrèrent alors sévères pour le chef qui était l'auteur responsable de la défaite. Mais le savante réclame depuis ce temps a fait son œuvre. La réclame des ennemis de la République naturellement. Et du moment où le général de Négrier a accentué ses dispositions de chef rebelle, il a été déclaré le stratège par excellence. Ce guerrier, bien entendu, se croyait au-dessus de l'obéissance. Il pensait : « Qui osera me frapper ? » Il faut rendre cette justice à Galliffet qu'il osa. Aujourd'hui M. de Négrier veut reprendre un commandement pour recommencer contre la République le jeu interrompu. Il s'est assuré la protection d'un très haut personnage militaire que la République a comblé et qui prétend impossr sa volonté au gouvernement. S'il y a lieu, je dénoncerai toute l'intrigue. Mais je me refuse à croire que le général André en soit à recevoir des ordres de ses subordonnés. J'ai confiance qu'au lieu de réintégrer les factieux dans les postes où ils battirent en brèche les institutions républicaines, il chassera les mauvais soldats qui politicaillent encore contre la France de justice et de liberté.

29 *juillet* 1900.

XLIV

Capitulation conditionnelle

Par la faiblesse de M. le général André, l'intrigue que je vous dénonçais dans ma dernière lettre a partiellement réussi. Il n'est pas encore question de M. Zurlinden qui s'empresse aux réceptions de M. Waldeck-Rousseau, mais M. le général de Négrier, s'il n'obtient pas un commandement de troupes, est réintégré dans ses fonctions de membre du conseil supérieur de la guerre. Je ne veux rien pousser au pire. Le fait peut n'avoir dans la réalité qu'une importance secondaire. Ce qui est grave, c'est la défaillance d'un ministre en qui les républicains avaient mis leur espoir.

L'ingérance du général Brugère que j'indiquais à

mots couverts dans mon article est maintenant avouée. On s'en fait gloire dans son entourage. Je ne saurais donc plus longtemps l'ignorer. Chacun sait que le général Brugère est l'élève chéri de Billot. C'est tout dire. Il faut noter cependant qu'il y eut brouille en ces dernières années. Brugère, qui a le nez fin, trouvait sans doute que son patron fleurait le cadavre. On ne peut pas dire que le général Brugère soit l'ennemi de la République. Au train commun des affaires humaines, il aurait pourtant le droit de la haïr puisqu'il lui doit tout. Mais il est bon prince et n'en veut à personne de ses succès plus que rapides par la grâce des hommes d'Etat républicains. On lui a beaucoup reproché ses services d'antichambre à l'Elysée. Il y a fait, de vrai, un assez beau chemin. Napoléon III lui-même, à chaque avancement, se croyait obligé d'envoyer dans les corps de troupes les officiers en service aux Tuileries. Nos présidents n'eurent point de ces scrupules et le républicanisme de M. Brugère en profita grandement. Je n'en veux pas dire davantage.

Pour les talents militaires de notre généralissime, je n'en saurais parler, faute de compétence. Mais, il est compétent, lui, et il les tient en haute estime. Capitaine au cours de la guerre franco-allemande, il trouva dans les champs un canon prussien abandonné. Il s'en empara sans résistance et l'amena triomphalement dans nos lignes. Un ami en fit faire un tableau : « *Prise d'un canon par le capitaine Brugère* ». Une honnête réclame ne fait de mal à personne dans le civil ou dans l'armée. Le général Brugère n'est point méchant. Il n'en veut qu'à ceux qui le gênent et s'emploie volontiers en faveur de ceux qui veulent le servir. On ne dit pas qu'il gaspille son temps en de vaines études de stratégie, mais il sait remplacer avantageusement la culture abstraite par une activité bruyante, une énergie de bonne humeur, un commandement théâtral : toutes qualités qui ne sont point pour déplaire au soldat, je pense. Parfois il condescend à des familiarités de caserne avec ses inférieurs. Cependant il n'oublie point sa noblesse, et le montre. Il n'a d'ennemis que ce qu'il est nécessaire pour donner envie à ses amis de le soutenir davantage, car nul n'excelle mieux que lui à se ménager le bon vouloir des puissances.

Enfin, pour dernier trait, il aspire à monter... toujours... toujours... ce qui, selon les ambitieux, est la marque d'une grande âme. Il a monté... monté... il faut le dire. Mais ce serait le méconnaître que de croire qu'il puisse s'arrêter en chemin quelque jour, et que, voyant le monde sous ses pieds, il dise jamais : « Je m'en tiens là ». Débarrassé du bagage encombrant des gratitudes ordinaires, délesté des hésitations, des doutes de ceux qui savent, il montera... il montera... Jusqu'où ?... Sa destinée est de chercher toujours un galon supérieur et de le décrocher par un tour de prestige. Il serait empereur de la République, et, de là, passerait Dieu que son premier mot, en prenant possession du trône céleste, serait de s'étonner que ce soit si peu de chose, la souveraineté des mondes. C'est qu'il agrandit par-delà les étoiles le rêve d'Alexandre, qui ne demandait benoîtement qu'une autre terre à conquérir. Il ne lui reste plus qu'à gagner la bataille d'Arbelles. Il est en chemin, puisque le voilà, pour commencer, généralissime.

Le malheur est qu'un généralissime, tout généralissime qu'il soit, a pour supérieur le ministre de la guerre responsable devant le Parlement. Ce que j'ai dit de notre généralissime suffit à faire comprendre que le besoin de subordination — même au regard de son ministre — n'est pas le trait dominant de son caractère. Comme il ne peut me plaire d'envenimer les choses, je ne rechercherai point comment il arriva que le général Brugère fut conduit à entreprendre sur les pouvoirs de son supérieur. Le général André, autant que j'en puis juger, paraissait de taille à se défendre. Mais dans le monde politique c'est un débutant, et, je le dis à son éloge, les roueries de la profession ne lui sont pas familières. M. Waldeck-Rousseau, ministre d'inaction par excellence, n'aime point à ses côtés les hommes qui veulent agir. Un ministre qui se fait obéir des généraux est un vivant reproche à son collègue tremblant devant le préfet Doux. M. Waldeck-Rousseau ne s'est point gêné — ce qui est d'une correction au moins douteuse — pour critiquer tout haut les façons de procéder de M. le ministre de la guerre. L'autre, hélas ! ne pouvait pas lui rendre le compliment, M. le président du conseil ayant pour toute politique de ne rien faire. Les propos de M. Waldeck-Rousseau ont été répétés, et M. le général André, comme il est naturel d'un novice, en a conçu, je le crains, une défiance de lui-même.

Ce n'est pas tout. Il a trouvé dans l'héritage de M. de Galliffet un « *chef de cabinet civil* ». Le titulaire de cette fonction impossible à définir doit être doué, j'imagine, des intentions les meilleures. J'ose affirmer pourtant qu'il lui manque des qualités de diplomatie, car, dans ses promenades quotidiennes de la rue Saint-Dominique à la place Beauveau, *où il n'a que faire*, il n'a réussi jusqu'à présent qu'à envenimer les difficultés existantes. Enfin, il y a dans le cabinet deux membres qui sont un legs du ministère Dupuy, de fâcheuse mémoire. M. Leygues et M. Delcassé sont tout pleins de mérites divers. Ils ont montré même parfois quelque élégance dans leurs initiatives personnelles, d'autant plus méritoires qu'ils ont tous deux à un rare degré la religion des bureaux. Mais quoi ! Ils viennent de M. Dupuy et sont prêts, au besoin, à y retourner Radicalisant dans un ministère modéré, ils se plaisent au rôle de pondérateurs sous un président du conseil qui radicalise. C'est le moyen, paraît-il, de survivre à toutes les chutes de ministères. Le général André, avec ses allures de réformateur, inspire à ces jeunes pondérés des craintes. Ils ne l'aident donc pas dans ses entreprises, et l'on dit qu'ils ne se gênent pas beaucoup pour l'embarrasser. Pourquoi M. Delcassé tenait-il donc tant à M. le général Delanne ? Est-ce que le général André est intervenu au quai d'Orsay pour se plaindre que le jeune d'Espeuilles et le jeune de la Bégassière recevaient d'étranges faveurs à titre d'ennemis de la République? S'il a laissé faire M. Delcassé, de quel droit l'empêcherait-on, lui, de mettre aux postes officiels de la République des hommes qui ne se piquent pas de la trahir ?

De quel zèle on fait converger tous les efforts de la réaction pour arriver à ce résultat, il n'est besoin que de lire *le Gaulois* pour le savoir. Qui fournit des renseignements au juif du Père du Lac ! Je l'ignore. Mais les informations d'Arthur Meyer ont été trop souvent vérifiées pour que l'entourage du général Brugère soit à l'abri du soupçon. Méditez, je vous prie, la note suivante que j'emprunte au *Gaulois* du 28 juillet dernier :

Disons tout d'abord que la réintégration dans les services actifs de MM. les généraux de Négrier et Zurlinden « est chose absolument décidée dans l'esprit et dans la volonté de M. le général Brugère », lequel, comme vice-président du conseil supérieur de la guerre, a toute autorité, en invoquant les intérêts généraux de l'armée, pour « faire ratifier ces choix par le ministre de la guerre ».

Déjà, à un récent conseil des ministres, la question s'est posée et eût été résolue sans l'opposition très marquée de M. Millerand et de trois autres de ses collègues. On a de nouveau agité cette importante question au conseil d'hier, en même temps qu'un mouvement de mutation parmi les commandants de corps d'armée — conséquence des réintégrations proposées par le généralissime, — mouvement qui n'a pas eu l'heur de plaire à M. Millerand et au petit groupe de ministres qui marchent avec lui.

Cependant, la solution de cette affaire ne saurait tarder : « le général Brugère a fait connaître ses choix » ; le ministre a dû les approuver et l'on ne peut laisser plus longtemps en suspens des décisions qui engagent la responsabilité des hauts chefs de l'armée vis-à-vis de la France.

M. le général Brugère a accepté les fonctions de généralissime avec toutes leurs conséquences et toutes leurs prérogatives techniques.

Dites-moi si note de presse revêtit jamais plus clairement les allures d'un communiqué ? M. Brugère « *décide dans sa volonté* », et la seule fonction du ministre est de « *ratifier* » les exigences de son subordonné, quel que soit son avis personnel dont on ne tient nul compte. Avouez que, dans ces conditions, la capitulation de M. le ministre de la guerre lui enlève d'un trait de plume le meilleur de son autorité.

Ah ! je sais bien que la victoire de M. Brugère n'est pas complète. Il ne peut pas toujours rencontrer devant lui des canons qui ne sont pas défendus. Il se voit enlever les fonctions de gouverneur de Paris. Négrier ne reçoit plus de commandement actif et entre simplement à ce fameux conseil supérieur de la guerre, où les ennemis du parlementarisme ont transporté, pour les décisions militaires qui voudraient une suite de volonté personnelle et la responsabilité correspondante, tous les inconvénients de l'institution parlementaire sans un seul de ses avantages. M. de Négrier, j'en conviens, y apportera son expérience de la déroute. Cela ne saurait suffire à justifier sa rentrée. On a séparé, je le sais encore, les fonctions de commandant d'un corps d'armée et de membre du conseil supérieur de la guerre, laissant au ministre le soin de les réunir dans le même homme quand il y voit un avantage, et cela a permis au général André de mettre à la tête de certains corps des généraux qui ne sont point aux ordres de la fonction romaine. Je l'en félicite. Cela montre seulement que sa capitulation n'était pas sans conditions, et que, résigné à sa défaite, il a tâché d'en tirer le meilleur parti possible pour la République et pour l'armée. C'est une nouvelle preuve que ses intentions sont bonnes. Mais ce n'est pas avec des intentions que l'on remporte la victoire.

Dans la situation présente, chacun voit que MM. Brugère, Waldeck-Rousseau et certains de ses collègues ont fait céder la volonté de M. le général André, qui n'est plus seul maître au ministère de la guerre. Le colonel Bougon, deux fois rebelle, n'a pas été frappé, après une violation manifeste des règlements militaires. Deloye — de Montélimar ! — est intangible.

M. Waldeck-Rousseau a obtenu ce beau résultat, ayant perdu lui-même dans l'inaction la plus grande part de son autorité, d'empêcher un de ses collègues de regagner, au profit du ministère et du régime républicain, le meilleur du terrain perdu. Tout le monde heureusement ne perdra pas dans cette affaire. Demandez plutôt aux deux *fils à papa* qui se préparent à suivre le général Voyron en Chine en qualité d'officiers d'ordonnance, AU MÉPRIS DES RÈGLEMENTS MILITAIRES. Qu'en pensez-vous, monsieur le généralissime, et vous, monsieur le grand-chancelier de la Légion d'honneur ? Pas de favoritisme, n'est-ce pas ? Voilà le mot d'ordre des armées.

5 *Août* 1900.

XLV

Y a-t-il un Gouvernement ?

Carlsbad.

Dans un récent article de la *Lanterne*, M. Viviani, qui n'est pas suspect d'hostilité contre le ministère, posait cette question : « Y a-t-il un gouvernement ? » Chose curieuse d'un socialiste révolutionnaire que M. Millerand représente au pouvoir, le député penchait très visiblement pour la négative. C'est l'agitation du Creusot, entretenue selon lui par le préfet de

M. Waldeck-Rousseau, qui fournissait à ce républicain l'occasion de se demander si la République était gouvernée. Et cherchant en vain les signes d'une action politique raisonnée, et ne trouvant, là où il aurait souhaité des manifestations d'énergie, qu'indifférence et mortelle inertie, il concluait : « Cela commence — et nous sommes bien modérés — à devenir intolérable ».

Oh ! oui, notre député socialiste est modéré en prononçant cette parole bénigne où nul ministre, je le crains, ne puisera une résolution suprême d'agir. Plus modéré qu'il ne croit, certainement, car on changerait le préfet qui le gêne que les choses iraient de même façon et les préfets antirépublicains de M. Waldeck-Rousseau ne sont point du tout le premier signe de cette mauvaise volonté républicaine, non seulement dans ce ministère ou dans d'autres, mais encore dans tout le parti républicain. A vrai dire, tous nos maux viennent de là, et les agitations cléricales et césariennes, qui mettent périodiquement de temps à autre la République en péril, ne sont que le résultat de cette incapacité d'agir chez les hommes qui se donnent tant de mal pour se faire placer, du haut en bas de l'échelle administrative, dans les postes d'action.

Le parti républicain, composé, comme tous les partis vainqueurs, d'un noyau d'hommes représentant l'idée, et de la masse confuse de ceux qui veulent profiter du régime d'abord, s'est montré extraordinairement inhabile à faire passer la République et la théorie dans les faits. S'en prendre à tel ou tel personnage influent, est d'une critique trop peu pénétrante. Sans doute il ne s'est pas rencontré un homme au pouvoir pour ordonner le parti, le discipliner et le jeter dans l'action pour l'idée. Oh ! je sais que les mots furent prononcés. Mais, si vous y regardez de près, vous verrez que ceux qui prétendirent discipliner les républicains ne se servirent de cette discipline que pour retarder l'évolution républicaine. De là, d'anciennes rébellions dont je revendique très haut ma part. Ce n'est pas les satisfactions d'intérêt, ce n'est pas les places habilement distribuées, le budget fragmenté en pâtures, les croix, les éloquentes harangues vides de résultats, qui peuvent créer dans une libre agrégation d'hommes libres la discipline volontaire d'où sort, au jour favorable, une force décisive de victoire.

L'idée, l'idée seule a ce privilège. L'histoire vous dira comment les hommes — et quels hommes ! — sont capables de mourir pour l'idée. Pour l'idée donc les hommes peuvent vivre : penser, parler ou écrire, se concerter, agir. Mais l'action d'un seul ne réclame de lui que sa volonté. L'action d'une masse veut le consentement commun. On l'obtient par la peur, la menace des châtiments, la peine de mort sur toutes les têtes, dans ces groupements de force brutale que sont les armées. Il ne s'agit que de tuer. On se met d'accord pour cela sans trop de peine. Les partis qui sont aux prises avec le problème infiniment plus ardu de faire vivre, les partis qui représentent des évolutions de pensée nées du doute et de la liberté des discussions ont un besoin égal de discipline consentie, mais la peur pour les uns, les séductions d'intérêt pour les autres, ne pourront jamais procurer autre chose qu'une entente d'apparence toujours précaire, discordante oserai-je dire, au lieu du grand accord dans le sacrifice commun qui doit assurer le triomphe de l'idée. L'action pour l'idée rend tout effort facile, honorable, glorieux. En dehors d'elle qu'y a-t-il, sinon abus de la force, servitude et cabotinage ?

Nos républicains, hélas ! n'ont pas encore pu se hausser jusqu'à le comprendre, et ce qui leur a manqué sincèrement, honnêtement, c'est cette conception élémentaire que la République est une réalisation d'activité différente de ce que donne la monarchie. Brusquement mis au pouvoir, ils ont été frappés de ce que les institutions contre lesquelles ils s'insurgeaient assuraient, tout compte fait, aux populations des conditions de vie qui, considérées du point de vue des gouvernants, paraissaient tolérables. D'autre part, les réformes à faire étaient ardues. Que d'obstacles sur le chemin ! Les ambitions, les convoitises, la mauvaise foi, l'insurrection des intérêts menacés, l'incompréhension des masses même qu'il s'agit de servir, la mobilité de leurs émotions passagères pour des mots, des formules neuves qu'on leur jette en pâture, la vivacité des passions qui aiguisent contre les vaincus l'amertume des déceptions inévitables, que de sujets d'hésitations, de craintes, de reculs !

L'abîme est là ouvert, et l'œil maintenant en mesure la profondeur. Fuir ou affronter le péril de l'escalade qu'on a chantée avant d'atteindre les médiocres « sommets » du pouvoir ? Plus d'un qui se croyait hardi a vu sa belle audace s'évanouir en fumée. Jugez de la tourbe politicante. On s'arrête, on regarde, on délibère. Après tout si la marche en avant offre tant de périls, pourquoi ne resterait-on pas d'abord sur « le terrain conquis » ? La métaphore est ordinaire. « Le terrain conquis », c'est les portefeuilles, les préfectures et tout ce qui s'ensuit. On s'y installe pour une halte de conseil. On distribue aux plus pressés les postes principaux de l'Etat. On découvre sans doute de vieux fonctionnaires récalcitrants qui ne veulent pas s'en aller. Mais ils jurent qu'ils mettront au service de la République tout le dévouement dont il disposaient pour la monarchie — moyennant le même salaire, cela va sans dire. On les écoute. « Ils connaissent leur administration ». « Ils peuvent rendre des services ». « Ils sont une force », dit-on gravement. Et les voilà sacrés républicains. Tout à l'heure ils parleront haut, et séviront au besoin contre ceux qui croient innocemment voir en eux des auxiliaires.

Car maintenant, ce qui paraissait devoir être un campement provisoire, prend un aspect d'établissement à demeure. « Nous sommes bien là », pensent tous ceux qui se sont attribués des logements d'Etat comme avance d'hoirie sur les réformes à venir. « Nous sommes bien », répond un chœur de gouvernants.

Et le public lui-même est obligé de reconnaître qu'ils ne sont pas mal, en effet. Alors aux politiciens qui se piquent de méditer, une question se pose. Les troubles qui se sont précédemment manifestés dans l'Etat venaient-ils des institutions ou des hommes tout simplement? Et la question à peine posée est aussitôt résolue. Ce sont les hommes de la monarchie qui ne savaient pas gouverner. On a changé le nom du régime, que diable! c'est quelque chose. Certains même estiment que c'est trop. Le roi s'appelle président, c'est énorme. La loi de lèse-majesté que M. Waldeck-Rousseau prépare à cette heure est dénommée « loi de liberté ». Que faut-il de plus? Si l'on a jugé que les fonctionnaires du régime déchu étaient une force, à plus forte raison les institutions, les lois, règlements et décrets. La République c'est que les fonctionnaires soient étiquetés « républicains ». Voilà tout le mystère. Quant à ceux qui ne seront pas contents, on les fera taire. Des places aux uns. Tel le communard Barrère qui pleure officiellement le roi Humbert à cette heure après avoir pris philosophiquement son parti des otages. Pour les autres des coups. Les grévistes du François, du Creusot, de Fougères savent ce qu'il leur est venu du gouvernement dont M. Millerand, socialiste, est la cheville *ouvrière.*

Je sais bien qu'il y en a d'autres qui ne sont pas contents, et ceux-là donnent plus d'inquiétude à nos bons maîtres. Il y a l'insurrection permanente du cléricalisme et du militarisme. Le clergé romain veut le gouvernement total de l'homme — âme et corps : il le proclame en termes indiscutables dans son *Syllabus.* Les rois ont résisté tant bien que mal à ces exigences : mal plutôt que bien. Louis XIV lui-même, après avoir mis flamberge au vent, a dû tristement rengaîner, et Napoléon ne s'est défendu personnellement qu'en livrant le peuple à l'Eglise. Moines et curés, déjà à moitié rebelles sous la monarchie, le sont tout à fait sous la République, la République étant aux mains de « républicains » qui n'osent pas la faire.

Car si les mécontents du vulgaire sont réduits au silence par les procédés que nous avons vus, si l'on obtient pour le régime innommable, qui n'est plus la monarchie et qui n'est pas encore la République, un assentiment de discordes, il n'en reste pas moins une énorme contradiction entre les mots de liberté, de justice dont le gouvernement « républicain » est obligé de se servir, et le fait autoritaire du régime monarchique inchangé. De là, une révolte sourde dans les âmes. De là cette anarchie mentale qui fait la force de l'Eglise proclamant, dans la confusion des esprits, une doctrine seize fois séculaire. De là cette audace qui porte le clergé à tout oser. De là cette lâcheté de nos hommes d'Etat qui reculent toujours, ayant la sensation qu'ils ne sont plus les défenseurs autorisés de l'idée. En quoi la politique de Waldeck-Rousseau et de Millerand, par exemple, diffère-t-elle de celle de M. Thiers ou du duc Decazes vis-à-vis de l'Eglise? Encore ne jugerais-je point que l'avantage n'est pas à ces derniers.

Quant au militarisme, nous l'avons vu dans son beau. Les armées, pour les peuples, sont un instrument de défense contre l'étranger. Elles représentent la sécurité de la patrie. Pour les gouvernements, elles constituent d'abord un instrument de règne. Mais quand il n'y a pas de gouvernement, les chefs d'armée, alors sans direction, sans maître, veulent, par une inévitable fatalité, être gouvernement. Et la logique est pour eux, en ce cas, car l'idée étant bannie, il ne reste plus d'autre arbitre que la force entre les citoyens. Ce que peut produire un tel état d'esprit, nous le voyons depuis deux ans, et si le gouvernement continue de tenir le général André en échec, il est à craindre que l'expérience ne soit pas terminée. Dans la lutte entre l'esprit de justice, de liberté, et l'arbitraire prétorien qui prétend disposer de la justice et de la liberté comme de sa chose, qui l'emportera? C'est le problème qui nous est posé. En se demandant s'il y avait un gouvernement, M. Viviani a nettement indiqué vers quelle solution nous étions conduits par les détenteurs actuels du pouvoir. Combien j'ai de regrets qu'il n'ait pas adressé la question du haut de la tribune à son ami le ministre Millerand ! D'autant plus que cette question l'aurait certainement amené à s'en poser à lui-même quelques autres : Y a-t-il un Parlement ? Y a-t-il des partis ? Y a-t-il des idées qui les dirigent ? ou seulement, sous des étiquettes diverses, des intérêts identiques en action ? S'il y a des partis, pourquoi, différant entre eux, disent-ils, font-ils tous la même chose *au pouvoir ?* Je dis tous, sans exception. S'il y a des idées, pourquoi, après les avoir si éloquemment formulées, met-on tout l'effort gouvernemental au service des idées contraires ? Quelqu'un me demandait l'autre jour : Etes-vous pour ou contre le ministère ? Je répondis : « Je suis pour l'idée républicaine ».

14 *août* 1900.

XLVI

Un Communiqué

Je me plaignais discrètement, l'autre jour, que les vingt-deux mille maires assemblés au jardin des Tuileries n'eussent pas trouvé un geste, une parole, pour donner un sens de revendication française à cette République qu'ils acclamaient sans se préoccuper de ce qu'elle doit être. Ainsi la manifestation républicaine n'aura rien été qu'une manifestation, et l'action pour les réalités de la République n'en sera pas plus avancée. Passivité des élus, inertie des gouvernants, dispersion et annihilation de l'énergie française et des efforts contradictoires, tel est jusqu'ici le plus clair bilan de ce fameux effort de « défense républicaine ».

J'ai dit, et je répète, que le discours de M. Loubet fut tout ce qu'il pouvait être. Ce n'est pas au président de la République qu'appartient l'initiative du gouvernement. Pour les ministres, il est visible que, trop heureux du coup que le conseil municipal nationaliste de Paris s'est porté à lui-même, par la faillite de son banquet, ils se tiennent, sans avoir rien fait, pour de grands vainqueurs. Loin d'accepter avec modestie le bénéfice d'une victoire uniquement due à l'incommensurable bêtise de leurs adversaires, nos gouvernants opportunistes et révolutionnaires ne cachent point, à qui se présente pour recueillir leurs confidences, qu'il faut continuer à tout prix la politique d'inaction qui a si bien « réussi ». C'est dans cet esprit que M. Jean Dupuy, ministre de l'agriculture, nous adresse un communiqué auquel il ne manque que la signature de Méline, de Billot ou de Mercier. Dans le gâchis où nous vivons, il paraît naturel que ce soit le ministre de l'agriculture qui s'occupe des questions de justice, car vous avez deviné, n'est-ce pas? qu'il s'agit de l'affaire Dreyfus, dont le seul nom doit être désormais rayé de nos pensées. Le garde des sceaux Monis, quelqu'un de ces jours, nous renseignera sur les fourrages, s'il en reste dans les champs où il aura passé. Il n'y a pas à s'étonner, non plus, que nos ministres de la République reprennent à leur compte le système des notes officieuses par le moyen desquelles l'empire s'occupait de réglementer l'opinion publique à son usage.

Tout le monde a compris, bien entendu, que sous couleur de nous parler de l'affaire Dreyfus, dont aucun ministre n'est saisi, que je sache, M. Jean Dupuy se proposait surtout de donner une orientation à la politique du ministère. Pour qu'il n'y ait point de doute à ce sujet, *le Temps* a pris la peine de nous avertir que la note du *Petit Parisien* est « officieuse ». *Le Petit Parisien*, l'un de ces jours, pourra rendre le même service au *Temps*, quand, aux communiqués de M. Jean Dupuy, succèderont ceux de M. Waldeck-Rousseau.

Je dis que les propos de M. Jean Dupuy sur l'affaire Dreyfus ne sont qu'une manœuvre, assez grossière, de politique générale. Il est bien clair que personne n'eut jamais l'idée de demander l'opinion de M. Jean Dupuy, en cette matière. Pourquoi l'aurait-on fait, d'ailleurs ? Dreyfus a été jugé — mal jugé, certainement, comme en convient M. Jean Dupuy, distinguant entre « la vérité légale » et la « vérité historique » — mais jugé, et les pouvoirs politiques n'ont pas à se préoccuper de sa personne en ce moment. S'il veut ou s'il peut ramener son affaire devant les tribunaux compétents, grâce à la découverte de témoins ou de documents nouveaux, il y a pour cela des formes de légalité dont nul Français ne peut arrêter l'effet, fût-il ministre de l'agriculture. Je n'en sais là-dessus pas plus long que M. Jean Dupuy lui-même. Au cas où cela se produirait, je trouverais plutôt cynique qu'un ministre de la République osât se plaindre d'être dérangé dans sa jouissance symposiaque du pouvoir par un homme qui invoque le bénéfice des lois. Il faut en vérité que l'opportunisme revivifié par Waldeck-Rousseau et Millerand ait singulièrement tourné toutes les têtes pour que des hommes qui, comme M. Jean Dupuy, ont prospéré dans la pratique la plus rigoureuse des lois, en viennent à nous proposer pour acte de « défense républicaine » un déni de légalité.

De discuter les « arguments » de M. Jean Dupuy il ne saurait être question, par la raison qu'on ne peut raisonner qu'avec les hommes qui se montrent capables de raisonnement. Pour montrer les moyens de M. Jean Dupuy à cet égard, il n'est besoin de citer que cette phrase : « *A Rennes, toutes les formes pres-*

crites par la loi ont été observées ». Une pareille assertion dans la bouche d'un successeur de M. Loyal est faite pour surprendre. Quoi ! M. Jean Dupuy n'a-t-il pas entendu parler du faux témoignage de Mercier, pour n'en citer qu'un seul ? Comment explique-t-il que, sous son propre gouvernement, la loi n'ait pas été appliquée à ce distingué coquin ? Et comment explique-t-il que lui, Jean Dupuy, ministre de la République, essaie d'assurer l'impunité au criminel par l'amnistie ? Serait-ce donc les *faiblesses* de Jean Dupuy que Jean Dupuy voudrait d'abord faire oublier ?

Ah ! c'est que nous voilà maintenant au cœur du débat. Ce n'est pas de l'affaire Dreyfus qu'il s'agit, mais de ses conséqueuces. Ce n'est plus le juif Dreyfus qui est en cause, ce sont les fils chéris du jésuite du Lac : Boisdeffre, Mercier et toute la bande ennemie des institutions républicaines. Si M. Jean Dupuy nous parle de Dreyfus, c'est pour traiter de l'affaire Mercier et tâcher d'obtenir l'amnistie pour les bandits qui déshonoreut l'armée. Une belle œuvre de justice « républicaine », pour laquelle il s'est assuré le concours du radical Baudin et du révolutionnaire Millerand.

Ce n'est pas tout, d'ailleurs. Voici qu'enfin se découvrent les complaisances secrètes de nos « défenseurs républicains » pour les césariens, les royalistes et les préparateurs de coups d'Etat qui osent pratiquer jusque sur nos places publiques l'embauchage militaire. Il est à ma connaissance personnelle que des ministres — et non des moindres — parlent ouvertement aujourd'hui d'amnistier MM. Buffet, Guérin et Déroulède. Cela ne pouvait manquer. On comprend maintenant pourquoi l'on a pris soin de garder la place chaude au député de la Charente. Il n'aura qu'à reprendre à la Chambre le siège dont la loi l'avait dépossédé. On comprend maintenant le sens du communiqué par lequel M. Jean Dupuy juge à propos de nous faire assavoir qu'il s'accommode très bien des refus de justice que peuvent subir les autres pourvu qu'il puisse faire pousser en paix ses carottes particulières. L'interdit ministériel sur l'affaire Dreyfus n'a d'autre but que de nous clore les lèvres sur Mercier et la faction scélérate de la compagnie de Jésus, en même temps qu'on rendra à leur bataille antirépublicaine royalistes, décembristes et fauteurs de rébellion militaire. *Le Temps*, déjà — on peut s'en souvenir — avait esquissé ce programme, couvrant MM. Buffet, Guérin et Déroulède de la protection de M. Hébrard. MM. Waldeck-Rousseau et Millerand pensèrent alors que ce grand dessein n'était pas mûr. Il paraît que l'entreprise est à point maintenant. On rendra aux socialistes quelques-uns de leurs condamnés pour les satisfaire. Et comme on aura naturellement toutes les voix de la droite, le succès n'est pas douteux. L'entreprise se trouvait impossible à la fin de la dernière cession, le jugement de la Haute-Cour étant de date trop récente. Aujourd'hui, l'heure de l'embrassade générale est arrivée. Waldeck-Rousseau dans les bras de Guérin ! Déjà les nationalistes, qui devaient tout « chambarder » à la fin de l'Exposition, se montrent fort apaisés. Ils auront tout loisir, après l'amnistie, de reprendre la suite de leurs affaires. Quant à la République, ainsi qu'aux développements de justice et de liberté qu'il était autrefois de mode d'en attendre, Millerand, au prochain banquet du Creusot, nous fera là-dessus quelque discours, et quand Monis aura décoré son dernier né, je ne vois pas de quoi nous pourrions nous plaindre. L'observation la plus curieuse que j'ai lue à ce propos vient du *Gaulois* d'Arthur Meyer. Notre youpin bénit remarque sensément que « tout ne serait pas fini si l'on se contentait de rayer l'affaire Dreyfus du rôle de l'histoire ». « Autour de nous, tout est à l'envers », observe-t-il encore, avec non moins de raison. Seulement, pour que tout soit à l'endroit, suivant Arthur Meyer, il faut mettre au pouvoir le parti qui veut que « le sang des juifs ruisselle sur les échafauds », suivant la parole de M. Drumont. La suppression de la justice ne suffit pas, ni des réformes républicaines. Il faut encore la suppression de la République elle-même. Allons, Millerand; allons, Waldeck-Rousseau, encore une concession : « Ce sera la dernière », comme disait Louis XVI en tendant le cou au bourreau.

7 octobre 1900.

P. S. — Il est dit que tous les régimes nous donneront les mêmes spectacles de mensonges. Le grand avantage du communiqué, sous l'empire, c'est qu'on avait, en cas d'insuccès, la ressource du désaveu. La note gouvernementale devenait alors une simple fantaisie de quelque journaliste « *indépendant* ». Or, il paraît que la grande conception gouvernementale de M. Dupuy n'a pas rencontré l'universel assentiment qu'attendait le basochien agriculteur. M. Waldeck-Rousseau a trouvé, me dit-on, qu'on éventait la mèche avant l'heure. C'est pourquoi *le Petit Parisien*, après deux jours de réflexion, a gravement déclaré que le communiqué émanait de son initiative, « *dans sa pleine indépendance* ». Du temps de l'empire, au moins, on nous faisait l'honneur de ne pas nous croire si bêtes. Et quand on nous décochait un communiqué, on ne commençait pas par nous prévenir, comme dans le cas actuel, que la note était « *officieuse* ». Une autre fois, M. Jean Dupuy fera mieux.

XLVII

Guerre civile en puissance.

Et l'antisémitisme? Si nous en disions deux mots? L'autre jour M. Drumont écrivait que « le sang des juifs ruissellerait sur les échafauds ». En vain les condamnés offriraient leurs biens pour sauver leur tête : on les leur aurait déjà pris. C'est bien de l'antisémitisme, cela, je suppose. On allèguera peut-être que c'est là une opinion individuelle et que M. Drumont a été obligé d'aller jusqu'en Afrique pour trouver un mandat de député français. Il n'en est pas moins vrai que son journal se trouve dans tous les châteaux, dans toutes les sacristies et que son coadjuteur Guérin a tenu le gouvernement en échec pendant plusieurs semaines, au cœur même de Paris, avec une troupe armée. Il y a fallu, sans doute, la couardise du ministère : aussi l'audace des révoltés. Je n'ai pas besoin de rappeler les troubles d'Alger réprimés par la République avec moins de rigueur que les grèves du François ou de Chalon. L'affaire Dreyfus ainsi se trouve mise dans son cadre. Un malheureux qui était au bagne depuis plusieurs années vient d'être reconnu innocent. Puisqu'il n'est pas juif les juges auront toute liberté de lui faire justice.

J'ai longtemps cru que le procès de Dreyfus, d'Esterhazy, de Zola, de Picquart, marqueraient l'étiage des sauvageries où pouvaient se répandre l'esprit romain dans la patrie de la Révolution française. Je n'en suis plus du tout certain aujourd'hui, et il y a de cela plusieurs causes. D'abord la psychologie des juifs ne les pousse pas à se mettre en bataille. Leur histoire les montre capables de révolte et de ténacité combative, mais ils ont remarquablement conservé le trait oriental du courage passif poussé jusqu'à l'extrême. Peu d'entre nous peut-être auraient été capables de supporter dans un stoïque silence les quatre années de tortures à l'île du Diable. Mais, l'épreuve traversée, se trouvant face à face, en présence de nouveaux juges, avec Boisdeffre, avec Mercier, quel Celte ou quel Latin ne leur eût cinglé la face de leur crime? Dreyfus innocent, Dreyfus survivant, invaincu, au plus effroyable supplice, a pu demeurer maître de lui-même. Je l'admets brisé par le désespoir et la maladie. Même dans l'agonie, il en est qui eussent crié. Sa mentalité de race, sa discipline de soldat ne lui ont pas permis ce beau coup de théâtre.

Pour ses coreligionnaires, on peut dire d'une façon générale qu'ils ont été trop méthodiquement bâtonnés pendant trop de siècles pour n'en avoir pas gardé quelque chose comme un pli d'échine qui les dispose au rôle de martyrs. Et puis, il y a dans les races des dons de flexibilité ou de raideur. Le colon d'Amérique n'a jamais pu soumettre le Peau-Rouge qui se refuse au travail servile et n'avait pour préoccupation, aussitôt domestiqué, que de tuer son maître. Au contraire, les nègres d'Afrique ont prospéré dans l'esclavage. C'est ainsi que l'affaire Dreyfus a trouvé les Juifs plus accoutumés à l'injustice, plus façonnés aux coups qu'il n'aurait fallu pour une énergie de victoire. De fait le prolétariat juif n'est pas plus que le prolétariat dit chrétien en état de se défendre. Mais les grands seigneurs d'Israël, comme tous les observateurs de bonne foi l'ont noté, loin de s'organiser en « syndicat » — épouvantail destiné à masquer le trop réel fonctionnement de la caisse noire romaine — ne souhaitaient rien tant que le silence sur le prisonnier de l'île du Diable. L'un d'eux dit ce mot charmant à un « Intellectuel » de mes amis : « Vous nous défendez bien. Mais je puis bien vous dire que nous aimerions mieux n'être pas défendus, car alors on ne nous attaquerait pas ». Et comme l'autre répondait : « Je ne vous défends pas, je défends la justice tout simplement », le Grand Juif répliqua : « Ah ! si seulement vous pouviez la défendre à propos d'un chrétien ! » J'ai déjà cité le propos d'un banquier juif, un directeur d'un grand journal de Paris, le jour même du verdict de Rennes : « Quelle chance ! s'il avait été acquitté, c'est à nous qu'on aurait fait payer les pots cassés ». Il est certain que cette campagne a eu pour résultat de terrifier tous les juifs de « la haute », reniés maintenant par l'aristocratie bien pensante qui honorait jadis leurs chasses de sa présence et maintenant fait masse derrière M. Drumont. Je ne dis rien des renégats, de Porgès à Arthur Meyer, servant à quatre pattes « le Saint-Père et le Roi », en échange des affronts qui ne leur sont pas ménagés.

Le plus clair résultat de tout ceci, c'est que la mentalité juive est un des facteurs les plus importants de la situation défavorable faite présentement aux fils d'Israël dans la France catholique et républicaine. Mais la mentalité chrétienne, comme on pense, ne laisse pas d'y être pour sa bonne part. Notre républicaine « chrétienté » se compose d'éléments divers. Nourri dans la haine du juif, le clergé d'église et de couvent regrette ses anciens bûchers, instruments fameux des « *actes de foi* ». La « race déicide » y figurait en compagnie de toutes les hérésies, et c'est un des signes de notre temps que l'antisémitisme de M. Drumont se complète de l'antiprotestantisme de M. Georges Thiébaud et de l'antilibre-pensée de M. Jules Lemaître. Trois têtes sous la même calotte romaine.

Je n'ignore pas qu'en face de cette prédication d'intolérance, se dresse le pouvoir laïque de justice et de liberté issu de la Révolution française. C'est là précisément que se trouve la paille. Le clergé groupe autour de lui toutes les forces sociales constituées qui, voyant dans son organisation le plus sûr instrument de défense, s'approprient et fomentent ses haines dans l'intérêt commun. En revanche, le gouvernement laïque, constitué pour briser ces résistances et faire triompher contre l'absolutisme romain la justice et la liberté, n'a su principalement opposer jusqu'ici qu'une puissance de paroles à la puissance d'action de l'Eglise. L'anarchie mentale du suffrage universel frappe tous les yeux. Comment en pourrait-il sortir une unité d'efforts? Oh! ce n'est pas que depuis trente ans les hommes au pouvoir ne sachent très bien ce que la situation commande. Mais sans la poussée de l'opinion publique le plus éloquent politicien — fût-il de la révolution sociale, comme Millerand lui-même — n'est trop souvent qu'un « paradeur ». Et puis, sans faire l'inutile procès des hommes, on peut dire qu'aucun gouvernement durable sous notre République n'a donné à l'Eglise du *syllabus* un adversaire digne d'elle. Après les faillites accumulées de tant de gouvernants qui se sont fait un nom, les uns par leur incapacité de vouloir et de faire, les autres par leurs trahisons, on en est venu, en désespoir de cause, à constituer le présent ministère pour sauver l'institution républicaine, à qui prêtres et prétoriens ne permettaient plus de rendre la justice suivant les lois du droit commun. Il n'est pas besoin de dire que la défaillance des républicains avait seule amené ces gens à cet excès d'insolence. Rappelez-vous Freycinet poignardant la justice dans le dos ; Brisson, sur l'injonction de Cavaignac, faisant arrêter Picquart ; Dupuy fabriquant des lois pour fausser les balances du juge ; Bourgeois *se défilant* toujours et les plus fiers parlementaires feignant de ne pas comprendre quels intérêts suprêmes étaient en jeu.

Aidés de Galiffet, Waldeck-Rousseau et Millerand devaient faire tout rentrer dans l'ordre légal. Je n'incrimine point du tout leurs intentions, pas plus que celles de Bourgeois ou de Brisson. Je constate seulement qu'en ne faisant point requérir l'arrestation des faux témoins de Rennes et en proposant d'amnistier avant jugement Mercier qui avoue son crime, Waldeck-Rousseau et Millerand nous refusent la justice des lois comme Méline lui-même et son acolyte Billot. Plaignons qui ne verrait là qu'une vengeance à tirer de tel ou tel misérable. La question est même plus haute que d'un innocent à mettre en liberté. Il s'agit de donner confiance à tout un peuple dans l'efficacité de son droit écrit, dans la protection de ses lois, suprême garantie des hommes réunis sous l'égide d'une même patrie. Il s'agit de décourager l'arbitraire, la violence, l'instinct de barbarie, de fortifier l'idée de justice légale qui met la paix et la sécurité au cœur des citoyens. C'est le contraire qui a été fait, et les conséquences en sont graves. L'esprit d'intolérance et d'iniquité a remporté la plus éclatante victoire, la violence prétorienne a prévalu contre la légalité la plus claire, et les forces de désordre s'en trouvent démesurément accrues. Et comme je ne vois rien paraître pour arrêter le monstre, comme tout l'effort de nos principaux chefs est de fuir, je ne serais point surpris que la campagne de M. Drumont aboutît en effet à sa conclusion logique, qui veut que le sang du juif soit versé. Il fallut les échafauds de la Révolution pour faire reculer l'idée révolutionnaire. Quelle catastrophe de réaction faudra-t-il pour que la France revienne aux principes de sa Révolution qui donnent à chaque créature humaine, sans distinction de race ou de religion, un droit égal à la vie?

Nous n'en sommes encore qu'à la révolte de l'école de Fontainebleau. Mais il reste à savoir quelle en sera l'issue. Sans avoir donné l'exemple d'une fermeté inébranlable, le général André a su développer dans ses difficiles fonctions une notable énergie républicaine. Le mérite en est d'autant plus grand, que ses collègues ne facilitent pas toujours la tâche du ministre de la guerre. Or il arrive que le chef de l'armée s'est permis de nommer un officier juif en qualité d'écuyer à l'école de Fontainebleau, sans avoir l'autorisation de messieurs ses subordonnés. Aussitôt la révolte sévit et, sous la protection des plus hautes autorités de l'école, l'insubordination s'établit à demeure. Il est vrai que les juifs du *Gaulois* essaient de donner le change en affirmant que la question religieuse est étrangère à l'incident. Mais l'*Écho de Paris* n'y met pas tant de façons, et les lignes suivantes de M. Paul Renard avouent tout ce qu'il est besoin de savoir :

Pour s'être fait imposer comme éducateur d'officiers, alors que *la situation de ses coreligionnaires lui recommandait de servir confondu dans la masse*, un capitaine d'origine israélite nous a valu l'incident de Fontainebleau.

... Après la crise provoquée par l'affaire Dreyfus, sortir le capitaine Coblentz de son régiment pour le mettre d'office dans l'état-major d'une École militaire, *c'était rouvrir la question religieuse*.

... Un général, un instructeur en chef et six officiers sacrifiés, *la question religieuse* troublant de nouveau le monde, c'est vraiment trop.

La République même de M. Méline contient l'aveu similaire. Après cela, qu'importe le cri du juif Pollak (dit Pollonnais), d'Arthur Meyer : « Il n'y a pas d'antisémitisme dans l'armée ». Consultez plutôt les *listes rouges* du mourant Henry où vous verrez des officiers de toutes armes, dignes élèves des bons Pères, proférer contre les juifs de chrétiennes malédictions. L'officier qui proposait de « pratiquer la vivisection sur les juifs plutôt que sur d'inoffensifs lapins » a droit à une place d'honneur,

Il ne s'agit plus que de savoir qui l'emportera dans ce duel du ministre républicain de la guerre et des prétoriens révoltés contre la discipline au nom de l'autorité romaine. *Le Gaulois* annonce bien haut que c'est la rébellion qui doit rester victorieuse. C'est ce que nous verrons. Il faut grandement souhaiter, dans l'intérêt de la paix civile, que le général André soit de force à se faire obéir. Sinon, nous pouvons être brusquement ramenés aux pires désordres de la crise. Puisse M. Drumont s'être montré faux prophète.

Français, n'oubliez pas que l'antisémitisme (emportant la guerre à la liberté de penser) est la contremine de Rome contre l'anticléricalisme des républicains.

23 *Octobre* 1900.

XLVIII

De la parole à l'action

Avec ses pluies, ses brouillards, ses gelées, l'automne nous ramène l'averse des discours parlementaires. M. Waldeck-Rousseau va nous dire à Toulouse ce qu'il pense de son gouvernement, M. Bourgeois a justement refait pour notre agrément littéraire son habituel discours, et M. Barthou nous chante, sur la flûte pyrénéenne, les délices que nous donnera son prochain ministère. Au risque de me faire mal juger de mes lecteurs, j'avouerai sans détours que je suis un peu blasé sur le charme de ces musiques sempiternelles. J'ai fini par m'apercevoir, non sans honte de ma naïveté grande, que le répertoire de ce merveilleux orchestre se compose surtout de deux airs : la ritournelle de celui qui est et veut demeurer le gouvernement, la complainte de celui qui veut le devenir. On comprendra que cette découverte enlève pour moi la fleur d'imprévu à ces concours oratoires.

Je n'ai même plus de surprise aux journaux reprenant en mineur le *leit motiv* de nos grandiloquences, car il suffit de lire une centaine de fois le même article par année, pendaut un quart de siècle, pour connaître les ressources artistiques des deux parts.

Pourtant, il est encore des choses que j'admire, et, au premier rang de celles-là, l'ébahissement inquiet des gens qui se demandent ce qu'un ministre va dire. Au fond, le malheureux n'a le choix qu'entre deux recettes pour faire l'apologie de ses actes : parler à droite ou à gauche, car j'élimine par courtoisie ceux qui parlent sous eux avant l'âge. Chacun sait d'ailleurs que parler à droite ou à gauche n'implique point du tout l'action dans l'un ou l'autre sens, ni même le simple simulacre d'une action quelconque. Cette considération paraît hors de propos. N'est-ce pas un beau sujet de conversation sous la lampe d'hiver, la recherche des différentes sortes d'action qui pourraient sortir d'une parole ministérielle s'il venait au ministre la fantaisie d'agir ? Pendant ce temps, la vie passe, ce qui est le plus important du problème à résoudre.

Dans le cas actuel, tout le monde a déjà deviné que M. Waldeck-Rousseau parlerait à gauche, puisqu'il a choisi Toulouse pour théâtre de son discours. Je m'en réjouirais fort si je pouvais penser que sa propre éloquence peut lui inspirer une soudaine résolution de passer aux actes, mais je craindrais de passer à ses yeux pour trop simple si j'escomptais jusque-là le triomphe de sa puissance persuasive.

En attendant le discours de Toulouse, c'est de l'effort oratoire de M. Barthou que la badauderie publique fait sa proie. Il y a bien l'allocution de M. Bourgeois, qui prépare, dit-on, sa rentrée, mais *le Temps* fait justement observer — non sans une secrète ironie — que si l'on va jusqu'au fond des choses, M. Bourgeois et M. Barthou ne paraissent pas être bien éloignés l'un de l'autre. En ce cas, considérons M. Barthou qui a l'avantage d'être plus « jeune barbe » et qui se plaît autant qu'homme public au retentissement de sa gasconne faconde. Vous n'imaginez pas que je vais discuter les thèses de M. Barthou. Nous avons vu ce jeune homme à l'œuvre : nous pouvons le juger autrement que sur de vains propos. Il fut le ministre politique de M. Méline, collaborateur du général Billot, et c'est à ce distingué trio que nous devons l'état de complète anarchie d'où fut chargé de nous tirer le fameux gouvernement de « défense républicaine ».

Il semble que nous n'ayons pas eu le temps d'oublier les exploits de M. Méline et de sa troupe « modérée ». Qui donc aurait perdu le souvenir de la République livrée aux cléricaux, aux prétoriens, aux partisans des coups de force, aux ennemis de la justice et de la liberté ? Voilà l'œuvre du cabinet dont M. Barthou fut « l'homme d'action ». Oh ! ce n'est pas que je le croie très fier aujourd'hui de cette besogne inglorieuse. Il se fait tout doux, bénin, bénin. Il est « *libéral* », s'il vous plaît, et, pourvu que vous vouliez seulement lui en donner la chance, il jouera d'un égal entrain la musique de la République républicaine, puisque l'autre, ayant cessé de plaire, ne conduit plus présentement aux honneurs. Car, de la République, M. Barthou en est : vous pouvez l'en croire, mais pas de la République « socialiste », qui lui cause une terreur intellectuelle dont il nous fait crânement confidence. M. Barthou, disciple de M. Léon Say, a repris l'évolution monarchico-républicaine de son maître au point précis où celui-ci l'a laissée, et non pour l'achever vers la justice sociale sans laquelle la République n'est qu'un leurre, mais pour l'arrêter au point que détermine la compréhension (ou l'incompréhension) des classes « supérieures » dont M. Barthou défend, avec une énergie — déjà récompensée — les intérêts.

Ils sont, comme cela, quelques jeunes gens sur le retour, nés à la politique républicaine avec des sentiments de vieux monarchistes désabusés. Pour des « Philippotards », ils feraient figure de libéraux, bien qu'Odilon Barrot leur paraisse teinté de dévergondage. Pour des républicains, ils se feront difficilement un autre renom que celui de jeunes « traînards ». Est-ce indigence de caractère, de sentiment, de génie ? Est-ce simple calcul de faiseur supputant les inconvénients et les avantages de se mettre au service des faibles ou des forts ? Je ne me casserai point la tête de cette psychologie. Je noterai seulement, comme on l'a déjà fait maintes fois, que, contrairement aux traditions d'hier et de toujours, notre jeunesse politique a des ardeurs d'idéalisme qui rappelleraient assez l'emballement d'un Géronte impotent, desséché, fini. Beaucoup sont avocats et plaident le dossier du libéralisme avec la conviction d'un plaideur. Quelques-uns même ont du talent : je ne nomme personne pour que chacun se reconnaisse. Où ils se rencontrent tous ou presque tous, c'est dans le fait d'avoir choisi d'un même élan « la sagesse » pour carrière. S'ils y ont réussi, cela se voit assez. L'empressement fut tel, que pour ne pas s'écraser aux avenues du pouvoir, certains durent provisoirement accepter le dossier du radicalisme ou même de la Révolution sociale, disent de mauvaises langues. Je n'insiste pas de peur de faire de la peine à quelqu'un.

Cependant, lorsque je vois Barthou faire le procès du socialisme sur le dos de Millerand et reprocher gravement à Waldeck-Rousseau ses complaisances pour la Révolution, je me demande si, tout sérieux qu'ils sont, ces trois personnages seraient capables de se regarder sans rire. Tous trois savent à merveille, en effet, et pour cause, que le point de vue change suivant qu'il s'agit de paroles au vent ou d'actes décisifs. Millerand a parlé, bien parlé, et s'est fait applaudir par les uns comme ministre, par les autres comme révolutionnaire. C'est le prix de l'appoint que ses amis ont apporté à la majorité de M. Waldeck-Rousseau. Pour ses actes, on conviendra que M. Barthou lui-même eût été aussi propre à augmenter la journée de travail des enfants, à décorer les industriels qui violent systématiquement les lois sur la protection du travail, à intervenir à coups de feu dans les grèves du François et de Chalon. S'il arrive que les socialistes déclarent cette politique excellente, c'est manifestement que nos lions enragés se laissent conduire avec des rubans, comme les agneaux bêlants de Mme Deshoulières. Qui est-ce qui devrait s'en réjouir plus haut que M. Barthou ? Eh bien ! non. Le voilà qui feint de ne pas comprendre quels services le dompteur socialiste rend à la « société » de Barthou en apaisant par d'aussi simples procédés les fauves dont les griffes et les ongles hantent le sommeil de la République bien pensante. Barthou fait fi des actes, l'ingrat ! Barthou se plaint parce que l'air que chante Barthou n'est pas l'air que chante Millerand, et que pour chanter l'air de Barthou, il n'est personne qui fasse mieux que Barthou lui-même. Cette question de mélodie est, à mon estime, moins déterminante que ne pense Barthou. Il n'y a que les actes qui comptent, et comme il n'est pas un acte de Millerand qui ne peut être mis au compte d'un radical assagi, quelle différence, au point de vue du résultat, entre le Mesureur de Bourgeois — dont Barthou ne s'effrayerait guère — et le Millerand de Waldeck-Rousseau ? Rassurons donc Barthou, et surtout sachons nous rassurer nous-mêmes. Un révolutionnaire ministre n'est pas nécessairement un ministre révolutionnaire. Si des républicains ministres voulaient seulement nous donner un ministère républicain, je serais homme, pour ma part, à m'en contenter.

Bientôt nous aurons de nouvelles promesses à ajouter au précieux stock que nous avons accumulé depuis longtemps en magasin. Je me plais à leur faire d'avance un accueil sympathique, et à souhaiter ardemment qu'une réalisation s'ensuive. Il n'y a point de bonnes raisons, que je sache, pour renverser le gouvernement actuel et le remplacer par une autre troupe prête à jouer sous d'autres noms les mêmes rôles. Nous avons, quoi qu'en dise M. Barthou, un ministère d'hommes « bien sages » qui ne demandent qu'à faire le moins de peine possible aux amis de M. Barthou. M. Waldeck-Rousseau ne manquera pas de dire excellemment des choses excellentes. Donnons-lui la chance d'essayer d'en faire une seule, pour voir. Quand nous aurions changé Baudin pour Barthou, quel avantage ? Autant vaudrait changer Barthou pour Baudin.

Je vois dans le présent ministère un homme seulement dont il ne serait pas aisé de trouver l'équivalent. C'est le général André, assez mal vu de ses collègues, qui lui reprochent de trop faire. Gardons cet homme précieux, et souhaitons à M. Waldeck-Rousseau d'avoir l'énergie de le défendre. Le nationalisme est en train de mourir de sa propre ineptie ; l'heure serait belle pour entrer, contre le cléricalisme et ses soldats factieux, dans l'action républicaine. Puisse M. Waldeck-Rousseau enfin l'avoir compris ! Pour moi qui ne lui ai pas ménagé ma critique, ainsi qu'à son immobile attelage, j'applaudirais des premiers à son succès. Qu'il se garde surtout d'attribuer aux mérites de son inaction le présent désarroi de la coalition ennemie. Qu'il médite la leçon de M. Delcassé faisant ridiculement annoncer partout qu'il a « isolé » l'Allemagne le jour même où se signait la convention anglo-allemande. M. Waldeck-Rousseau n'a rien du fanfaron. Qu'il dise en toute simplicité ce qu'il veut faire pour l'affermissement de la République. Et s'il se laisse tenter par l'action, il aura l'aide résolue de tous les bons républicains.

28 *Octobre* 1900.

XLIX

Ron, Ron, Ron, Petit Patapon

M. Waldeck-Rousseau n'a pas renouvelé le genre des discours de gouvernement. M. Cornély observe que si le président du conseil s'était borné à dire : « *Ron, Ron, Ron, Petit Patapon* », il n'y aurait rien de changé aux appréciations de la presse. Je savais, en effet, avant le discours de Toulouse, que *le Figaro* serait content et que *le Gaulois* ne le serait pas, bien que *Gaulois* et *Figaro* veuillent au fond tous deux la même chose : le maintien des abus existants. Il est classique assurément que la presse ministérielle admire ce que conspue la presse d'opposition, et *vice versa*. Les gémissements du *Gaulois* ont donc la même valeur que les adulations du *Figaro*. Mais si l'éloge ou le blâme eussent été le même au cas où M. Waldeck-Rousseau se fût borné à entonner la chanson que suppose M. Cornély, il n'en résulte pas que le discours de Toulouse dise nécessairement davantage. Puisque M. Cornély a constaté que *Ron, Ron, Ron, Petit Patapon* aurait eu le même effet sur la presse, comment cet homme subtil ne s'est-il pas avisé d'en chercher la raison dans le fait que véritablement M. Waldeck-Rousseau n'a pas dit autre chose ?

Pour moi, je l'avoue, *Ron, Ron, Ron, Petit Patapon* me paraît le meilleur résumé de l'effort oratoire de notre président du conseil. Non, croyez-le, que j'entende par là déprécier en rien son éloquence. Chacun sait qu'il ne manque pas de manières de chanter.

M. Waldeck-Rousseau est un chanteur excellent : cela n'est pas discutable. Mais il n'est pas indifférent d'entendre Tamagno dans le grand air de *Tristan* ou dans le rustique refrain d'une bergerie. Or ce n'est pas *Tristan* que nous avons eu, il faut en convenir. Comme l'article de Cornély, comme l'article d'Arthur Meyer, le discours de M. Waldeck-Rousseau est d'une musique fort ancienne dont on commence à se lasser. Ce même discours, Bourgeois, Freycinet, Mesureur nous l'ont fait avec des talents divers, sans parler de beaucoup d'autres, et au bout de leurs paroles nous n'avons rien trouvé qu'un inutile bruit pour ne rien faire. Sans doute, le chef du gouvernement, à Toulouse, ne pouvait que parler, et, après tout, c'est un sujet de contentement qu'il ait fait entendre des paroles républicaines. J'accorderai cela de bon cœur, n'ayant jamais douté que les intentions de M. Waldeck-Rousseau fussent des meilleures. Mais on ne pourra nier que les paroles elles-mêmes empruntent des actes qui les ont précédées une valeur de détermination pour les actes qui doivent suivre.

De toutes les réformes républicaines, assurément la plus simple et la plus nécessaire à la fois, celle qui demande le moins de résolution et qui est le plus universellement réclamée, c'est l'attribution à des républicains seulement de l'administration républicaine. Depuis Mac-Mahon j'entends proclamer qu'il faut à la République des fonctionnaires républicains : aucun gouvernement ne les a donnés. Gambetta, comme on sait, commença par s'empêtrer de Miribel et de J.-J. Weiss, compromis dans le coup d'Etat du 16 Mai, et par là donna toute garantie, en dépit de lui-même, aux agents inférieurs de l'Eglise et de la monarchie. La tradition n'a pas changé. Quand Méline et Dupuy eurent mis les choses au point, que M. Deroulède crut pouvoir impunément tenter le coup de la place de la Nation, les républicains étonnés de l'état d'anarchie gouvernementale qui était leur œuvre, conçurent enfin la pensée qu'il y avait lieu de constituer une force de « défense républicaine ». De là, le ministère Waldeck-Rousseau-Millerand qui, sans l'affaire Dreyfus, serait encore dans les limbes.

Je n'examine pas si ces mêmes ministres qui veulent aujourd'hui « l'apaisement », non par la justice des lois mais par la garantie d'impunité aux pires criminels, ont tenu leurs promesses ou y ont manqué. Je ne discute pas s'ils ont fait les réformes dont la chance s'offrait, comme la simple *humanisation* des conseils de guerre. Je ne veux pas même savoir si l'art de gouverner consiste uniquement pour le socialisme de Millerand ou l'opportunisme de Waldeck-Rousseau dans l'œuvre des décorations à tour de bras. Non. Je me contente de regarder ce que ce révolutionnaire et ce gouvernemental ont fait pour donner des agents républicains à leur entreprise de « défense républicaine ». Le bilan n'est pas long. Ils n'ont rien fait du tout. Tous les instruments politiques de M. Méline, auteur du gâchis d'où le problème était de nous tirer, ont été soigneusement conservés par le ministère pour l'œuvre de sauvetage. Et tout ce qu'il a été possible d'obtenir, à force de plaintes, ç'a été de changer d'une administration à une autre les hommes les plus compromis. N'ayant pas fait le moins, qui donc peut s'étonner que Waldeck-Rousseau et Millerand se soient trouvés incapables de faire le plus? Du moment où ils gardaient précieusement les fonctionnaires ennemis de la République, tout le reste devait s'ensuivre et s'en est suivi naturellement. M. Delcassé, tout occupé « *d'isoler l'Allemagne* », comme on l'a si bien vu par l'entente anglo-allemande, en est venu à fausser les concours pour introduire dans son ministère deux jeunes incapacités dont le seul titre était de tenir de très près à *la Croix* et à l'ancien service des Tuileries. M. Waldeck-Rousseau sait tout cela comme moi-même Il sait quelle guerre plus ou moins sourde est encore faite aux fonctionnaires républicains. Il sait que, dans un département que je pourrais citer, Millerand a décoré l'un des chefs les plus notoires de la réaction, sur la recommandation d'un grand patron bonapartiste célèbre par sa façon sommaire de résister aux grèves. Il en sait là-dessus probablement beaucoup plus long que moi-même. Eh bien ! dans le discours de Toulouse, que dit-il de cet état de choses ? Annonce-t-il que le gouvernement désormais procédera d'autre façon ? Rien de tout cela. Il passe sous silence, et, tout en affirmant théoriquement qu'il faut être fidèle à la République pour la servir, il semble tenir pour acquis que ses actes répondent à ses paroles pleinement. Hélas ! Ils en sont, en effet, le vivant commentaire !

Quand je découvre ainsi ce que valent les affirmations de M. Waldeck-Rousseau, que peut-il servir de discuter, d'escompter toutes promesses subséquentes ? Pourquoi perdre son temps à ce jeu ? Je ne doute point de la bonne foi du gouvernement. Je doute de son énergie, ou plutôt je ne suis que trop certain qu'il est sans caractère et sans volonté. Et comme les satisfaits ne manqueront pas de déclarer la critique erronée, quel appui pour mon dire quand c'est de M. Waldeck-Rousseau lui-même que vient la preuve ! Il pourrait plaider, comme M. Méline, qu'il faut rallier les monarchistes à la République en leur confiant la garde des institutions républicaines. Non pas. Il veut, lui, des républicains aux postes de « défense républicaine ». Seulement il tient les choix de M. Méline pour bons, et avec ses collègues, il continue de faire comme faisait M. Méline lui-même. Ai-je donc tort ou raison de dire, dans ces conditions, que c'est M. Waldeck-Rousseau lui-même qui se juge ? Et nous, pauvres sujets des fonctionnaires mélinistes ahuris de leur métamorphose républicaine, que pouvons-nous attendre d'une énergie qui ne se révèle à nous que par son impuissance ?

S'il fallait, dans le même ordre d'idées, chercher une autre preuve, je la trouverais non moins frappante dans la partie du discours de Toulouse qui concerne les congrégations. Pourquoi nous annoncer de nouvelles mesures, quand il suffirait d'appliquer celles qui ne sont pas abrogées ? Les décrets sont toujours en vigueur : ils n'attendent qu'un ministre ayant la volonté de les appliquer. Si M. Waldeck-Rousseau n'est pas ce ministre, pourquoi veut-il nous faire croire qu'il aura demain le courage qui lui manque aujourd'hui ? Au lieu de nous promettre une loi sur laquelle je crains bien qu'il ne compte pas luimême, que ne retire-t-il purement et simplement, comme il en a le droit, l'autorisation accordée par d'autres régimes à des congrégations qui sont aujourd'hui en état de révolte contre les lois ? C'est qu'il n'ose pas ? Alors, autant vaut M. Méline qui fait la théorie de sa soumission à l'Eglise, que M. Waldeck-Rousseau annonçant pour demain la délivrance et donnant silencieusement un tour de vis à nos entraves. Je ne sais plus s'il faut encore parler de la fameuse loi du stage scolaire, aux termes de laquelle M. Waldeck-Rousseau, élève des congréganistes, ne pourrait pas être sous-préfet. D'où qu'ils viennent, nommez de fermes républicains aux fonctions publiques : voilà ce que l'intérêt de la République exige. Et si vous êtes sincères, comment expliquez-vous que, demandant une loi pour vous obliger à le faire, vous vous exerciez à ce nouveau devoir en maintenant aux plus hautes fonctions des agents du Père du Lac et de sa bande ?

On comprendra que ces simples considérations préliminaires m'empêchent de pousser plus avant la discussion du discours de Toulouse. J'y trouve de bonnes paroles, et *Ron, Ron, Ron, Petit Patapon* n'a rien de déplaisant en son lieu, à son heure. M. Cornély s'en montre satisfait. Je n'en éprouve point de surprise. *Le Gaulois* rappelle fort opportunément à M. Cornély qu'en se rendant au sacre du tzar il énonçait la prétention de faire ainsi un acte de foi politique. *Ce doit être bon, il me semble, écrivait-il, de sortir de la fange républicaine et athée pour s'offrir, ne fût-ce que pendant quelques jours, un bain de monarchie et de reli-*

gion. C'est ce bain que je vais prendre. Je ne puis me placer, pour juger le discours de Toulouse, au même point de vue que cet apologiste éminent du dogme romain et de la monarchie. « Il a changé de piscine », dit avec mépris Arthur Meyer, qui baigne tous les jours dans le bénitier de Saint-Pierre sa caricature juive. Je rends plus de justice à Cornély, sentant bien qu'il est resté catholique et monarchiste dans les moelles. Comme Thiers, il a maintes fois expliqué qu'il n'accepte le changement d'étiquette que pour conserver sous des noms nouveaux les anciennes institutions. Alors je comprends son enthousiasme pour M. Waldeck-Rousseau qui nous donne des mots et laisse aux partisans de la conservation les réalités profitables. Par cette même raison, M. Cornély voudra bien comprendre à son tour que je sois d'un autre avis que le sien. *Ron, Ron, Ron, Petit Patapon* ne change rien à l'état de choses actuel. Précieuse mélodie pour qui se contente d'avoir en mains tous instruments de domination. Si cette *Marseillaise* de la conservation ne suffit pas à nos besoins d'harmonie, attendons les actes qui doivent satisfaire demain les républicains et M. Cornély.

Pour M. Waldeck-Rousseau, il suit manifestement sa destinée qui est de vouloir et de ne pas oser. Je le crois surtout, dans le cas présent, victime d'une métaphore. Il a pourtant lu Paul-Louis Courrier. Alors comment peut-il croire sérieusement que « *la défense républicaine* » soit distincte de l'offensive. Et surtout, comment a-t-il pu jamais s'imaginer que cette « *défense* » pouvait consister à laisser Guérin terroriser la rue Chabrol et ridiculiser aux yeux de l'Europe le gouvernement républicain, à échafauder laborieusement le simili procès de la Haute-Cour en évitant d'y comprendre les militaires, à faire condamner — par farce suprême — les assomptionnistes à seize francs d'amende, à amnistier Mercier, à frapper Négrier pour le faire plus puissant que jamais après lui avoir mis au cœur un besoin de vengeance ? Tout se paie. Par malheur, c'est la République française qui paie les fautes de ses gouvernants.

5 *Novembre* 1900

L

La République et les Républicains

Depuis le jour fameux où l'incendie providentiel du bazar des congrégations amena au pied du maître-autel de Notre-Dame M. Brisson, chef athée du gouvernement de la République française, suivi de toute la République officielle libre-penseuse, je n'ai rien vu d'aussi réjouissant que le compte-rendu de la dernière messe militaire organisée à Notre-Dame-des-Victoires par la société fraternelle des anciens officiers de terre et de mer. Que les anciens officiers se secourent mutuellement, nul n'y saurait trouver à redire. Qu'ils organisent des messes et versent dans la caisse romaine l'argent qui pourrait être employé à secourir des familles françaises, c'est une question à débattre entre les sociétaires. Qu'ils convoquent le gouvernement à leur cérémonie et que nos républicains socialo-opportunistes s'y fassent officiellement représenter pour éviter le blâme d'Arthur Meyer, j'ose dire que cela me paraît être une inutile pleutrerie. Mais que la République officielle aille ainsi se mettre à genoux devant les délégués de Rome pour s'entendre couvrir d'outrages, j'estime, au risque de me trouver tout seul de mon avis, que cela passe la mesure de la bêtise humaine. Je sais que, dans le monde des politiciens, on tient cette cafarderie pour une habileté suprême : c'est l'habileté de tous les capitaines, à la Bazaine, à la Trochu, qui, pour éviter la défaite, se rendent à l'ennemi.

On nous signale la présence à la manifestation dont on va juger le caractère, de Mme Loubet, du lieutenant-colonel Meaux Saint-Marc, représentant du président de la République, et des représentants du ministre de la guerre et du grand chancelier de la Légion d'honneur. Tout ce monde, « dans des fauteuils réservés en face de la chaire ». Je n'aime point à mêler des noms de femmes à nos polémiques, mais encore faudrait-il que nos gouvernants d'abord prissent soin de les en écarter. Mme Loubet, j'en suis sûr, est une femme excellente. Pourquoi nous met-elle dans le cas de lui rappeler qu'il n'y a pas de place pour elle dans la Constitution républicaine? S'il lui plaît d'aller à la messe, personne n'a rien à y voir. Mais sa religion ne peut pas l'obliger à se mêler nécessairement aux vieux troupiers devant les autels. Que sa piété soit plus discrète, tout le monde s'en trouvera bien. On dit déjà que les moines, maîtres de l'Eglise sous Carnot et sous Félix Faure, rentrent présentement par les escaliers dérobés. Il ne faut pas donner de prise à ces mauvais propos. Quant à M. Loubet, comment a-t-il l'imprudence de se faire représenter à une cérémonie cléricale sans s'assurer préalablement que la République y sera respectée. Lui aussi, il a le droit de faire personnellement les dévotions qui lui plaisent. S'il lui a plu ce jour-là d'envoyer la République à une messe qui n'avait rien d'obligatoire, c'est sur lui que retombe la faute des injures qu'elle y a rencontrées. Quant au ministre de la guerre, qui lutte vaillamment contre la congrégation, il s'en est manifestement rapporté au président de la République ; nul doute qu'il ne soit plus circonspect une autre fois.

Quoi qu'il en soit, voilà le gouvernement au pied

de la chaire « de vérité ». Il va en entendre de belles. Comme organisateur principal de la manifestation, je trouve le cardinal Richard, qui est en ce moment à Rome (sans l'agrément de M. Waldeck-Rousseau, en dépit du Concordat) et qui s'est fait représenter par son grand-vicaire. Après M. Richard, M. l'abbé Lanusse, aumônier de Saint-Cyr, à qui je crains bien que le général André n'ait pas même le courage d'infliger un blâme. Enfin, l'orateur du jour, un dominicain Babonneau. Qui a choisi ce Babonneau? D'où nous arrive-t-il? Du Richard de M. Waldeck-Rousseau ou du Lanusse du général André? A-t-on pris l'avis de Mme Loubet? Je l'ignore. Il me semble que les précédents de Didon et d'Olivier auraient pu justifier quelques précautions. Jamont, généralissime, applaudissait Didon faisant l'apologie de la force contre l'idée. Olivier expliquait à Brisson que, pour expier les crimes de la franc-maçonnerie, Dieu s'était vu contraint de brûler ses ouailles les plus précieuses. Il était indiqué que Babonneau se ferait gloire de marcher sur les traces de ses prédécesseurs. C'est pourquoi on jugea bon de lui laisser libre carrière.

Donc, Babonneau se hisse en chaire pour chapitrer la République représentée par Mme Loubet, accompagnée de ses militaires. Ah! il n'y va pas par quatre chemins, le dominicain des « armées de terre et de mer ». Saint Dominique, qui fut un des grands persécuteurs de « l'hérésie » peut le réclamer à bon droit pour sa descendance légitime. Babonneau, il est vrai, ne propose pas encore de nous brûler tout vifs. Excusez-le pour l'heure : il n'en a pas les moyens. Mais, pour ne pas disposer des bûchers, Babonneau n'en est pas moins ardent contre la liberté de conscience honnie par son *Syllabus*. Il a préconisé, dit *le Temps*, « l'esprit de corps, *la force organisée*, disciplinée, hiérarchisée, qui va droit au but comme l'obus d'un canon, et qui doit lutter contre *l'individualisme, l'esprit d'indépendance* que défend à l'heure actuelle une presse de sophistes, *renégats de l'idée de patrie* ». Que pensez-vous de ce morceau? Et qu'a pu en penser Mme Loubet elle-même qui, sans « l'esprit d'indépendance », serait tout simplement la femme d'un petit avocaillon de Montélimar ?

Pour moi, je ne trouve qu'une chose à dire, c'est que ce moine a simplement parlé dans l'ingénuité de son cœur. « *La force organisée* » a toujours été l'*ultima ratio* de l'Église. Ceux qu'on ne peut pas convaincre, qu'on les tue, pour le bien de ceux qui survivent ! Telle est la pure doctrine des grands tortureurs chrétiens. « L'individualisme », « l'esprit d'indépendance », c'est le pire ennemi de tous les promulgateurs de dogmes, c'est la « peste » éternellement dénoncée par ceux qui entreprennent d'écraser la raison humaine sous la foi. Quant à l'illustre assemblée qui comparaissait devant Babonneau, elle se trouvait spécialement, en dépit d'elle-même, représenter, sur ses sièges d'honneur, l'esprit d'indépendance; s'il lui déplaisait de se voir traduire à la barre de l'Eglise, il lui suffisait de ne pas quitter les palais nationaux représentatifs — même quand Louis XIV y trônait — de « l'esprit d'indépendance », pour le temple de l'absolutisme autoritaire. Nos gouvernants n'allègueront pas qu'ils n'étaient pas prévenus. Babonneau n'ayant fait que paraphraser Didon en son apologie de la force ennemie de l'idée. La thèse de l'Eglise n'est pas nouvelle, ayant derrière elle dix-neuf cents ans d'histoire.

Sur un seul point, Babonneau est sorti de sa doctrine par un assez impudent mensonge; c'est lorsqu'il a osé soutenir que les défenseurs de l'esprit d'indépendance sont « renégats de l'idée de patrie ». Je voudrais croire que Mme Loubet et tous ses militaires ont bondi sur leur « siège d'honneur » à cette provocation outrecuidante. Un moine soumis à Rome, agent servile d'un Italien *papifié*, instrument *perinde ac cadaver* d'une puissance étrangère qui prétend soumettre à son autorité sans contrôle l'âme même des Français, refuser le sentiment de la patrie à ceux qui ne connaissent d'autre loi que celle de la France! Cela passe un peu trop manifestement la mesure des mensonges communs de la chaire. Du principe que tous les catholiques sont soumis au pape romain, il serait, au contraire, tout logique de conclure que le catholicisme et l'idée de patrie s'excluent nécessairement. Mais cela n'est vrai qu'en théorie; et je n'ai pas la moindre envie d'insinuer que les catholiques sont condamnés à être de mauvais Français. Non. Ils trouvent plus simple d'être illogiques quand leur foyer est menacé et de se défendre comme tous les autres hommes avec ou sans religion. Mais en est-il moins vrai que la bande romaine, avec son chef étranger, invoque dans la France elle-même l'autorité internationale du Vatican en opposition avec l'autorité purement française? Et le clergé séculier et régulier peut-il être, dès lors, en dépit de lui-même, autre chose qu'un élément d'antagonisme entre le pouvoir international du Saint-Siège et le pouvoir national de la République française? S'il en fallait une preuve — bien superflue — demandez au premier curé ce qu'il pense des articles organiques. Il ne pourra pas feindre d'ignorer que tout notre clergé romain les tient pour non avenus par l'unique raison que le pape n'y a pas donné son consentement, et qu'ils *émanent de la seule autorité française*. Voilà qui suffit à nous édifier sur la bonne foi de Babonneau et sur le rôle étrange des représentants de l'autorité française qui vont en cérémonie recevoir ses invectives.

Hélas! il faut bien le dire, le capucin des représentants de M. Loubet n'est pas confiné dans le seul domaine des paroles outrageantes. Ce n'était pas assez pour lui de proclamer la suprématie de la force sur l'idée. Il a voulu passer aux actes, ou tout au moins les préparer. Parlant à des soldats, il ne pouvait oublier que tout l'effort des moines, depuis de longues années, s'est concentré sur l'entreprise particulière de détacher l'armée de la nation républicaine et d'opposer les représentants de la force publique à la République de l'idée. L'affaire Dreyfus n'a fait que manifester les préparations de guerre civile qui sont l'œuvre de l'Eglise et de ses prétoriens. L'occasion était belle pour le frocard romain d'annoncer la guerre civile à ces officiers rassemblés au pied de sa chaire par le gouvernement républicain lui-même et de prédire à Rome la victoire. Il l'a fait en ces termes : « L'inévitable conflit va se produire, dans lequel le dernier mot doit vous rester, sous peine de mort pour la société que vous représentez. » Ainsi, la société qui représente la destruction de « l'esprit d'indépendance » va triompher, dans un conflit prochain, de la société qui se fonde sur « l'esprit d'indépendance » lui-même. Et nos officiers, les officiers de la République française, seront les agents de cette œuvre. C'est un émissaire de Rome qui le leur dit, et le gouvernement républicain les envoie tout exprès à Notre-Dame-des-Victoires pour se l'entendre dire.

Alors, que signifient les paroles retentissantes contre les congrégations, quand elles ont de tels actes pour commentaires ? Où se moque-t-on de nous ? A Toulouse ou à Notre-Dame-des-Victoires ? Serait-ce dans les deux endroits, par hasard ? On nous dit qu'il faut des fonctionnaires républicains, et tandis qu'on nous propose une loi aussi inutile qu'absurde de « stage scolaire », M. Delcassé, pour faire honneur à la recommandation de M. de Courcel et de M. de Montebello, fausse les concours pour introduire d'autorité des ennemis de la République dans son ministère. On nous dit qu'on veut mater les congrégations, et on envoie le gouvernement à leurs prêches pour une leçon de révolte aux soldats. C'est « la défense républicaine » par la fuite à toutes jambes. Un jésuite irlandais fut expulsé, il y a quelques années, pour avoir, du haut de sa chaire, déclaré que l'armée française est un foyer de corruption. Il est revenu chez nous depuis des années avec l'assentiment des bruyants ennemis de la congrégation. Le nonce Lorenzelli, représentant officiel d'une puissance étrangère, parcourt la France, harangue publiquement dans nos cathédrales le clergé français, lui donne des instructions de la politique romaine. Sous aucun gouvernement encore, ce scandale ne s'était vu. Cependant, M. Poincaré, ancien secrétaire du juif Ferdinand Dreyfus et du juif Strauss, annonce qu'il ne défendrait pas en justice de paix ses anciens patrons. Il ne dit pas qu'il ait les mêmes scrupules au regard de la tonsure. Barthou envoie des télégrammes d'amour à Marchand, que les moines poussent au combat antirépublicain. Et sur trois de nos plus distingués collaborateurs de *la Justice*, j'en vois un qui édifie ses électeurs au pied de la croix, un autre qui harangue sans rire des évêques, un autre enfin qui se met des plumes sur la tête pour assister aux *Te Deum*. Pendant ce temps, des officiers juifs sont mis en quarantaine *pour leur religion*, dans des régiments que je sais. Et, pour comble, on m'annonce une conspiration de quelques ministres « *indispensables* » pour jeter par-dessus bord, avec le général André qui défend la République, Waldeck-Rousseau et Millerand, qui disent qu'ils la défendront. Il faut vraiment que la République ait la vie dure pour résister en même temps à ses ennemis et à ses défenseurs.

18 *Novembre* 1900

LI

Tout se tient

Trop heureux sommes-nous quand notre Parlement parle pour ne rien faire ! Il parle maintenant pour faire l'amnistie de Mercier et de tous les scélérats de sa bande. Ce sont des républicains qui vont faire cela : des républicains et des socialistes révolutionnaires sous la conduite de M. Waldeck-Rousseau et de M. Millerand. Qu'auraient pu faire de plus Méline, Dupuy, Félix Faure et les princes plus ou moins ridicules qui aspirent à les remplacer ?

On va voter l'amnistie, et les hommes qui auraient autorité pour parler se taisent. Hélas ! la plupart n'ont pas fait brillante figure dans cette sombre affaire. Quelques-uns se sont tus dont j'attendais la parole vibrante. D'autres se sont illustrés en jetant Picquart en prison. Une occasion leur vient de racheter quelque chose de ce passé. Ils gardent le silence, sans autre motif concevable de leur conduite que la peur : la peur des calomnies jésuitiques dans leur circonscription. Demain, ils seront éloquents contre l'empire, ou ils exorciseront l'Eglise avec l'antigoupillon de la maçonnerie. Mais ils auront laissé passer le jour de l'acte qui aurait pu faire pencher la balance, ils auront perdu l'occasion de combattre le cléricalisme autrement qu'avec des gestes de théâtre. Comme MM. Waldeck-Rousseau et Millerand, ils auront déserté le combat quand ils pouvaient décider de la victoire ; ils auront fui quand la chance s'offrait du coup mortel à l'ennemi. Je parle de ceux qui sont considérés comme représentant le sincère désir d'une réalisation républicaine, laquelle doit apparemment comprendre la justice de la loi pour tout le monde. Quant aux autres, ils se sont jugés eux-mêmes en s'embrigadant derrière Cavaignac et Billot avec toute la jésuitière. Il faut la mentalité d'un Chautemps pour croire qu'une loi puisse changer les consciences. Le seul résultat tangible de la loi d'amnistie c'est de gêner le condamné de Rennes dans une manifestation nouvelle de son innocence, pour sauver du bagne la troupe des faux témoins et des faussaires. Que MM. Waldeck-Rousseau et Millerand s'y emploient, je ne suis plus à m'en étonner. Ce à quoi j'étais moins préparé, je l'avoue, c'est d'entendre un socialiste comme Gustave Rouanet nous signifier, dans la *Lanterne*, qu'il votera l'amnistie « parce qu'elle comprend des ouvriers grévistes ». Oh ! ce n'est pas qu'il s'abuse sur la portée de son acte ! Ecoutez-le plutôt :

Depuis dix-huit mois, le plus clair des efforts du gouvernement s'est dépensé à assurer l'impunité à ceux qui pouvaient redouter que la lumière se fit sur les méfaits qu'ils ont commis, sur les faux dont ils se sont servis pour égarer la justice et l'opinion, sur les témoins parjures qu'ils ont soudoyés, pour sceller à jamais l'œuvre d'iniquité première.

Oui ! Et ce ne sera pas l'un des moindres étonnements de l'histoire, quand elle racontera les événements de notre temps, que cette opiniâtreté, déployée par un gouvernement qui devait assurer le triomphe de la loi, à suspendre l'exécution des lois en faveur des criminels.

Grâce à ce projet, le général Mercier pourra dormir sur ses deux oreilles. Il n'aura plus besoin de recourir aux tentatives bruyantes et désespérées par lesquelles il essaya, à plusieurs reprises, de faire diversion : l'an dernier, lorsqu'il mêlait la personne de l'empereur d'Allemagne aux affaires d'espionnage ; l'autre jour, lorsqu'il proposait au Sénat d'inviter le gouvernement à créer sur-le-champ une flotte de débarquement avec, pour objectif, le transport d'un corps expéditionnaire sur la côte anglaise.

C'est pour lui, surtout, qu'est déposé le projet d'amnistie. Car, lui, son compte est « clair », comme dit l'autre. Il a prévariqué, au sens strict de la loi. Il a faussé la balance de la Justice. Le crime est avéré, patent, indéniable. Dans cette affaire Dreyfus, carrefour où tant de scélérats se donnèrent rendez-vous, il peut y avoir encore bien des obscurités que l'histoire implacable éclaircira un jour. L'affaire Mercier est très claire. Il mit son autorité de ministre de la guerre au service de l'iniquité.

C'est lui qui poignarda l'accusé dans le dos, lui qui fit passer sous les yeux du conseil de guerre les faux documents sur lesquels le malheureux devait être condamné. La Chambre a été saisie officiellement, par le procureur général, de la découverte du crime faite par la cour de Cassation. Pas de doute. Une instance en forfaiture est ouverte. Les juges compétents n'attendent que la décision de la Chambre pour poursuivre le châtiment du coupable. Le projet actuel a pour but de les dessaisir.

N'est-ce pas le langage même que j'ai cent fois tenu? Mais quelle conclusion ! Tout ce mal que voit si clairement le député socialiste, il consent, de propos délibéré, à le faire, pour l'avantage, décisif à ses yeux, de rendre des ouvriers grévistes à la liberté. J'ose dire que je ne sympathise pas moins que Gustave Rouanet avec les ouvriers grévistes. Il n'est pas besoin d'être d'un parti ou d'une chapelle pour défendre les faibles contre les forts, et j'ai la fierté de me rendre ce témoignage, qu'à la tribune ou dans le journal, j'ai toujours fait front contre les oppresseurs. Quand il n'y avait pas de parti socialiste à la Chambre, Rouanet peut chercher qui soutenait les vaincus de la lutte sociale. Eh bien ! qu'il me permette de le lui dire, en abaissant la politique et la justice sociale universelle au niveau d'un marché de personnes, il prononce sur son propre parti une condamnation de déchéance. Car il ne s'agit plus du tout de justice dans cette conception, opportuniste par excellence, proposée par le socialiste Millerand, ministre, au socialiste Rouanet, député, qui l'accepte, dans sa pleine liberté, les yeux ouverts. La seule question qui soit en jeu, c'est le marché d'échange entre les grands criminels de la congrégation et quelques malheureuses victimes des conflits sociaux. Qu'y a-t-il là qui ressemble à la poursuite d'une idée avantageuse à tous les citoyens ? C'est un simple arrangement de personnes, particulièrement favorable, d'ailleurs, aux grands oppresseurs du monde, et dès lors préjudiciable à la masse qu'ils foulent aux pieds. On n'arrête pas la bataille pour secourir les blessés, si haut que la pitié commande. Il faut vaincre d'abord au profit de l'idée bienfaisante pour tous. Jaurès, sans doute, avant la fin de la discussion, le rappellera à son camarade de parti.

Il en est grand besoin, car je ne vois dans la Chambre que MM. Paul Guieysse et Vazeille qui aient eu le courage de se jeter en travers de la déroute et de faire tous leurs efforts pour arrêter les fuyards. M. Guieysse, sans se laisser intimider par les clameurs nationalistes, a rappelé que les prétendues circonstances atténuantes inventées par le jugement de Rennes, aussi bien que la misérable grâce machinée par le gouvernement, n'auraient été que des complicités de trahison si Dreyfus avait été véritablement traître, son crime n'admettant, en ce cas, ni circonstances atténuantes, ni grâce. Dans cette double manœuvre, il n'y a qu'un aveu déguisé de la vérité reconnue, stigmate ineffaçable par lequel juges et ministres se sont à jamais flétris de leurs propres mains.

La justice peut être lente, a dit en terminant M. Guieysse, j'ai la conviction qu'elle arrivera tôt ou tard. Du reste, il est inutile de reprendre cette affaire en détail ; nous la connaissons tous. Mais il me paraît que l'amnistie, sur les points que je considère, n'a été dictée au gouvernement que par un faux sentiment de raison d'Etat, cette raison d'Etat dont nous voyons l'histoire enregistrer toutes les fautes, cette raison d'Etat qui me paraît impossible sous un régime républicain. (*Très bien ! très bien ! à l'extrême gauche et sur divers bancs à gauche.*)

L'amnistie tend à réhabiliter des criminels comme

Esterhazy et ceux dont il fut l'instrument et le complice. Elle tend à maintenir sous l'opprobre officiel des officiers comme Picquart, et à les offrir en réalité comme rançon au crime d'abominables coquins. L'amnistie, je la repousse de toute mon énergie. (*Applaudissements sur les mêmes bancs à gauche.*)

Les braves gens seront heureux de retrouver ces fortes paroles plus tard, comme une haute protestation de la conscience française. Je ne sais pas ce qu'imaginera M. Waldeck-Rousseau s'il tente de justifier, pour la galerie, l'acte monstrueux qu'il demande à ses députés. Sa majorité est faite par le procédé qu'indique naïvement Gustave Rouanet lui-même : donnant, donnant. Aux socialistes, leurs amis des grèves; aux cléricaux, aux prétoriens, les criminels de l'état-major. Tout le monde a sa part. Les gouvernements, d'ordinaire, ne se vantent pas de ces marchés.

J'aime à penser que M. le président du conseil n'oubliera pas de nous parler de son cher « *apaisement* ». C'est une assez vieille blague qui montre un peu trop la corde, en vérité. Si c'est « l'apaisement » que l'amnistie doit produire, pourquoi M. Waldeck-Rousseau n'amnistie-t-il pas M. Déroulède? Ce dernier ne se repent pas, allègue-t-on. Eh bien! et Mercier, trouvez-vous qu'il vous ait donné des marques de son repentir? Serait-ce dans sa lettre au général de Saint-Germain, où il outrage à la fois le gouvernement et le ministre de la guerre? Ou bien dans son dernier discours, consacré à rapprocher plus étroitement l'Angleterre de l'Allemagne contre la France? Quel apaisement conçoit M. Waldeck-Rousseau entre la conscience de justice qui veut se réaliser (et contre laquelle il prend parti) et l'effort d'arbitraire oligarchique au profit duquel il s'emploie? Dire qu'on n'a rien pu faire parce que la République n'a cessé d'être attaquée est une si énorme sottise que je ne puis concevoir comment il ne s'est pas trouvé un ministre pour l'arrêter au passage. Quel gouvernement ne fut jamais attaqué ? Quel gouvernement ne le sera jamais ? Il n'y a qu'une manière de défendre la République, monsieur le ministre, c'est de la faire passer des mots dans la réalité. Il n'y a pas de plus sûre manière de la trahir que de permettre aux ennemis de la justice et de la liberté de triompher des lois, comme vous le proposez par votre amnistie.

Je sais que ces considérations ne sont pas de mise dans la politique courante de l'empirisme parlementaire, où les idées sont bafouées sous le nom de « principes abstraits », de « chimères », par de prétendus « praticiens » qui, pour des raisons d'eux connues, trouvent plus avantageux d'envisager les questions de personnes d'abord. C'est la tendance naturelle de tous ceux qui profitent de l'ordre de choses établi. Il est grand temps que ceux qui aspirent à mieux faire commencent par se débarrasser eux-mêmes des pratiques arriérées qui ont produit les maux dont ils se plaignent. Réformes politiques ou socialisme ne peuvent triompher que par le mérite de l'idée : l'idée seule, de l'intérêt de tous, ayant sur l'intérêt particulier l'avantage d'emporter l'assentiment universel des consciences. Les politiques sincèrement réformateurs ou révolutionnaires ne font donc que porter un coup funeste à l'idéal qu'ils représentent lorsque, suivant l'exemple des hommes qu'ils combattent, ils sacrifient l'idée générale, bénéfice de tous, à l'avantage de quelques-uns. C'est ce que vont faire les socialistes parlementaires en votant l'amnistie, sans s'apercevoir qu'ils desservent l'idée que servait la souffrance des grévistes qu'ils libèrent, sans même comprendre qu'ils font outrage à leurs amis en les mettant en balance avec un Esterhazy, avec un Mercier, alors que rien ne les empêche de demander et même d'imposer l'amnistie pour faits de grève.

Après les socialistes, voici M. Yves Guyot lui-même, dreyfusardissime, qui, après les compliments de style à M. Guieysse, lui conseille de voter l'amnistie parce que c'est le bon plaisir de M. Waldeck-Rousseau.

Gustave Rouanet et Yves Guyot, réunis dans la même hostilité contre l'amnistie, et dans la même acceptation de cette mesure ! La politique de personnes a de ces rencontres. Il faut, au moins, semble-t-il, qu'un des deux adversaires se trompe. Ils seront trompés tous les deux. Ceux qui ne se trompent pas, c'est Guieysse, c'est Vazeille, parce qu'ils se tiennent fermes à l'idée impersonnelle d'un ordre général de justice et de droit, parce qu'ils ne s'embarrassent pas plus de Dreyfus (qui, ayant accepté la grâce, trouvera ou ne trouvera pas de nouvelles preuves de son innocence) que de Mercier et des faussaires de l'état-major, et demandent pour tous, sans distinction, la même application de la loi. Quant à ceux qui prétendent servir la République, c'est-à-dire la cause de la justice parmi les hommes en votant une loi spéciale pour innocenter le crime, l'histoire — qui n'est pas au service de M. Waldeck-Rousseau, quoi qu'il en dise — analysera les éléments de cynisme et de gribouillage dont leur acte se compose. Pour défendre la République, ces républicains lui enlèvent sa raison d'être : la justice égale pour tous. Tout se tient en ce monde. Le vieux Krüger, l'autre jour, crut habile, pour satisfaire nos antisémites, de donner un coup de pied à Dreyfus. Le voilà maintenant qui décoche un coup de pied à l'Alsace-Lorraine pour adoucir Guillaume II qui ne veut pas le recevoir. Krüger, représentant d'un pays conquis, et invoquant en cette qualité le sentiment de justice des Européens, fait déposer une couronne sur la tombe de Guillaume Ier, de de Moltke et de Bismarck, dont la gloire est de conquêtes sur nous. S'il a compris le sens de son propre hommage, quel reproche a-t-il le droit de faire aux Anglais qui sont dans le Transvaal au même titre que les Allemands en Alsace-Lorraine ? Je n'insiste pas. Respectons son malheur plus qu'il ne respecte le nôtre. Ainsi, la plus belle cause peut être compromise par l'étroite vue de ses défenseurs. Socialistes, méditez ce point.

16 *Décembre* 1900.

LII

L'amnistie votée

L'amnistie est votée. Par cette seconde loi de dessaisissement — dont M. Dupuy, vengé par M. Waldeck-Rousseau, a pris si justement sa part — la Chambre fait retour à la politique de bas intérêts qu'elle conspue en M. Méline pour nous donner le change. « Il n'y a pas d'affaire Dreyfus ». Quand M. Méline prononça cette parole, fut-il moins applaudi que M. Waldeck-Rousseau après son lamentable plaidoyer pour le triomphe du crime ? Au moins M. Méline, candidement cynique, avait-il l'avantage d'une crânerie qui ne rappelle ni de près ni de loin la lâche débandade du ministère « de défense républicaine ». M. Méline ne voulait pas qu'il y eût de justice. S'il ne le disait pas en ces propres termes, son langage était assez clair pour que nul ne pût s'y méprendre, et ne s'y trompèrent jamais que les Poincaré et les Barthou qui voulurent s'y tromper. Les actes d'ailleurs commentaient les paroles de façon suffisante. On mentait, on se faisait complice des faussaires, on les couvrait par les pires manœuvres, on organisait les faux témoignages. Billot, Saussier qui, quelque temps auparavant, s'asseyait chez un juif à la même table qu'Esterhazy, Pellieux, Mercier, Boisdeffre, Cavaignac, du Paty de Clam, Henry, Gonse, Gribelin organisaient la conspiration des fausses barbes et des lunettes bleues pour sauver un traître qu'ils faisaient acquitter plus tard par un jugement où la collusion a été démontrée. Puis, toute la bande, sous la haute conduite du jésuite du Lac, se ruait à coups de faux et de faux témoignages contre le colonel Picquart qui refusait de mentir, et le jetait en prison avec l'aide, hélas ! de ce même Brisson qui claironne aujourd'hui sa propre gloire.

C'était le renouvellement des anciens brigandages de l'Eglise et de sa force armée contre le droit humain, contre la conscience libre, contre la justice égale pour tous. C'était archaïque, c'était vil, c'était infâme, mais en raison même de leur archaïsme cette vilenie même et cette infamie avaient leur grandeur. Aujourd'hui nous voyons les plus fameux « réformateurs » et « révolutionnaires » du Parlement s'unir aux modérés pour prendre jésuitiquement à leur compte la suite de l'abominable entreprise et hurler magnifiquement contre Méline à l'heure même où ils le continuent. Méline ayant la preuve du faux, l'a déclarée « *de peu d'importance* ». L'amnistie de MM. Waldeck-Rousseau et Millerand et de leur majorité, fait mieux : elle la suprime. Ce n'est pas la peine de proclamer si haut leur supériorité sur le premier complice des faussaires. Du premier au dernier quelle différence, sinon qu'il n'y a plus même l'apparence d'une excuse ? L'un laisse faire des faux pour accabler l'innocence, l'autre innocente les faux afin de couvrir le crime. Choisisse qui voudra : les deux actions sont juste de même valeur.

Il va sans dire, n'est-ce pas, que c'est de la « politique » tout cela, et, ironie suprême, de la « politique républicaine ». Car on n'a pas même pris la peine de changer le sophisme réglementaire. C'est pour « servir la République » que M. Méline mettait le gouvernement et la loi aux ordres des faussaires. C'est pour « défendre la République » que Waldeck-Rousseau et Millerand font une loi pour mettre les faussaires au-dessus de la justice des lois. C'est pour « servir la République » que Méline sauvait le traître Esterhazy du châtiment de son crime. C'est pour « défendre la

République » que Waldeck-Rousseau et Millerand achèvent d'innocenter l'espion de l'Allemagne et lui donnent Zola et Picquart pour compagnons de chaîne dans leur charrette d'amnistie. Car Zola et Picquart ce sont les ennemis. Il faut à tout prix les empêcher de prouver qu'ils ont dit vrai, car leur parole est l'effondrement des criminels qu'on se propose de sauver. Picquart avait averti ses chefs que le faux était un faux. Réponse : On le chasse de l'armée. Il avait averti M. Brisson que le faux était un faux. Réponse de M. Brisson : Onze mois de prison. La preuve est faite maintenant. Réponse de MM. Waldeck-Rousseau et Millerand : Le colonel Picquart *sera amnistié comme coupable* et n'aura pas la permission de se défendre. Est-ce donc moi qui l'invente, ce mot qui paraît fou? Non. Il est de M. Waldeck-Rousseau lui-même, qui en le prononçant ne faisait que manifester l'évidence. « L'amnistie, a-t-il dit non sans quelque cynisme, ne vise que les coupables », et il ne pouvait pas dire autrement puisque c'est en effet le cas de toutes les amnisties, hors la sienne, connues jusqu'à ce jour. Conséquence : Picquart et Zola, dont on a par fraude reculé les procès, Picquart et Zola amnistiés malgré eux, sont coupables au même titre qu'Esterhazy et que Mercier. Voilà ce que, de leur aveu, MM. Waldeck-Rousseau et Millerand font voter par la Chambre. Je dis qu'il n'y a pas de quoi tant vociférer contre la canaillerie de Méline quand on la prend — aggravée — à son propre compte.

Dans l'incohérence d'un pitoyable discours, M. Waldeck-Rousseau, comme je l'avais prévu, s'est accroché à « l'apaisement » comme l'homme en train de se noyer à la première paille. Il paraît que les innocents injustement frappés et les criminels qui se sentent au-dessus des lois éprouvent un merveilleux besoin de « s'apaiser ». Cette psychologie de sacristains d'Etat ne ferait pas fortune en Sorbonne où le dernier cuistre donnerait une boule noire à qui prétendrait fonder le gouvernement des nations sur l'ignorance de la conscience humaine. Voilà des gens qui prétendent représenter la Révolution française, les Droits de l'homme, la justice sociale et qui ne savent pas que la première conception de cette justice sociale dont ils parlent sans la comprendre a surgi dans le cœur humain de la révolte des consciences *inapaisées* devant le crime triomphant du droit de tout homme à la vie, à la liberté, à la sécurité de l'innocence. Méline aussi se proposait d'*apaiser* les ennemis de la République par les mêmes procédés que M. Waldeck-Rousseau et M. Millerand qui, de chute en chute, en sont venus à reprendre la politique d'abandon qu'ils avaient mission de remplacer par une politique d'action républicaine.

Apaiser les ennemis de la République, du jésuite du Lac à Mercier, sénateur de bagne, quelle imbécile sottise ! On n'apaisera jamais la bande romaine qu'en lui livrant l'Etat pour la satisfaction de sa tyrannie sur les âmes et sur les corps au nom du Dieu de bonté qui se repaît de la chair fumante des hérétiques aux bûchers de l'Eglise. Cet « apaisement-là », c'est « l'apaisement » du moyen âge qui a donné les résultats dont pourraient témoigner certains ancêtres cocardés de jaune du ministre Millerand. Mais la Révolution en a conçu un autre, l'apaisement du droit égal pour tous, par la justice et par la liberté, apaisement dont notre loi n'est encore qu'une approximation lointaine, mais qu'elle tend au moins à réaliser. L'apaisement de justice, l'apaisement de la loi, voilà ce que repoussent, dans leur infatuation de sacerdotes sociaux, Waldeck-Rousseau et Millerand, fils ingrats, fils dégénérés de la Révolution qui les mit au pouvoir. « L'apaisement » d'iniquité, « l'apaisement » de libre tyrannie monacale, « l'apaisement » par l'impunité des plus forts, voilà ce qu'ils proposent, voilà ce qu'ils font voter par une majorité de « républicains » rayant leur écusson d'une barre de bâtardise. Quand c'était une oligarchie, civile ou cléricale, qui se livrait aux brutalités de la domination de caste, elle avait une excuse de psychologie : la tradition de maîtrise sociale, la prédication du dogme autoritaire sanctionnant toute oppression de faiblesse humaine, les mœurs de soumission chrétienne à la tyrannie. Quelle excuse invoqueront les gens qui, chefs de révoltés, sortis eux-mêmes des couches sociales profondes d'où la seule Révolution les a fait émerger, et prenant des noms pompeux de sauveurs, « défenseurs de la République », « socialistes révolutionnaires », sans parler de toutes les épithètes adjonctives commandées par la rhétorique populaire, n'imaginent rien de mieux, pour instituer leur « justice », que de continuer l'injustice au profit des grands violateurs du droit humain, contempteurs systématiques de la loi. Vraiment, c'est trop de désinvolture, citoyens de la Révolution, et surtout c'est trop de méconnaissance de votre unique raison d'être. Il y a trop d'écart entre votre idéal sublime — quelquefois même si sublime qu'il m'en paraissait chimérique — et les bas-fonds d'intérêts satisfaits où votre politique se vautre. Je sais que votre clientèle, bonne fille, se laisse faire, et qu'elle en est à croire que les décorations napoléoniennes pour usure abusive de la vie même de l'ouvrier font partie de la Révolution promise. Mais cela prête à rire en attendant que cela fasse pleurer, et il est bon que, dès à présent, quelqu'un vous le dise. Quant à vos colères contre Méline, à vos grandiloquentes condamnations de ses fourberies, qui donc s'en pourrait émouvoir lorsqu'on découvre en vous ses dignes successeurs ? C'est entendu. Tout le monde sait aujourd'hui que Méline a impudemment accumulé mensonges sur mensonges. Il connaissait le faux Henry : cela est prouvé par des dépositions concordantes auxquelles ni lui ni l'infâme Billot n'ont jamais essayé de répondre. Lorsqu'il allègue qu'il ne pouvait avoir une confiance absolue dans le dire de l'ambassadeur italien, il néglige de dire que celui-ci lui a offert toutes les preuves, et que le prince de Monaco a offert vainement à Félix Faure les *pièces authentiques* établissant la trahison d'Esterhazy. Mais il n'est pas moins vrai que le successeur de M. Hanotea''x, M. Delcassé, a eu connaissance de la lettre du comte Tornielli, sous le règne de M. Brisson et de M. Bourgeois, et qu'il lui était aussi facile qu'à M. Hanoteaux lui-même d'en tirer les conséquences. Pourquoi ne l'a-t-il pas fait ? Il n'a jamais essayé de le dire. Voudrait-il soutenir que la pièce lui ait échappé ? Cela est impossibilité pure. Car au moment où M. Brisson recevait, par une chance imméritée, cet avis décisif de Picquart : « *Le document offre tous les caractères d'un faux* », c'était l'heure, je pense, avant de faire jeter Picquart au cachot pour toute réponse, de consulter les dossiers où se trouvait la preuve. Si MM. Delcassé et Brisson ne l'ont pas fait, comment qualifier cette omission ? S'ils l'ont fait, comment qualifier leurs actes auxquels la France doit une année d'agitations et de transes ? Hélas ! les investigations de cette sorte ne font que trop bien comprendre l'empressement de nos plus fameux parlementaires à solliciter pour eux-mêmes, sous le couvert des autres, le bénéfice de l'amnistie. Ils prennent aisément leur parti de voter une mesure dont le résultat est d'avouer à tous les peuples de la terre que la France républicaine est incapable de faire la justice chez elle et même d'appliquer tout simplement la loi. Ils disent servir la République ainsi et la rehausser dans l'estime du monde. Ils le disent, mais qui donc, en dehors des intéressés, peut les supposer capables de le croire ? Quant à nous, qui n'avons que l'unique préoccupation de tirer de l'affaire Dreyfus les conséquences de réforme que le bien général commande, nous savons bien que le cléricalisme ne sera pas abattu par les politiciens qui s'ingénient d'abord à sauver les chefs criminels de la grande jésuitière, par les politiciens qui tout en abusant le Parlement de propositions plus ou moins fallacieuses, garrottent la justice et livrent la loi bâillonnée aux ennemis séculaires du droit égal de tous les hommes aux mêmes garanties de la loi.

J'ai le chagrin de voir Jaurès et Sigismond Lacroix passer de plus ou moins bonne grâce sous les fourches caudines des ministres qui, leur ayant promis la justice, *comme à moi-même*, la leur volent aujourd'hui. Je ne les suivrai pas. Je resterai tout seul, de ceux qui ont cru que MM. Waldeck-Rousseau et Millerand disaient la vérité avant d'être ministres, et je ne fléchirai point le genou devant l'idole ministérielle du mensonge. Jaurès nous promet « *une atmosphère assainie* » par l'impunité du crime. J'attends de voir ce phénomène, rêve étrangement symptomatique d'un « idéalisme » de parti. Ai-je donc la vue si basse? Jamais je ne vis à l'horizon tant de nuages.

21 *décembre* 1900.

APRÈS L'AMNISTIE

I

Le Jésuite de l'Etat-major

Notre Père du Lac a tenu à expliquer ses relations innocentes avec M. Waldeck-Rousseau. C'est chez M. Dreyfus-Gonzalès (le boulevard prononce Dreyfus-Guano) qu'on s'est rencontré. N'allez pas confondre le château de Pontchartrain avec l'Ile du Diable. Le Dreyfus-guano c'est le bon, et grâce au père du Lac, le catholicisme y fleurit, *depuis peu*, dans toute sa gloire. Le père du Lac a dîné quatre fois avec M. Waldeck-Rousseau qui a poussé l'amabilité jusqu'à assister à la messe du Jésuite en la chapelle de Pontchartrain. C'est ainsi que notre Dioclétien préludait aux persécutions d'aujourd'hui.

Ces détails d'histoire sont pleins d'intérêt, j'en conviens. J'aurais pourtant jugé inutile de les relever si je n'avais trouvé dans l'interview du Père du Lac cette phrase qui me fit sursauter : « Je ne me suis jamais occupé de l'affaire Dreyfus ».

Voilà, je l'avoue, un cas étrange d'amnésie. Voyons, homme de Dieu, recueillez vos esprits. Ne connaissez-vous point Boisdeffre, Gonse, Mercier, quelques autres acteurs de l'affaire ? Ne vous ont-ils jamais demandé vos conseils ? Ne leur avez-vous point prodigué les merveilleuses ressources de votre stratégie ? Quelqu'un qui vous a vu de près écrit dans le *Siècle* ces quelques lignes :

Si Mercier avait entraîné avec lui devant la Haute-Cour, les criminels qui ont fait des faux, communiqué des pièces secrètes aux juges du conseil de guerre, la fausse traduction de la dépêche Panizzardi, le bordereau annoté de l'empereur d'Allemagne, *le P. du Lac eût dû être compris parmi leurs complices.*

N'avez-vous rien à répondre ? Interrogez votre mémoire rebelle. Ne vous souvient-il pas qu'une de vos pénitentes vous ait accusé d'avoir *seul* pu fournir les renseignements qui permirent à du Paty de Clam et Cie de fabriquer le mensonge de la femme voilée ? Vous pouvez d'autant moins l'avoir oublié, que vous avez tout fait pour obtenir par des voies publiques une rétractation qui vous fut refusée.

Encore un effort, Révérend Père. N'est-ce pas à la table du *Bon Dreyfus* (au parc Monceau) que *vous avez obtenu de vous rencontrer avec M. Joseph Reinach au cours de l'Affaire ?* **Je vous défie de le nier.** Et dans quel but cette rencontre, sinon de solliciter plus ou moins habilement l'indulgence des dreyfusards envers votre pénitent de prédilection, le général de Boisdeffre, bien ennuyé des polémiques dont alors il fournissait la matière.

Il y a au moins, dans Paris, deux ou trois douzaines de personnes qui connaissent cette histoire. La cynique dénégation du Jésuite en rend la divulgation nécessaire. Pour moi, je tiens de source absolument sûre que le Père du Lac a, dans cette circonstance, prononcé textuellement ces paroles : « *Alors, je voyais le général de Boisdeffre tous les jours. Il était très occupé du plan n° XIII dont il m'a souvent parlé.* » D'où il résulte que le plan de mobilisation n° *XIII.*

qui fut mis à l'étude pendant l'affaire Dreyfus et mis en vigueur peu après, faisait l'objet des communications de M. le chef d'Etat-major général au Père jésuite. Nos secrets de guerre sont bien gardés.

Boisdeffre a fait faire onze mois de prison à Picquart pour une prétendue communication de pièce secrète machinée par le misérable Billot. Combien d'années de bagne Boisdeffre aurait-il dû faire? Boisdeffre attendait le coup, et tremblait dans sa peau. C'est qu'il avait un terrible poids sur la conscience. Peut-être en sera-t-il question plus tard.

Le Père du Lac ne peut avoir oublié que dans ce même déjeuner, parlant à M. Joseph Reinach (un Juif! *Proh pudor!*) d'une des dernières confessions de M. de Boisdeffre, — amené au Jésuite ce jour-là par M. de Mun — il ne craignit pas de soulever le voile du sacré tribunal de la pénitence, et raconta que M. de Boisdeffre s'agenouillant après l'aveu suprême, lui dit : « *Bénissez-moi, mon père, comme le soldat qui marche au peloton d'exécution.* » Telle était l'épouvante du coupable. Il a fallu l'amnistie de M. Waldeck-Rousseau et de M. Millerand pour rassurer le général de Boisdeffre. Le Père Jésuite, le politicien opportuniste et le socialiste révolutionnaire : suggestive trinité de sauveurs.

Et comme après tout le Père du Lac pourrait avoir oublié certains épanchements à l'heure du dessert, rappelons-lui un dernier souvenir.

Le Père du Lac, alors, avait des inquiétudes sur son propre cas. Un témoin l'avait mis en cause personnellement devant le juge Bertulus. D'où beaucoup d'ennuis pouvaient surgir. C'est pourquoi, entre la poire et le fromage, le Jésuite s'enquit de savoir si l'on ne pouvait pas obtenir du témoin accusateur une déclaration écrite qui aurait détruit son précédent témoignage. Et comme l'entreprise ne semblait point aisée, le Jésuite insinua doucement : « Ne pourrait-on pas faire agir le colonel Picquart? » C'était le post-scriptum. Il ne manquait en effet que la collaboration du colonel Picquart à la machination dont il était victime.

Quand on fait de ces coups il faut s'attendre à ce qu'ils arrivent tôt ou tard à la connaissance du public. Je n'étais point pressé d'en parler, comme l'événement l'a fait voir. Mais quand le Père du Lac a osé imprimer *qu'il ne s'était jamais occupé de l'affaire Dreyfus*, j'ai pensé qu'un démenti probant était nécessaire.

27 *Janvier* 1901.

II

Encore le Jésuite de l'État-major

M. Joseph Reinach a adresssé au *Figaro* la lettre suivante qui confirme et développe tout ce que j'avais dit de son entretien avec le Père du Lac :

A Monsieur le Gérant du journal le Figaro.

Paris, le 28 janvier 1901.

Monsieur le Gérant,

Le *Figaro* de ce matin, après la *Libre Parole* d'hier, met en doute la réalité de l'entrevue que j'ai eue, à l'époque de l'affaire Dreyfus, avec le R. P. du Lac.

Bien que M. Clemenceau ait négligé de me demander l'autorisation de publier cet incident, la loyauté m'interdit de laisser soupçonner, de mon fait, sa bonne foi, même indiscrète.

Il est exact qu'au lendemain de l'arrêt de revision rendu par les Chambres réunies de la Cour de cassation, et à la veille du procès de Rennes, le R. P. du Lac m'a fait prier de lui accorder un entretien au sujet des accusations qui avaient été portées contre lui.

Il est exact que, soucieux, avant tout, de vérité et de justice, je n'ai pas décliné la conversation qui m'était proposée et dont le souvenir ne me gêne pas.

J'ai refusé formellement d'aller voir le R. P. du Lac, comme il m'y conviait, dans sa cellule, mais j'ai accepté volontiers de me rencontrer avec lui chez un tiers.

C'est le samedi 10 juin 1899 que j'ai déjeuné avec le R. P. du Lac et causé avec lui pendant plus de quatre heures.

Il est exact que le R. P. du Lac a sollicité mon intervention auprès du lieutenant-colonel Picquart, qui venait de sortir du Cherche-Midi, pour obtenir d'un témoin la rétractation écrite d'un témoignage antérieur. Il s'agit des faits visés dans l'interrogatoire du commandant Esterhazy, à la date du 25 juillet 1898, devant M. le juge d'instruction Bertulus. (*Enquête de la Cour de cassation*, t. II, p. 269.)

Il est exact que je me suis refusé à une semblable démarche.

Il est exact que le R. P. du Lac s'est efforcé de modifier mon opinion sur le général de Boisdeffre.

Il est exact que le R. P. du Lac n'a réussi qu'à me fortifier dans mon opinion, notamment en me racontant qu'il se rencontrait tous les jours avec le général de Boisdeffre, quand celui-ci était chef d'état-major ; — que le général l'entretint de la préparation du plan de mobilisation numéro XIII, et le prévint de la dénonciation du commandant Esterhazy ; — enfin, que, peu de jours avant notre entrevue, le général lui avait tenu cet extraordinaire propos : « Donnez-moi votre bénédiction comme à un homme qui attend le peloton d'exécution. »

Il est inexact, d'autre part, que ces paroles aient été prononcées au confessionnal ; c'est dans la cellule du R. P. du Lac que le général de Boisdeffre lui tint ce langage.

Il est exact que le R. P. du Lac m'a demandé de renoncer à invoquer son témoignage dans un procès pour lequel je lui avais adressé une citation.

En vertu du droit de réponse qui est établi par l'article 13 de la loi du 29 juillet 1881 sur la liberté de la presse, je vous prie, monsieur le gérant, de bien vouloir insérer cette lettre dans votre prochain numéro.

Recevez, monsieur, l'assurance de ma haute considération.

Joseph Reinach.

Sollicité par divers journaux de répondre, le Père du Lac a gardé le silence. L'accablant témoignage de M. Joseph Reinach ne lui rendra pas l'envie de parler.

Il est exact, comme le dit M. Joseph Reinach, que je ne lui ai point demandé l'autorisation de publier cet incident pas plus qu'au Père du Lac lui-même. La raison en est que des informations venues de sources nombreuses, toutes également sûres, ne m'avaient pas mis dans le cas de supposer qu'il y eût pour lui l'obligation du secret. Dans ces conditions, le Père du Lac ayant dit le contraire de la vérité, je ne pouvais laisser échapper l'occasion de lui mettre le nez dans son mensonge. M. Joseph Reinach loyalement reconnaît que j'ai dit la vérité. S'il y a eu « indiscrétion » il sait très bien que ce n'est pas à moi qu'il faut s'en prendre.

Je constate d'ailleurs avec plaisir qu'il embarbouille le Révérend Père un peu plus que je n'avais fait, révélant, sans y être provoqué, des détails curieux que j'ignorais. Peut-être lui reste-t-il encore des révélations à faire. On dit tant de choses dans une conversation de *quatre heures !*

Sur un seul point M. Joseph Reinach a cru devoir rectifier mes allégations. Ce n'est pas, dit-il, au confessionnal mais dans la cellule du Père Jésuite que le général de Boisdeffre, à genoux, a prononcé ces paroles terribles qui sont tout un aveu : « *Donnez-moi votre bénédiction, mon Père, comme à un homme qui attend le peloton d'exécution.* » Je ne saurais discuter avec M. Joseph Reinach là-dessus, son autorité confessionnelle ne me paraissant pas décisive, et la question matérielle du lieu n'ayant point d'importance.

J'ai dit seulement qu'en rapportant les paroles de son pénitent le Père du Lac avait soulevé le voile de la confession. J'entendais par là et j'entends que de telles paroles ne pouvaient venir qu'après d'autres, tombées nécessairement des lèvres du coupable au tribunal de la pénitence, qui se trouvent ainsi publiquement rappelées. Le Père du Lac est coutumier du fait, puisqu'il se trouvait alors même accusé par un témoin d'avoir trahi le secret de la confession, et que c'est précisément pour se tirer de ce mauvais pas qu'il implorait la pitié d'Israël.

On comprend que dans ces conditions le Jésuite, en si fâcheuse posture qu'on le découvre, ne soit pas pressé de s'expliquer. Il a eu peur, grand peur. Le général de Boisdeffre se voyant perdu, le Père du Lac a cru que l'heure de l'expiation légale allait sonner pour lui de même. Alors il s'est résolu au pire. Sollicité peut-être par son pénitent, ou ne pensant qu'à lui-même, il s'est accroché, dans son affolement, aux basques de M. Joseph Reinach, qui, d'un geste courtois, lui a fait lâcher prise.

Eh bien! le général qui attendait le peloton d'exécution, le Jésuite qui demandait en grâce au Juif qu'il voulût bien seulement faire mentir les témoins, et le bon représentant de Iaveh qui cette fois croyait bien tenir les foudres de la justice en sa main, tous trois faisaient erreur. Le criminel tremblant était sauvé, et la justice fière, ne pouvait s'attendre qu'au coup de poignard dans le dos que lui préparait la lâcheté du gouvernement républicain.

Aujourd'hui le coup est fait. MM. Waldeck-Rousseau et Millerand ont sauvé le Jésuite du *Bon Dreyfus* et le Boisdeffre du *mauvais*. C'est pourquoi tout ce monde voudrait bien maintenant que la vérité ne fût jamais connue. Je m'explique cela de MM. Waldeck-Rousseau et Millerand qui, murés dans leur politicaille, ne peuvent voir plus loin que l'avantage du jour, et croient nous leurrer, après avoir refusé la victoire sur l'Eglise elle-même, en engageant contre les moines une bataille sans issue. Mais vous, Père du Lac, qui dissertez professionnellement sur l'au-delà, ne connaissez-vous pas l'histoire de cet enfant qui, criant au loup tout le jour pour effrayer les voisins, s'époumona vainement quand le loup apparut véritablement devant lui. S'il y avait un Dieu, après tout,

Père Jésuite, un Dieu de justice et de bonté, un vrai ? Y avez-vous songé quelquefois ? Vous devriez, lorsque vous êtes seul, donner quelques pensées à cette hypothèse. Tout est possible, je vous assure. C'est par intérêt pour vous ce que j'en dis, car si d'aventure vous aviez prêché vrai dans la chaire, en quel embarras je vous vois découvrant, à votre saut dans les ténèbres, que les ministres du ciel ignorent les basses compromissions des ministres de la défense républicaine qui vous donnèrent l'amnistie de Pontchartrain en échange d'une messe.

3 *Février* 1901.

III

Le malfaiteur confondu

Le Père du Lac est muet comme poisson. Jamais sardine en boîte n'observa plus scrupuleux silence. A peine rapporte-t-on vaguement qu'il ait dit : « Je laisserai passer l'orage. » C'est, en effet, toute la tactique de la gent poissonnière. Nous verrons si notre banc de Jésuites peut ainsi se sauver de l'échouage.

Tous les journaux cléricaux, sauf *le Gaulois*, qui est son organe de prédilection, avaient sommé le Révérend Père de me démentir. C'était demander l'impossible. Notre Jésuite, devenu prudent sur le tard, n'a pu qu'inspirer des articles où il était expliqué que le plan de mobilisation est trop volumineux pour que le général de Boisdeffre ait pu le porter dans la cellule de son directeur. *Le Gaulois* se borne à reproduire un article des *Débats* où la chose est savamment expliquée.

L'inculpé qui ne trouve rien à répondre aux accusations par cela même avoue.

Le Père du Lac reconnaît donc qu'il a menti lorsqu'il a dit, dans un interview, qu'il ne s'était jamais occupé de l'affaire Dreyfus.

Le Père du Lac reconnaît donc qu'au lendemain de l'arrêt de la Cour de cassation, le 10 juin 1899, pour bien préciser — M. de Boisdeffre lui a confessé qu'il se croyait perdu et lui a demandé sa bénédiction dans les sentiments d'un homme qu'attend le peloton d'exécution.

Le Père du Lac reconnaît donc avoir dit que M. de Boisdeffre, qu'il voyait alors tous les jours, l'avait à plusieurs reprises entretenu du plan de mobilisation n° XIII.

Le Père du Lac reconnaît donc (car il n'a pas demandé à ses officieux une défense même interdite sur ce point) que pour se disculper, il a cherché à faire mentir des témoins qui avaient déposé devant le juge sous la foi du serment.

Nous enregistrons ces aveux, et tandis que le malfaiteur, bouche close, courbe la tête « sous l'orage », nous avons le devoir, sans nous laisser apitoyer plus qu'il n'est nécessaire par cet effondrement d'un jour, d'achever la démonstration de culpabilité sur le seul point où l'on ait osé porter — obliquement — la discussion.

Le Père du Lac avoue que le général de Boisdeffre, chef d'état-major général de l'armée française, l'a entretenu à plusieurs reprises du plan de mobilisation n° XIII. Mais il nie, où plutôt il fait nier, qu'il ait reçu aucune confidence détaillée sur ce point.

L'affirmation du Jésuite est déjà une présomption de mensonge, puisque nous venons de le saisir à la gorge en train de mentir cyniquement sur son intervention dans l'affaire Dreyfus, et puisqu'il est maintenant convaincu d'avoir voulu faire parjurer des témoins pour se tirer lui-même d'affaire. Passons.

Supposons — ce qui n'est pas, ce qui ne peut pas être — que M. de Boisdeffre se soit borné à lui répéter *à plusieurs reprises* ces simples mots : *Plan n° XIII, Plan n° XIII...*, sans ajouter une parole de plus. Supposons — ce qui n'est pas, ce qui ne peut pas être — que le Jésuite, à ce point curieux de toutes choses qu'il n'a pu résister au désir de causer de l'Affaire avec M. Joseph Reinach, n'ait pas eu la pensée de demander au pénitent qui ne pouvait rien lui refuser (car le ciel et l'enfer s'ouvraient et se fermaient à sa voix), ce que ces mots sacramentels « *Plan n° XIII* » voulaient dire. Supposons — ce qui n'est pas, ce qui ne peut pas être — que, la question posée, M. de Boisdeffre n'y ait pas répondu. Et voyons les conséquences.

Le colonel Picquart, pour avoir été soupçonné d'avoir parlé à M. Leblois d'un dossier de pigeons voyageurs *qui n'était pas confidentiel* a été chassé de l'armée, a été abreuvé d'outrages, a fait onze mois de prison et a dû subir finalement l'outrage de l'amnistie Waldeck-Rousseau-Millerand qui lui enlevait, par traîtrise, le moyen de se justifier ; si bien que dans sa colère, il a brisé lui-même son épée et en a jeté les morceaux à la face de nos gouvernants qui en demeureront balafrés.

Sur quoi tout cela, je vous prie ? Quelqu'un a-t-il allégué avoir vu Picquart feuilleter le dossier avec Leblois ? A-t-on surpris une conversation d'où le nom fatidique de « pigeon voyageur », se soit échappé ? Non. Une simple allégation incidente du colonel lui-même a suffi pour que toute la meute se déchaînât contre l'homme qui n'avait pas voulu mentir.

Quelle comparaison avec l'entretien *avoué* du chef d'état-major général français et du membre de l'*Ordre international* des Jésuites *sur un sujet défendu* ? L'évidence est trop forte. Il n'y a pas de démonstration nécessaire. Nous ne savons pas jusqu'où l'indiscrétion a été poussée, et les deux coupables ne sont pas encore au point de nous le dire, mais l'indiscrétion même (pour employer un mot trop doux) est avérée.

Un officier d'état-major prend la peine de m'écrire pour me faire observer que « *le fait seul de divulguer à une personne étrangère à l'armée* LE NUMÉRO DU PLAN EN PRÉPARATION OU EN VIGUEUR *constitue une indiscrétion grave, car l'indication de ce numéro est à elle seule un renseignement précieux pour une puissance étrangère.* »

Il va de soi, en effet, que c'est une révélation interdite entre toutes d'apprendre à l'ennemi qu'un nouveau plan de mobilisation se prépare. Quand tout l'effort de l'adversaire est concentré sur ce qu'il a pu connaître du plan n° XII, quoi de plus grave que de l'informer qu'il ferait désormais fausse voie en continuant ses recherches sur ce point, et qu'il doit désormais diriger dans ce sens son espionnage ? En homme de métier, l'officier d'Etat-Major invoque à cet égard, deux exemples frappants, que je ne cite pas pour ne pas allonger indéfiniment cet article, mais que je publierais s'il était nécessaire. Il ajoute :

Ces questions de numérotage qui paraissent à première vue si insignifiantes et si banales sont de première importance au point de vue du service des renseignements. Une preuve en est le soin avec lequel on s'est efforcé, pendant de longues années, de tenir secrets les numéros qu'auront nos armées en temps de guerre. Il serait intéressant de savoir si le chef d'état-major général de l'armée française a également oublié que sur ce point, comme sur la question du plan de mobilisation, il était tenu à la discrétion absolue vis-à-vis du plus indiscret et du plus bavard des jésuites.

J'en ai dit assez pour montrer que nous tenons déjà, du fait de M. de Boisdeffre lui-même, l'aveu d'un crime qui, grâce à l'amnistie de MM. Waldeck-Rousseau et Millerand, erstera impuni.

Je ne veux plus que constater l'embarras commun

du gouvernement et de la jésuitière, manifesté par leur subit amour du silence et de l'oubli. Les trois seuls journaux qui se soient tus sur cette affaire, à l'imitation du malfaiteur confondu, sont *le Gaulois*, *le Temps* et *le Matin*. *Le Matin* est l'ami du ministère; le *Temps* et le *Gaulois* du jésuite pris dans la souricière. M. Hébrard a cru devoir déléguer à une enquête approfondie sur cette affaire *celui de ses rédacteurs qui le touche de plus près*. Une fois renseigné des deux parts, il a compris que, dans l'intérêt de son client de la Compagnie de Jésus, il convenait de se taire. Quoi de plus suggestif que de voir gouvernants et jésuites — ces deux frères ennemis — pris de complicité dans la même entreprise contre les lois et contre l'intérêt même de la défense nationale. Car, en dépit de la fréquentation du Père du Lac, M. Waldeck-Rousseau n'oserait pas nous dire qu'il ne connaissait rien de la conversation du Père du Lac et de M. Joseph Reinach avant de proposer l'amnistie,

10 *Février* 1901.

IV

Boisdeffre et la Défense républicaine

Edwards se rend de bonne grâce. Il reconnaît qu'il avait eu tort de supposer à M. Waldeck-Rousseau l'intention de laisser la trahison de Boisdeffre en dehors de l'amnistie.

Quand on a eu la protection du Père du Lac et, par

lui, le secours du *Temps* et du *Gaulois*, le crime de trahison devient une de ces peccadilles indignes d'attirer l'attention des gens. C'est pourquoi Waldeck-Rousseau et Millerand, pour plus de sûreté, sauvent leurs magistrats du péché du curiosité par le moyen de l'amnistie.

Le point est acquis désormais. Les hommes, qui ne sont ministres que parce qu'ils avaient promis de donner à l'affaire Dreyfus la solution que comportait la loi, ont violé les lois et finalement annulé le code lui-même au profit des criminels sur qui la congrégation de Jésus avait étendu sa main toute-puissante.

Et ce n'est pas tout. Au risque de chagriner Edwards, je dois lui dire qu'il n'a pas encore sondé l'âme profonde du ministre qu'il devrait le mieux connaître. Si j'ai conté l'aventure du Jésuite et du chef d'Etat-major, ce n'a pas été sans raison. Les dessous de l'affaire du *Novoïé Vrémia* ne sont pas encore connus du public. Que le coup soit parti de Paris, il n'y a pas de doute là-dessus. Le jour où les gazettes russes se mettraient à discuter sérieusement les institutions françaises, nous aurions vraiment de trop faciles représailles. Si la Russie, sous le prétexte d'une alliance dont nous attendons les bénéfices (en dehors du grand cordon de Millerand), se permettait de nous demander des comptes, nous pourrions, à notre tour, faire une critique de son gouvernement qui ne mettrait pas les rieurs du côté de l'autocratie.

Mais il n'est pas question de cela pour le moment, car, de toute évidence, l'article du *Novoïé Vrémia* est allé de Paris chercher des forces à Pétersbourg, pour porter par derrière un coup de Jarnac au ministre de la guerre français. Dans les conversations privées du monde politique on ne se gêne pas pour mettre directement en cause l'ambassade russe à Paris, non comme initiatrice peut-être, mais comme intermédiaire « bienveillante ». Le prince Ouroussoff ne s'est jamais gêné pour se dire nationaliste. On ne peut pas demander au serviteur d'un autocrate une autre conception de gouvernement. Ce qu'on pourrait exiger de lui peut-être, ce serait, dans les actes, un peu plus de correction. On n'a pas oublié que M. l'ambassadeur de Russie fêtait le général de Négrier frappé par Galliffet lui-même pour faute grave contre la discipline. Voyez-vous M. de Montebello banquetant à l'ambassade française de Pétersbourg avec un général russe en disgrâce ?

Pour en revenir à l'article du *Novoïé Vrémia*, on y a retrouvé, textuellement, paraît-il, des phrases usuelles dans la bouche de certains membres de l'ambassade russe, et il n'est pas douteux qu'il se soit échangé à ce sujet des explications entre Paris et Pétersbourg. Mais, pour boucher les yeux du censeur du *Novoïé Vrémia*, il fallait certaines complicités dans l'entourage du Tsar. Dès l'origine, on m'affirma que M. de Boisdeffre, qui a laissé des amitiés là-bas, n'était pas étranger au complot franco-russe contre le général André. J'avoue que, d'abord, considérant l'intérêt de M. de Boisdeffre à se faire oublier, je n'en voulus rien croire. Mais quand, en fin de compte, je vis *le Gaulois* proposer, pour prix d'une réconciliation universelle, la rentrée du général de Boisdeffre dans le cadre d'activité, alors je fus bien obligé de comprendre qu'à l'opération générale contre le ministre de la guerre s'ajoutait un intérêt particulier de « réparation » envers l'un des principaux criminels de l'Etat-major.

Et pour que tout doute enfin fût dissipé, j'appris de *source très certaine*, à quelques jours de là, qu'on « *mijotait* », en effet, la nomination de Boisdeffre à un poste d'activité. Je ne dis pas que la proposition soit arrivée jusqu'au général André, car je suis sans renseignements là-dessus. Mais le général Brugère connaît bien cette affaire, et l'Elysée aussi. Le chef d'Etat-major en a entendu parler : je n'ai pas de doute à cet égard. Un ministre au moins était au courant. Le général André aurait résisté, c'est certain, mais il a si souvent cédé à la pression de l'Elysée et de ses collègues que Boisdeffre aurait très bien pu l'emporter comme Négrier et Deloye, pour ne parler que de ceux là.

C'est alors que je résolus de conter ma petite histoire, sans m'enquérir de l'autorisation de M. Joseph Reinach ni du Père du Lac. Maintenant que le fait de la trahison est connu du public, la nomination de Boisdeffre est devenue impossible. Peut-être n'a-t-on pas encore divulgué tout ce qu'on pourrait dire ? Mais que penser du gouvernement qui connaissait les faits que j'ai racontés, et qui, non content d'avoir amnistié sciemment un crime d'Etat ignoré du public, se préparait à gratifier le criminel d'un commandement militaire ?

24 *Février* 1901

V

Le procès Henry-Reinach

Je rappelais, il y a trois semaines, à M. le général de Luxer qu'il *oubliait* de poursuivre Zola pour son appréciation du jugement par lequel le Conseil de guerre présidé par ledit général a manifesté son patriotisme en acquittant sciemment le traître Esterhazy.

J'observais en même temps que Mme Henry qui avait pris l'univers à témoin qu'elle saurait venger « l'honneur » de son mari en mettant M. Joseph Reinach en demeure de faire la preuve publique de ses accusations, *oubliait* cet engagement solennel, et j'en témoignais ma surprise.

La réponse du général de Luxer est encore à venir.

Mme Henry, de résolution plus prompte, a compris qu'il fallait au moins avoir l'air de faire quelque chose. Elle a donc envoyé au gérant du *Siècle* et à M. Joseph Reinach une assignation à comparaître devant la première Chambre du Tribunal civil de la Seine. Cependant ne vous réjouissez pas trop tôt, amis de la lumière. Mme Henry a pris ses précautions pour que rien ne fût divulgué des révélations à venir. C'est « l'honneur » de son mari qu'elle voulait venger, a-t-elle clamé partout. Il y avait pour cela un moyen bien simple, c'était de faire l'enquête publique. Or, Mme Henry s'est précisément mise en mesure de fermer hermétiquement à celui qu'elle accuse toutes les voies de la publicité.

Si elle avait demandé quinze cents francs de dommages et intérêts l'enquête avait lieu devant tous. Elle demande deux cent mille francs, et le résultat de cette manœuvre c'est que l'enquête aura lieu à huis clos devant un juge.

Mme Henry oublie trop facilement qu'il s'agit d'une réparation « d'honneur », non d'argent. Si elle prouve que M. Joseph Reinach, suivant les termes de l'article 31 de la loi du 29 juillet 1881 sur la presse, « a eu l'intention de porter atteinte à l'honneur ou à la considération des héritiers vivants », j'admets qu'elle fasse condamner M. Joseph Reinach à deux cent millions de dommages et intérêts. Qu'est-ce que cela prouvera? Qu'y aura-t-il de changé dans le cas du colonel Henry déjà convaincu de faux, et gravement soupçonné par quelques-uns de trahison? Absolument rien. Mme Henry ne peut pas feindre de l'ignorer. Je me trompe, il y aura, de son fait, contre la mémoire du suicidé, une présomption nouvelle. Car il sera désormais acquis que ceux qui promettaient de faire éclater l'innocence du mort en ont soigneusement repoussé les moyens. En vérité, l'abstention elle-même, que l'on pouvait essayer de présenter comme une forme du dédain, eût été moins sévèrement jugée que la manœuvre qui consiste à provoquer un débat à la condition d'en écarter toute possibilité de lumière.

Mme Henry sait mieux que personne que toute la vérité n'est pas connue dans cette affaire, ni dans certaines affaires connexes. Un moment elle a pu croire que, grâce à l'amnistie, le mystère demeurerait enveloppé d'éternelles ténèbres. Je reconnais que MM. Waldeck-Rousseau et Millerand ont fait tout ce qui leur était possible pour assurer le triomphe du mensonge, après avoir pris les engagements les plus solennels en sens contraire. Mais la coalition de l'opportunisme gouvernemental et du socialisme révolutionnaire avec les faussaires du jésuite du Lac et toute l'Eglise romaine elle-même, ce n'est pas assez contre la force de vérité qui, malgré les menteurs, fraye quotidiennement sa voie.

Nous avons vu des ministres de « défense républicaine » trahir la loi, la justice, souffleter impudemment le droit. Nous avons vu les plus vaillants lutteurs s'arrêter fatigués, et demander doctrinalement la justice sociale à ceux de qui ils n'avaient pu obtenir la solution simplement équitable d'un cas de justice privée. Nous avons vu la lâcheté des politiciens se donner carrière dans l'acceptation de l'iniquité favorable à la paix de leur métier. Tout cela n'est que d'un jour. Au robuste métal de la conscience humaine le mensonge s'use lentement mais il s'use, et la vérité seule est capable d'affronter victorieusement toute épreuve.

Le Père du Lac le sait : c'est pourquoi il se tait quand on produit contre lui l'accusation qui le déshonore. Le général de Boisdeffre le sait ; c'est pourquoi il se tait quand on lui montre qu'il a trahi. Les juges de Rennes le savent : c'est pourquoi ils se sont tus honteusement lorsque M. L. Havet, dans une lettre qui restera l'un des plus beaux documents de l'Affaire, leur a jeté à la face qu'ils avaient jugé contre leur conscience. Mme Henry le sait : c'est pourquoi elle se dérobe aux dangers de la contradiction publique. Nous le savons aussi : c'est pourquoi nous recherchons tout débat qui, malgré la justice menteuse de la « défense républicaine », hâtera le final soulagement de la conscience humaine.

3 Mars 1901.

VII

Le Jésuite avoue

Dans son beau discours sur les congrégations, Camille Pelletan a si bien houspillé le Jésuite du Lac, silencieux depuis les accusations du *Bloc* — il y a six semaines passées — que les amis de Tartufe ont fini par exiger de lui qu'il dise quelque chose. Tartufe, donc, sous les lanières, s'est décidé à prononcer quelques paroles de défense. Voici ce qu'il a trouvé :

A M. Camille Pelletan, député.

Versailles
40, rue des Bourdonnais.

Monsieur le Député,

Je n'aurais jamais cru que des allégations aussi puériles que celles de certains journaux pussent être portées à la tribune. Puisque vous en avez jugé autrement, mon devoir est de répondre. Voici la vérité :

Rencontrant le général que vous avez mis en cause (*que je ne voyais pas tous les jours mais rarement dans l'année* (1), je lui dis : « Vous avez l'air fatigué ? Il me répondit : « Je le suis, mais j'ai fini mon travail et ils auront mon plan n° XIII au jour fixé ». Ce qu'était le plan n° XIII, il ne me le dit pas et je ne le sais pas encore à l'heure qu'il est.

Il n'y a pas eu autre chose. Vous avez porté l'accusation à la tribune, j'ose espérer qu'il est de votre loyauté d'y porter la réponse.

Veuillez agréer, Monsieur le Député, l'expression de mes sentiments respectueux.

Du Lac.

Ce qui frappe d'abord dans cet écrit dont la bêtise effraie, c'est que le Jésuite, ne contestant qu'un seul fait, reconnaît du coup, par cela même, que M. Reinach a dit vrai sur tous les autres points.

D'abord le Jésuite ment lorsqu'il parle « *des allégations puériles de certains journaux.* » Ce n'est point à de simples « allégations de journaux » qu'il se trouve dans le cas de répondre. C'est à l'affirmation, sans équivoque possible, de M. Joseph Reinach dont il a recherché l'entretien et qui a résumé publiquement leur conversation en termes d'une parfaite clarté, sans que du Lac, ait osé lui adresser, depuis un mois et demi, la rectification la plus légère.

Comme le Jésuite Tournade, dont je parlerai tout à l'heure, le Jésuite du Lac a gardé le silence tant que sa honte ne s'est étalée que dans la presse. N'est-il pas toujours aisé de dire : « Les journaux ont menti : j'ai dédaigné de répondre ». Mais quand l'affaire des maisons de tolérance de Shanghaï a été portée à la tribune, quand les louches manœuvres du Jésuite du Lac avec Boisdeffre ont été dénoncées à la Chambre, les gens d'Eglise ont ressenti le coup, et, regimbant

(1) Les mots soulignés entre parenthèses avaient d'abord été jetés sur le papier par le jésuite dans le feu de l'improvisation. Puis lui-même reconnut que le mensonge était trop flagrant, sans parler de la langue bizarre. Le passage fut donc biffé à gros traits, Seulement le buvard ayant, quelques instants après, absorbé toute l'encre, l'écriture a reparu pour confondre le menteur. La main de Dieu, mon Pére.

sous l'étrivière, ils ont sommé le « Père » de s'expliquer.

Mis en demeure par les journaux religieux de répondre, le Jésuite du Lac se taisait. Il ne disait rien encore quand ses meilleurs amis de la presse, outrés de son mutisme, se voyaient contraints de l'exécuter. Je me souviens qu'il fut même assez cruellement fouaillé par quelques-uns d'entre eux. Il offrit à Ignace de Loyola ses souffrances. Quand les reporters l'assiégeaient pour lui demander une parole de protestation : « Je ne dirai rien, répétait-il, laissons passer l'orage ». L'orage a crevé, et du coup voilà le Jésuite « *débouché* », comme on dit dans le monde bien pensant à la Haute-Cour.

Boisdeffre, seul, plus gravement accusé, s'obstine à courber le dos en silence, pour se faire oublier. Je lui ai prédit qu'il n'y réussirait pas. Pour le moment, je le laisse aux souvenirs du passé, et, tenant le Jésuite de robe longue par la peau du cou, c'est ce dernier seulement que je garde pour la petite conversation d'aujourd'hui.

Donc le Jésuite du Lac, qui pendant six semaines est demeuré silencieusement sous le coup des imputations si graves de M. Joseph Reinach, répond à Pelletan, qui n'est à aucun degré témoin contre lui, et non pas à M. Joseph Reinach qui l'accuse.

Donc, le Jésuite du Lac n'ose maintenant parler que des propos relatifs au plan n° XIII, c'est-à-dire qu'il passe condamnation sur tout le reste sans essayer un mot de réfutation.

Donc le Jésuite du Lac avoue qu'au lendemain de l'arrêt de la Cour de Cassation qui faisait tomber la condamnation de Dreyfus, et rendait un nouveau procès imminent, il a sollicité un entretien de M. Joseph Reinach, comme l'a raconté celui-ci.

Donc le Jésuite avoue que M. Joseph Reinach s'étant refusé à lui rendre visite dans sa Jésuitière — le piège était en vérité d'un enfant — c'est lui-même qui a demandé un rendez-vous au « Juif Dreyfusard » dans l'hôtel judéo-catholique de la famille Dreyfus-Gonzalès.

Donc le Jésuite du Lac avoue qu'il a supplié M. Joseph Reinach d'intervenir auprès du colonel Picquart — victime de ses ignobles manœuvres — « *pour obtenir d'un témoin la rétractation d'un témoignage antérieur* ». Il s'agissait simplement de faire mentir Mme X..., ancienne pénitente du « Père », dont les confidences reçues au tribunal de la confession, furent livrées par lui aux faussaires de l'Etat-major pour les mettre en état de fabriquer la fable de la femme voilée.

Donc, le Jésuite du Lac avoue que M. Joseph Reinach fut obligé de refuser sa part dans l'entreprise de parjure, ainsi qu'il l'a formellement déclaré.

Donc, le Jésuite du Lac avoue qu'il supplia M. Joseph Reinach de renoncer à invoquer son témoignage dans le procès Henry, où, sans l'amnistie de M. Waldeck-Rousseau, nous l'aurions vu apparaître dans son véritable rôle. Ce qu'on ne sait pas, et ce que j'ajoute, c'est que M. Joseph Reinach eut l'absurde générosité d'accorder, par pitié, l'aumône du silence qui lui était demandée.

Donc, le Jésuite du Lac avoue qu'il lui fallut une conversation de quatre heures pour essayer de modifier l'opinion de M. Joseph Reinach sur Boisdeffre, et que, malgré ses efforts d'éloquence, il n'y put réussir.

Donc, le Jésuite du Lac avoue avoir ainsi rapporté les paroles de Boisdeffre : « *Mon Père, bénissez-moi comme un homme qui attend le peloton d'exécution.* » Paroles qui supposent une conscience terriblement chargée.

Pour les autres confidences du chef d'Etat-major à son jésuite, elles se résument, suivant l'intéressé, en ce simple discours :

— Vous avez l'air fatigué, général ?

— Je le suis, mais j'ai fini mon travail et ils auront mon plan n° XIII au jour fixé.

J'observe d'abord que le Jésuite du Lac avait dit à M. Joseph Reinach qu'il voyait le général de Boisdeffre *tous les jours* quand celui-ci était chef d'Etat-major. Cela, le Jésuite n'ose pas le démentir. Il se borne à alléguer que le général de Boisdeffre ne lui a parlé du plan n° XIII, qu'*une seule fois*. Or, *il a formellement dit le contraire à M. Joseph Reinach.*

Il est bon de noter encore que le propos mis par le Jésuite du Lac au compte de Boisdeffre n'a pas de sens. Un plan de mobilisation ne s'achève pas à jour fixe, comme un pensum de jésuite. L'élaboration du plan n° XIII fut décidée par le Conseil supérieur de la Guerre le 5 février 1894. Il se trouva mis en vigueur dans sa totalité le 15 février 1895. Mais différentes parties en furent successivement exécutées au préalable ? notamment, dès septembre 1894, en ce qui concerne les fameuses troupes de couverture. « *Ils auront notre plan n° XIII au jour fixé* » est donc une parole de jésuite plus que de soldat, car elle ne répond pas du tout à la réalité militaire.

D'autre part, il faut dire que jamais M. Joseph Reinach n'a prétendu savoir du Jésuite que le propos eût été poussé plus loin. La lettre suivante en fait foi :

Au directeur de l'Agence Nationale,

2 février 1901.

Monsieur le Directeur,

Plusieurs journaux racontent que le général de Boisdeffre aurait communiqué ou livré au Père du Lac le plan de mobilisation n° XIII.

J'ai écrit — ce qui n'est pas du tout la même chose — que le général de Boisdeffre en avait entretenu le Père du Lac.

Il vaudrait mieux ne pas prendre un plan de mobilisation pour une carte et il faut tâcher d'être rigoureusement véridique.

Agréez, etc.

Joseph Reinach.

Comme M. Joseph Reinach, je n'ai pas varié sur ce point. Il est clair que si M. de Boisdeffre a fait au Père du Lac d'autres confidences criminelles, ce n'est pas du Jésuite que nous en aurons l'aveu. C'est pourquoi j'ai pris soin de toujours me maintenir dans les termes de la lettre de M. Reinach : « Le Père du Lac m'a raconté qu'il se rencontrait tous les jours avec le général de Boisdeffre quand celui-ci était chef d'Etat-major, *et que le général l'entretenait de la préparation du plan de mobilisation n° XIII* ». C'est simplement sur ces derniers mots que je me suis fondé pour démontrer que le général de Boisdeffre avait trahi son devoir : le fait de divulguer qu'il y a un nouveau plan de mobilisation étant un crime d'Etat prévu par les lois et puni comme trahison.

Le Jésuite du Lac, sans doute, prétend n'avoir jamais su ce qu'est un plan de mobilisation. Voilà qui est assez surprenant pour un homme qui a l'annuaire en permanence sur sa table et qui a préparé à Saint-Cyr de nombreuses générations d'officiers.

Mais fût-il vrai que le Père du Lac n'eût jamais entendu parler d'un plan de mobilisation, il n'en reste pas moins établi, par l'aveu du Jésuite lui-même, que le chef d'Etat-major lui a dit qu'il y avait un nouveau plan, et ce fait seul suffirait à faire condamner Boisdeffre s'il y avait des lois.

Jusqu'au 15 février 1895 la mobilisation se serait opérée en vertu du plan n° XII dans son ensemble. Quel avantage pour l'ennemi qui pouvait avoir des renseignements à cet égard, d'apprendre qu'il doit concentrer ses efforts d'information sur une organisation nouvelle !

Que le Jésuite du Lac, dépendant d'un chef espagnol en résidence à Rome aux mains de qui il est *perinde ac cadaver* (lequel négocie précisément à cette heure avec Guillaume II la rentrée de son ordre en Allemagne) s'avise de le répéter — même sans la comprendre — la phrase de Boisdeffre, et *il ne fait que confirmer la phrase incriminée du bordereau* par laquelle Esterhazy avertit Schwarzkoppen que « QUELQUES MODIFICATIONS SERONT APPORTÉES PAR LE NOUVEAU PLAN. »

Le renseignement d'Esterhazy a pu être ainsi confirmé à Schwarzkoppen par le Père du Lac, si celui-ci — d'autant plus dangereux qu'il ne comprenait pas le sens de ses paroles — a répété le propos de Boisdeffre à quelque bavard.

Comment ce qui est criminel chez Esterhazy serait-il innocent chez Boisdeffre, alors surtout que le renseignement est identique dans les deux cas ?

Pour le crime d'Esterhazy, Dreyfus demeura cinq ans à l'île du Diable.

Pour le crime de Boisdeffre (inconnu du public, mais connu de M. Waldeck-Rousseau) le gouvernement de la « défense républicaine » a pris d'avance la précaution de faire l'amnistie.

Mais Boisdeffre ni le Jésuite du Lac ne prévoyaient à ce moment M. Waldeck-Rousseau. Ils croyaient l'heure de la justice venue, les simples ! Une peur affreuse les tenait, qui les poussait aux démarches les plus compromettantes. Un nouveau procès s'annonçait. Les manœuvres du Jésuite avaient été révélées. On avait parlé de l'inculper. Il pouvait, il devait tout redouter. Quant à Boisdeffre, il tremblait d'effroi, pensant à ce qui était déjà connu, à ce qui le sera fatalement un jour.

Alors, M. de Mun qui, le jour où Pelletan parlait avait la grippe — quel dommage ! — amena M. de Boisdeffre au Jésuite, et le chef d'Etat-major à genoux demanda la bénédiction des condamnés. Et le Jésuite courut se jeter dans les bras même du Juif exécré contre qui se déchaînaient tous ses amis de l'Etat-major, et il lui demanda de faire mentir les témoins et de ne pas l'appeler lui-même en témoignage. Enfin il tâcha de l'apitoyer sur Boisdeffre pour obtenir, à force de supplications, la grâce du coupable.

Voilà la vérité sur laquelle le Jésuite du Lac cherche maladroitement à donner le change. Ces hommes d'Eglise ne s'adressant jamais qu'à des gens préalablement châtrés de toute puissance critique, se découvrent niais, malhabiles, désarmés, dès qu'ils ont devant eux des adversaires assez osés pour employer contre eux les ressonrces diaboliques de la simple raison. C'est ce qui fait que la prétendue défense du Jésuite du Lac se retourne tout entière contre lui et contre son client muet, le général de Boisdeffre qui, soit dit en passant, n'est pas au bout de ses peines.

17 *Mars* 1901.

VII

Acculé dans sa bauge

Douze heures après le bon à tirer du dernier numéro du *Bloc*, les journaux publiaient la lettre suivante du Jésuite du Lac à Camille Pelletan.

Versailles
40, rue des Bourdonnais.

14 mars 1901.

Monsieur le député,

La question entre nous était de savoir si un général français m'avait communiqué à moi, Français comme vous et comme lui, les secrets de la défense du pays, et de telle sorte que je puisse les confier en trahison à l'étranger par l'intermédiaire de mon supérieur général.

La question était là ; elle n'était point ailleurs. Il n'y a qu'à se rapporter au *Journal Officiel* du mardi 12 mars 1901, où l'on voit que vous insistez, pages 713 et 714, sur ce point, et sur ce point seulement.

L'autre question concernant la rétractation d'un témoin, vous n'y avez pas insisté parce que vous savez bien qu'aucune insistance ne m'amènera à y répondre jamais. Mais, encore une fois, ce n'est pas la question que vous avez portée à la tribune et traitée en de si longs développements.

La question de la trahison et de la communication du secret était celle qui vous intéressait, qui intéressait tout le pays, disiez-vous, celle sur laquelle ne tarissaient pas les journaux depuis six semaines, celle sur laquelle il vous fallait une réponse que vous attendiez, disiez-vous, mais que vous ne vous attendiez probablement pas à recevoir aussi nette et aussi prompte : car, une fois reçue, vous hésitez vingt-quatre heures à la publier et, quand vous le faites, vous annoncez que c'est votre ami M. Clemenceau qui se chargera d'y répondre.

Nous allons bien voir samedi ce que le *Bloc* dira pour répondre à ceci : « Non, aucun général, aucun officier ne m'a jamais confié aucun secret quelconque qui se rapporte de près ou de loin à la défense nationale, car vous auriez beau me faire arrêter, me soumettre à n'importe quel *carcere duro*, ou me promettre de laisser tranquilles les congrégations (reconnues ou non reconnues), vous ne me feriez jamais dire ce que c'est que le plan numéro XIII, car je n'en ai jamais su le premier mot, et je ne le sais point encore à l'heure qu'il est.

Fallait-il donc vous le dire, monsieur le député ? Et vous ne trouvez pas ces allégations de journaux puériles ? Vous n'êtes vraiment pas difficile et vous donnez là à M. Clemenceau une preuve héroïque de votre amitié pour lui.

Vous nous en donnez aussi, à nous, une très certaine de la pauvreté de vos arguments contre l'existence des congrégations, et c'est l'opinion générale du pays.

Veuillez en agréer l'assurance, monsieur le député, et me permettre d'y joindre celle des prières que nous adressons à Dieu pour qu'il vous éclaire, vous et vos amis.

Du Lac.

Je me trouve avoir répondu d'avance avec assez de netteté pour que le Jésuite du Lac n'ose plus risquer un mot.

Pelletan avait écrit : « Ce n'est pas à moi qu'il appartient de répondre au Père du Lac, c'est à l'homme politique dont j'ai produit le *témoignage*, incontesté pendant un mois et demi ». Pour quiconque sait lire, le mot « *témoignage* » ne peut s'appliquer qu'à M. Joseph Reinach, *qui a seul la qualité de témoin*, dans cette affaire, contre le Jésuite de l'Etat-major. Mais celui-ci ne se sent pas de force à entrer en discussion avec l'homme qui peut le convaincre de mensonge en lui mettant le texte même de ses paroles sous le nez.

C'est alors que, pour esquiver le coup, il imagina de me mettre en cause, alors que j'avais dès l'origine indiqué comme témoin à charge contre lui, M. Joseph Reinach, son interlocuteur. Toutes les allégations contre lesquelles se débat le Jésuite, émanent de M. Joseph Reinach, qui, dans une lettre publique, sous sa signature, a confirmé point par point tout ce que j'avais dit. Pendant deux mois le Jésuite n'a pas trouvé une parole de réponse. Contraint par ses amis de parler, c'est avec Pelletan qu'il tente de s'expliquer, puis avec moi, car tout interlocuteur lui convient sauf celui dont le témoignage l'accuse. Encore est-ce à la condition de poser les questions à sa manière, et de se dérober à toute discussion quand la vérité le confond.

« *La question entre nous*, écrit-il à Pelletan, *était de savoir si un général français m'avait communiqué à moi, Français comme vous et lui, les secrets de la défense du pays, et de telle sorte que je pusse les confier en trahison à l'étranger par l'intermédiaire de mon supérieur général.* »

Il plaît au Jésuite de choisir cette unique question pour objet du débat, mais toutes les autres accusations n'en demeurent pas moins précisées contre lui par un témoignage accablant. Cependant j'accepte la question même telle qu'il la pose, et je réponds par *l'affirmative*, en montrant que *la révélation d'un nouveau plan par le chef d'Etat-major Boisdeffre au Jésuite inter-*

nationaliste du Lac était identique à celle d'un des articles les plus incriminés du bordereau d'Esterhazy pour lequel Dreyfus passa cinq ans à l'île du Diable. J'ai cité les textes. L'identité est frappante. Pour une ridicule histoire de pigeons voyageurs, le colonel Picquart a passé onze mois en prison. S'il avait confié à qui que ce soit qu'il y avait un nouveau plan de mobilisation, il serait certainement à cette heure au bagne. Grâce à la protection de la Compagnie de Jésus entre les mains de qui il a trahi son devoir, Boisdeffre est intangible. Peut-être n'en sera-t-il pas toujours ainsi.

Quant au Jésuite du Lac qui me posait des questions par l'entremise de Pelletan et qui attendait le poing sur la hanche la réponse du *Bloc*, depuis que la réponse du *Bloc* a paru, il n'a trouvé d'autre réplique que le silence.

NON, *disait-il fièrement, aucun général, aucun officier ne m'a jamais confié aucun secret quelconque qui se rapporte de près ou de loin à la défense nationale,* CAR *vous auriez beau me faire arrêter, me soumettre à n'importe quel « carcere duro », ou me promettre de laisser tranquille les congrégations (reconnues ou non reconnues),* VOUS NE ME FERIEZ JAMAIS DIRE *ce que c'est que le plan n° XIII, car je n'en ai jamais su le premier mot, et je ne le sais point encore à l'heure qu'il est.*

Admirez, je vous prie, ce raisonnement bien digne de la Compagnie de Jésus : Aucun général n'a confié un secret à du Lac, CAR *il ne l'avouera jamais.* Il n'y a pas d'assassin, avec ce mode de « preuve », qui ne fût certain d'obtenir toujours son acquittement. Avant le Jésuite, Avinain trouva le grand secret : « *N'avouez jamais* ». Donc le Jésuite n'avouera pas. Mais j'ai prouvé que nous n'avons pas besoin de son aveu. Je sais qu'il a dit à M. Joseph Reinach avoir entendu le chef d'Etat-major lui parler *à plusieurs reprises* de la préparation du plan de mobilisation n° XIII. Il n'importe. Prenant le texte même du Jésuite, j'ai prouvé que son seul aveu suffirait pour établir la culpabilité de Boisdeffre. Et Boisdeffre et le Jésuite ont gardé le silence. Boisdeffre s'est fait porter malade dès que la discussion fut ouverte. Le *Gaulois* nous annonçait une congestion pulmonaire. Deux jours après, l'orage paraissant calmé, Boisdeffre était en état de recevoir ses amis, au premier rang desquels je compte que s'est trouvé le « Bon Père ».

Boisdeffre, plus sage que du Lac, a pensé qu'il était imprudent de commencer une discussion, après deux mois de silence, pour s'arrêter court au moment le plus délicat. Je lui demandais pourquoi ce qui était crime chez Esterhazy était, chez lui, innocent badinage. Il n'a rien répondu, et, s'il avait mis dans la balance le poids de ses affirmations, je n'aurais pas manqué de lui opposer quelques faits, pour lui montrer le cas qu'il convenait d'en faire.

Le 4 décembre 1897, Boisdeffre envoya au Ministre de la Guerre une note qu'il le pria de communiquer à l'agence Havas. Cette note fut affichée dans les couloirs de la Chambre, et ce fut justement M. de Mun, l'ami de Boisdeffre, qui essaya d'en tirer parti à la tribune. Elle est ainsi conçue :

« Le général de Boisdeffre n'a jamais télégraphié ni écrit quoi que ce soit au commandant Esterhazy, qu'il n'a jamais vu et auquel il n'a jamais fait ni fait faire aucune communication. »

(*Voir le* Temps *du 7 décembre 1897, 4e page.*)

Ceci était affirmé après les manœuvres de collusion d'octobre et de novembre 1897, après le projet de lettre anonyme pour avertir Esterhazy, qui arriva jusqu'au Ministre Billot, passant donc forcément de Gonse à Boisdeffre hiérarchiquement.

En plein procès Zola, Boisdeffre confirmait l'authenticité du faux Henry, que Pellieux avait proclamé, la veille, une preuve irréfutable de la culpabilité de Dreyfus. Boisdeffre s'exprime ainsi :

« Je confirme de tous points la déposition du général de Pellieux, comme exactitude et comme authenticité » (*Procès Zola*, 1, page 127).

Pourtant cette authenticité était pour lui si douteuse qu'il s'était obstinément refusé en 1896 à montrer la pièce à Picquart qui eut de suite reconnu et dénoncé la supercherie. Embarrassé d'expliquer pourquoi ce faux n'avait pas été soumis à Picquart, chef de service, il parle d'une absence de ce dernier, ce qui est *matériellement faux*, car Picquart alors était présent à Paris. C'est plus tard (*vers la fin d'octobre*) que le colonel Picquart, étant absent pour une mission de courte durée, arriva le faux Henry. (*Cassation*, I, p. 263).

Au sujet de la lettre que lui aurait écrite Gonse, le 6 janvier 1895, relativement aux prétendus aveux de Dreyfus, lettre qui a été manifestement écrite après coup, probablement en 1897. Boisdeffre dit :

« *Je lui ai rendu sa lettre* (à Gonse) pour qu'il pût la garder comme document (*Cassation*, I, p. 261).

Cette version est corroborée à ce moment par la déposition de Gonse (*Cassation*, I, 246).

Mais à Rennes, Gonse oublie le récit convenu entre lui et Boisdeffre, et il donne naïvement une autre explication :

« J'ai pris copie de ma lettre, je l'ai conservée et je *l'ai versée au dossier* (*Rennes*, 1, p. 551).

Avec un tel dossier de véracité, Boisdeffre fut donc prudent de ne rien dire, tandis que le Jésuite malavisé commençait la conversation pour se trouver langue et plume paralysées à la première question embarrassante. Les deux compères savent qu'ils n'ont rien à craindre de M. Waldeck-Rousseau. Mais la complicité du gouvernement n'empêchera pas la vérité d'être connue, et qu'ils taisent ou qu'ils balbutient un semblant de défense, les coupables seront confondus.

Déjà il est établi qu'au lendemain de l'arrêt de la Cour de cassation qui allait provoquer un nouveau procès Dreyfus, du Lac est allé demander grâce pour lui-même et pour Boisdeffre au Juif que leurs meilleurs amis proposaient de *décerveler* et de faire gigoter dans une chemise soufrée.

Déjà il est établi que devant ce Juif dont la peau devait servir, suivant les souscripteurs du monument Henry, à faire « une descente de lit », du Lac a mis le chef d'Etat-major de l'armée française en posture de suppliant demandant la bénédiction suprême avant les douze balles du peloton d'exécution.

Déjà il est établi que le Jésuite lui-même n'a pas fait meilleure figure, suppliant l'homme contre qui il déchaînait la haine publique de ne pas le faire citer en justice — par crainte de passer du banc des témoins à celui des accusés. Sur ce point le malheureux affolé nous apprend qu' « *aucune insistance ne l'amènera jamais à répondre* ». Mais le premier juge lui ferait comprendre que ces scrupules sont trop tardifs en vérité, et qu'il n'est point de raison légitime pour céler aux chrétiens ce qu'il n'a pas craint de confier au Juif exécrable.

Déjà, il est établi que la divulgation d'un secret d'Etat intéressant au plus haut point la défense militaire doit être mise au compte de l'ancien chef d'Etat-major dont le rôle, jusqu'ici, est resté dans l'ombre.

Il est établi enfin que M. Waldeck-Rousseau, connaissant toutes ces choses ignorées du public, non seulement n'a pas mis la justice en action, mais a d'avance absous les coupables par une loi d'amnistie dont il a pris soin de cacher toute la portée au Parlement.

Et pour que tous les faits articulés contre du Lac et Boisdeffre soient maintenus dans leur forme première par le seul témoin de qui la révélation en pouvait venir, je me joins à Pelletan pour demander à M. Joseph Reinach de vouloir bien dire s'il estime qu'une seule de ses affirmations soit atteinte — si légèrement que ce soit — par les prétendues réponses du Jésuite de l'Etat-major. Du Lac n'ose se mettre en face de lui. Pour essayer de dérouter l'opinion, il feint d'escarmoucher avec d'autres, quitte à fuir le débat honteusement quand on l'accule à la nécessité d'un oui ou d'un non. Il me semble que, dans ce cas, M. Joseph Reinach ne peut moins faire que de répondre clairement à cette question claire : « Maintenez-vous dans son intégralité tout ce que vous avez dit, ou voyez-vous, les balbutiements du Jésuite entendus, quelque atténuation, quelque modification à y faire ? »

24 *Mars* 1901.

VIII

Le coup de la fin

J'ai reçu de M. Joseph Reinach la lettre suivante :

Paris, ce 22 mars.

Mon cher ancien collègue,

Vous m'invitez à répondre aux lettres du Père du Lac à Camille Pelletan.

Le Père du Lac n'a contesté aucune des affirmations de ma lettre du 28 janvier au gérant du *Figaro ;* il a confirmé ce que j'avais dit du plan XIII.

Les faits que j'ai relatés, et dans les termes précis où je les ai relatés, restent donc acquis.

Je n'ai pas, dès lors, à répondre au Père du Lac, mais

simplement, à prendre acte de ce que vous avez appelé, à bon droit, des aveux.

Croyez, mon cher ancien collègue, à tous mes sentiments les plus distingués.

Joseph REINACH.

Après ce dernier coup, il ne reste plus au Jésuite du Lac qu'à se mettre en pénitence pour le reste de ses jours. Bien qu'il ait tout fait pour ne pas discuter avec M. Joseph Reinach, bien qu'il n'ait osé discuter avec Camille Pelletan, et subséquemment avec moi, qu'un seul point, sur lequel je m'en étais toujours tenu au texte de M. Joseph Reinach, il n'a pu éviter la confusion finale qui lui était réservée.

M. Joseph Reinach constate que de ses affirmations précises, détaillées, *publiées il y a plus de trois mois*, le Jésuite n'a rien contredit. La démonstration de vérité est assez claire.

Sur la seule question du plan n° XIII, le Jésuite a misérablement essayé d'accréditer une équivoque, après deux mois de silence. Je lui ai prouvé, sans qu'il ait tenté une réplique impossible, que le propos avoué par lui suffisait à faire condamner Boisdeffre au même titre que l'auteur du bordereau. Et devant cette constatation publique, l'ancien chef d'Etat-major général de l'armée française a gardé le silence. Il faut le répéter cent et cent fois, tant le fait paraît incroyable !

M. Joseph Reinach prend acte de ces AVEUX, comme j'ai fait déjà. J'aime à penser que la formule ne sera pas vaine, et qu'un peu de vérité conquise nous mènera, par des voies lentes peut-être mais sûres, à plus de vérité encore.

31 *Mars* 1901.

IX

Le silence du commandant

Le commandant Cuignet nous avait promis des révélations sur le « faux Delcassé » et M. Charles Maurras, du *Soleil* et de la *Gazette de France*, s'était porté garant que les promesses du commandant Cuignet seraient tenues. Ici même, dès sa sortie de prison, j'ai invité M. Cuignet à tenir ses engagements. Il a gardé le silence. Et voici que M. Maurras, pour sauver la face, se plaint que « M. Joseph Reinach, ni M. Yves Guyot, ni M. Clemenceau n'ont tenté la plus vague réplique aux articulations du commandant ».

Quand ces allégations se sont produites pour la première fois, je les ai longuement discutées dans l'*Aurore* et j'en ai fait voir, avec beaucoup d'autres confrères, la ridicule absurdité. M. Yves Guyot y a si bien répondu dans le *Siècle*, que M. Cuignet le menaça d'un procès, sans oser pousser plus loin l'aventure. Enfin, M. Joseph Reinach, *dans son Histoire de l'affaire Dreyfus*, a fait, point par point, la critique des « articulations » de M. Cuignet. Qu'en reste-t-il donc ? Ceci, que M. Cuignet nous avait promis la preuve et ne nous l'a pas donnée. J'en avais déjà fait la remarque dans le *Bloc*. La diversion malheureuse de M. Maurras nous donne l'occasion de constater une fois de plus que nous avons attendu jusqu'ici vainement la fameuse démonstration promise.

Ce que M. Delcassé a fait dire, à cet égard, est faux et sa version sera reconnue fabuleuse à ce signe évident : son absurdité. Il faudra bien que l'on sache s'il y a eu faux et mensonge. La responsabilité ministérielle, tant de fois éludée par les prédécesseurs de M. Delcassé, ne peut être ici un vain mot. Je lui en fais promesse. Il l'éprouvera.

Ainsi parlait M. Charles Maurras dans le *Soleil* du 11 janvier dernier.

La menace est fort claire. Il ne manque que l'exécution.

X

Gribelin

Qui avait oublié l'homme aux lunettes bleues, rôdant le soir dans le parc de Montsouris en compagnie de du Paty de Clam, en fausse barbe, à la recherche du traître Esterhazy qu'il fallait à tout prix sauver du châtiment de sa trahison. Gribelin fut l'homme à tout faire de la bande criminelle qui s'était emparée de l'Etat-major. Delegorgue, plus canaille que bête, l'avait flairé « allumeur de lampes ». L'emploi ne paraissait pas en effet au-dessus de ses capacités intellectuelles, car on le devinait de mèche avec toutes les lumières de l'obscurantisme clérico-militaire. Boisdeffre l'estimait et Gonse lui tapait sur le ventre. Lauth et Pellieux l'aimaient. Roget le regrettera toujours. Pour Henry et Esterhazy, ces deux symboles de « l'honneur », c'était un frère. Du Lac enfin le mettait dans ses prières. Et, quand il avait besoin d'un mensonge, Mercier criait : Allez me chercher Gribelin.

Une tête de bois, un regard de merlan frit, une moustache de brosse à dents avec une expression d'intelligence correspondante. D'ailleurs remarquablement dressé, non pas à la parade prussienne, comme du Paty de Clam ou au faux témoignage savant, comme Mercier, mais à la récitation mécanique de toute leçon apprise.

Il a vu Picquart et Leblois conférer au ministère de la guerre à une époque où Leblois n'était pas à Paris. Toutes ses allégations sont à l'avenant. Son principe est celui d'Henry qui disait à Picquart : « Quand j'étais aux zouaves, le capitaine X. pinça le fils d'un colonel en flagrant délit de vol. Il l'a fait condamner malgré tout ce qu'on a pu lui dire. Eh bien, quoi ! Jamais il n'a eu d'avancement ». Cela pour montrer à Picquart qu'il ne devait pas s'occuper de l'affaire Dreyfus. Picquart n'a pas voulu comprendre : mais, pour Gribelin, l'apologue était à la hauteur de son intelligence. Aussi, plus heureux que le capitaine des zouaves, nous allons voir qu'il ne peut rien souhaiter en fait d'avancement.

Gribelin a des mots. Lorsqu'on lui proposa la mascarade de la fausse barbe et des lunettes bleues, il dit à du Paty de Clam : « Mon commandant, j'aimerais mieux que la guerre éclatât demain et qu'il fallût marcher au feu ». Notez que si la guerre éclatait demain, Gribelin est un des rares « soldats » qui auraient pour premier devoir non de marcher au feu, mais de s'asseoir dans une chaise au milieu d'une salle d'archives.

L'homme posé, voyons son rôle.

Lorsque Picquart quitta le service des renseignements, en 1896, il chargea Gribelin, dont c'était la fonction, de lui faire tenir sa correspondance.

Gribelin s'empressa de faire passer au cabinet noir les lettres adressées à Picquart. *Il permit ainsi la fabrication de la fausse lettre Speranza composée avec des expressions empruntées aux correspondants de Picquart.* Puis il retint le susdit faux au 2e bureau, se gardant bien de le faire suivre à son adresse, ce qui eût mis la victime en éveil.

Pendant qu'il faisait ce beau métier sous la direction d'Henry et de Gonse, *il écrivait à son ancien chef des lettres débordantes de reconnaissance et de dévouement* : ce qui explique sans doute l'aveuglement de Picquart lui décernant un certificat d'honnête homme en plein procès Zola.

Dans le cas où on lui eût appliqué la loi, Gribelin attrapait tout simplement trois mois de prison pour détournement de correspondance, et même de la réclusion si la complicité de faux était établie.

Vers la même époque, Gribelin tenta de suborner un agent du commissaire spécial Tomps pour lui faire dire que le fac-simile du bordereau d'Esterhazy avait été livré au journal *le Matin* par Picquart.

En 1897 nous voyons Gribelin chausser ses fameuses lunettes bleues pour prendre une part active aux manœuvres de collusion en faveur d'Esterhazy.

Devant Pellieux et au conseil de guerre où Esterhazy fut acquitté, Gribelin affirme avec une admirable effronterie, *sous la foi du serment*, qu'il a vu Picquart et Leblois ayant devant eux le dossier secret Dreyfus *à une époque où Leblois n'était pas à Paris.*

Devant le conseil d'enquête qui se prononça pour la mise en réforme de Picquart, il fait le même conte. Il insinue que Picquart a communiqué à Leblois le dossier secret des pigeons voyageurs, et il aggrave sa calomnie en *déposant sur la table du conseil ce dossier secret, comme par inadvertance, au lieu de la liasse de circulaires banales qu'avait étudiées Leblois.*

Au procès Zola il répète sa fable relative au dossier secret Dreyfus, et il prétend que Picquart lui a demandé de faire apposer un cachet de la poste sur une lettre. Il appuie ainsi jésuitiquement Lauth qui affirmait que Picquart avait voulu faire timbrer le « petit bleu ».

Devant le juge d'instruction Fabre, devant Tavernier, il répète et complète ses accusations fabriquées. Néanmoins, après le suicide d'Henry, il reste à peu près le seul témoin important. Il a ainsi grandement contribué à faire maintenir Picquart en prison, et c'est grâce à lui que l'affaire des pigeons voyageurs a pu être retenue.

Henry ayant failli sur ce point au procès Zola, qui donc pourra l'aider à faire croire que Picquart a montré à Leblois le document libérateur ? Qu'à cela ne tienne, Gribelin va trouver Capiaux, le concierge du ministère, et à la suite de leur conversation, Capiaux jure qu'il a vu, en août et septembre 1896, Picquart en conciliabule avec Leblois — qui, en réalité, se trouvait alors à plus de cent lieues de Paris.

Plus tard, lors de l'enquête de la Cour de Cassation, Gribelin essaie de tromper les juges et de leur faire croire que le dossier secret n'a pu être communiqué aux membres du Conseil de guerre qui a jugé Dreyfus. Mais, en bon jésuite, il se ménage une porte de sortie. Il ne saurait préciser l'époque à laquelle il a serré le dossier secret dans l'armoire. Mais il y a « *de grandes chances*, dit-il, *pour que ce soit avant le jugement* ».

Enfin, à Rennes, Gribelin réédite toutes ses leçons, et y ajoute des insinuations malveillantes sur la manière dont les fonds secrets ont été gérés par Picquart.

Tout cela demandait bien une récompense. La campagne de Montsouris avec des lunettes bleues valait à elle seule une action d'éclat.

Aussi Gribelin, *qui fait toujours partie de l'Etat-Major de l'armée*, a-t-il vu sa situation et sa *considération* (!) s'accroître en proportion de ses méfaits.

A la suite du faux Henry, Gonse fut porté au

tableau d'avancement pour le grade de général de division, Henry, pour lieutenant-colonel, Gribelin pour chevalier de la Légion d'honneur. Quoi d'étonnant? Quand tout fut découvert, Galliffet décorait bien Lauth, avec l'approbation de Waldeck-Rousseau et de Millerand, qui eux-mêmes plus tard, lorsque Mercier fut reconnu pour un faux témoin, firent une loi exprès pour lui permettre de troquer le bagne contre un siège de sénateur.

Gribelin, cependant, poursuivait son chemin vers les honneurs. Maintenu dans sa situation par le général André, que les attaques nationalistes et les objurgations de M. Loubet ont sans doute fini par déconcerter, Gribelin est devenu, en vertu de la loi du 2 juillet 1900, Monsieur l'officier d'administration de première classe. Il a rang d'officier. Il est assimilé à un capitaine. Il porte les galons de ce grade et a droit aux honneurs correspondants. Enfin, grâce à une circulaire du ministre de la guerre en date du 7 novembre 1900, il est pourvu d'un soldat-ordonnance détaché d'un des corps de la garnison.

Je ne plaisante pas. Un homme des champs est arraché pour trois ans à sa famille, à sa charrue, dans le seul but de servir Gribelin, de cirer ses bottes, de vider ses eaux ménagères. Et cela même, à titre d'étude de guerre, car vous savez qu'on ne peut faire un soldat en moins de trois ans de travail assidu.

Avancement automatique — comme la décoration de Lauth. Il est vrai que tous les archivistes ont été comblés en même temps des mêmes faveurs par le ministre de la guerre André, avec la ratification du Parlement. Mais les autres archivistes n'avaient pas les états de services de Gribelin.

Peut-être s'étonnera-t-on que Gribelin profite des dispositions légales qui lui sont favorables, alors qu'on a totalement négligé de lui appliquer les articles du Code pénal qui concernent son cas, ou tout au moins les mesures disciplinaires qu'aucune amnistie n'a encore abolies.

Ah ! si le général André avait été en ce temps-là ministre de la guerre !

Mais qu'est-ce que je dis là ? C'est au général André lui-même que Gribelin est redevable de toutes ces faveurs. Et, pour comble, il y a quelques semaines, *le général Pendezec, chef d'état-major général, a osé proposer de promouvoir au grade de commandant le lampiste des faussaires.*

Cette fois, c'était trop. La proposition a été accueillie par un haussement d'épaules. Il n'en est pas moins vrai qu'après avoir amnistié les criminels, le gouvernement de la justice républicaine les fait monter en grade et les couvre d'honneurs. Est-ce cela qui nous fut promis ? Ou serait-ce par hasard le contraire ?

9 *Juin* 1901.

XI

Une lettre de Scheurer-Kestner

Je tiens à honneur de publier la noble lettre que Scheurer-Kestner écrivit à l'abominable André Lebon, alors son ami, dès qu'il eut acquis la preuve de l'innocence de Dreyfus.

C'est l'un des plus précieux et des plus beaux documents de la campagne pour la justice et pour la vérité.

Thann, 18 septembre 1897.

Mon cher ami,

Il y a dix-huit mois que je cherche la vérité sur le compte

de Dreyfus. Personne ne m'y a poussé ; je n'ai eu aucuns rapports avec aucune personne de la famille, et si l'ami commun dont vous me parlez est allé vous trouver, c'est que je l'en ai prié spontanément. C'est la seule occasion où j'ai fait usage de son entremise.

Cela bien établi — et vous savez que c'est la vérité, puisque je vous le dis — voici où j'en suis.

Le 13 juillet, j'ai été enfin en mesure de me faire une opinion, après un labeur de quinze mois, pendant lesquels j'ai passé, combien de fois ? dix fois, vingt fois ? de la croyance à la culpabilité à celle de l'innocence et vice versa.

Convaincu (le mot est insuffisant) que Dreyfus est innocent et qu'il y a eu une erreur judiciaire, quel a été mon premier acte ? Faire prévenir la malheureuse veuve de ma conviction et de ma décision de faire cesser l'iniquité ! Mon cœur et ma droiture m'y ont poussé.

Mon second acte a été d'autoriser cette malheureuse (que je ne connais pas, que je n'ai jamais vue) à le faire savoir à son mari. J'ai su que la lettre dans laquelle on parlait de ma décision a été retenue. Je m'abstiens de tout commentaire, mais je ne vous cacherai pas que je ne vous ai pas reconnu.

C'est alors que je me suis adressé à notre ami commun, en lui envoyant la lettre dont il a dû vous donner connaissance. Il m'a écrit que vous refusez, que vous entendez vous couvrir d'une décision du Conseil des ministres. Je viens de lui répondre que cette procédure ne me paraît pas utile : *on ne vous en parlera donc plus.*

Vous faites appel aujourd'hui à des sentiments qui, dans toute autre circonstance, me forceraient à battre en retraite.

Mais je vous résiste. Vous ne savez pas ce que je sais ; il y en a peu, je crois, qui le savent !

Que feriez-vous si vous aviez ma conviction ? vous agiriez comme moi, vous fouleriez aux pieds le crime d'Etat qu'on décore du nom de raison d'Etat, ou vous vous mépriseriez vous-même. Mais vous ne savez rien, pas plus que la majorité de vos collègues, et cela vous laisse le courage de me demander de m'arrêter.

Eh bien ! moi, je sais, et si le ministère ou le ministre, n'importe, ne fait pas son devoir, c'est moi qui ferai le mien.

Vous savez si je suis homme à rechercher le bruit, la popularité malsaine, et à faire parler de moi. La mission réparatrice que je me suis imposée ou plutôt que ma conscience m'impose, que l'honneur de la République commande, je la remplirai jusqu'au bout. Vous me connaissez sans doute assez pour vous dispenser d'illusions sur *ce qu'on pourra obtenir de moi !*

Qu'il s'agisse de politique ou d'autre chose, je ne me souviens pas d'avoir reculé, lorsque je jugeais l'honneur en jeu. Et dans la circonstance, c'est l'honneur des hommes qui gouvernent, comme celui de la République, c'est le mien qui sont en jeu !

L'intérêt supérieur dont vous me parlez, je le connais mieux que vous — c'est usé ! Il ne s'agit que d'une *question intérieure*, entendez-moi bien !

Que ceux qui redoutent la lumière aujourd'hui fassent leur devoir et je rentrerai dans ma coquille. Je leur donnerai pour cela, le temps moralement nécessaire. Mais si leur lâcheté politique les en empêche, tant pis pour eux ! Quels qu'ils soient, je passerai outre.

Je vous dis que Dreyfus est innocent. Je vous dis qu'il est la victime d'une erreur judiciaire ; je vous dis qu'*on* le sait ; je vous dis qu'*on* préfère charger sa conscience d'un crime — car c'en est un aujourd'hui — que de reconnaître publiquement qu'on s'est trompé. Je vous dis que de pareilles choses sont inacceptables au dix-neuvième siècle ; je vous dis qu'elles déshonorent la République ; je vous dis qu'elles feront dans l'histoire une triste place au Gouvernement d'aujourd'hui ; je vous dis que, dussé-je y perdre ma situation dans le monde, je remplirai mon devoir !

L'amitié que je ressens pour vous m'a dicté cette trop longue lettre. Je vous serre affectueusement la main.

A. Scheurer-Kestner.

On connaît la réponse du bourreau. Il n'osa pas revenir à la double boucle, mais quatorze gardiens, jour et nuit, le revolver au poing, ne perdirent pas un des mouvements du condamné. On hissa un canon Hotchkiss sur la plate-forme d'une tour construite tout exprès au milieu de l'île.

Je rencontrai hier un parlementaire, qui cherchait

à excuser le tortureur. « *Que voulez-vous me disait-il, s'il n'avait pas fait cela, il aurait pu être renversé par la Chambre!!* » Il n'y a rien de si vrai. C'est pour garder son portefeuille que Lebon fit mettre Dreyfus aux fers, et plus tard il fallut la lettre de Scheurer-Kestner pour révéler toute la profondeur de cette infamie.

26 *Mai* 1901.

XII

Le Pilori

Sous ce titre : *Histoire de l'affaire Dreyfus*, M. Joseph Reinach commence la publication d'une œuvre dont on ne se débarrassera pas aisément. C'était une entreprise difficile d'exposer dans leur suite méthodique un amas si prodigieusement confus d'événements à propos desquels s'est dépensé le plus grand effort de mensonge connu dans les annales humaines. C'était une entreprise plus difficile encore d'enchaîner les faits selon la vérité historique, de les engrener l'un dans l'autre suivant les données psychologiques fournies par les innombrables documents de l'affaire, de façon à produire chez le lecteur la sensation d'évidence qui s'impose. Cette double difficulté, l'auteur l'a résolue avec un bonheur qui donne l'illusion de la facilité. M. Joseph Reinach, dont la plume s'abandonne volontiers au plaisir du développement, a trouvé cette fois, sous l'empire du sentiment profond qui l'a mis en action dans l'affaire Dreyfus, le style sobre et de puissance contenue qui convenait au sujet. Il dit avec simplicité. Et l'émotion du récit, d'où tout art semble absent, devient bientôt si poignante qu'on ne peut se détacher de cette lecture. Le livre ouvert ne peut plus être fermé.

C'est qu'il n'y eut peut-être jamais de plus beau drame vivant, avec tout un peuple pour acteur. L'homme qui le raconte l'a assez vécu pour être tout vibrant encore des sensations de la dure bataille, et pour nous en rendre, d'art ou de sincérité, le meilleur.

A ses débuts dans la vie politique, M. Joseph Reinach s'est trouvé, malheureusement pour lui, du côté des plus forts, et il faut bien dire qu'il ne s'est pas signalé par son extrême bienveillance pour ceux qui n'adoraient pas aux mêmes autels. Gambetta, Galliffet, le faisaient magnifique. Il regardait de haut ceux qui s'obstinaient dans la défense de l'idée. A la Chambre, quand on dénonçait le langage antipatriotique de Galliffet, M. Joseph Reinach s'écriait : « *Vous insultez l'armée* ». Combien de fois, depuis, ce cri fut-il retourné contre lui ! Car Jehovah ayant retiré sa main puissante, le fils d'une race opprimée se trouva soudainement aux prises avec tout un peuple hurlant de moines et de reîtres sans autre bouclier que l'idée naguère tant honnie. Rendons-lui cette justice : il accepta la lutte vaillamment, montrant qu'il y avait en lui, selon le mot de Picquart, du sang de Judas Macchabée. J'ai souvent entendu dire que si Dreyfus n'avait pas été juif, on aurait vu M. Joseph Reinach dans l'autre camp. Il est trop aisé de faire de ces hypothèses. Ce qui est vrai, c'est que M. Joseph Reinach, quand tant de grands juifs se cachaient dans leur cave et s'y cachent encore, s'est offert bravement aux coups et en a reçu, sans broncher, sa bonne part. Maintenant, il a le droit de parler, ayant combattu.

Pour aujourd'hui, l'examen de son premier volume

m'entraînerait trop loin. J'y reviendrai certainement, car tout n'est pas dit de cette affaire, qui, fâcheusement pour la bonne renommée du peuple français, attend encore la solution de justice. J'y reviendrai surtout pour tirer des faits acquis les conclusions de réformes urgentes que l'avortement de justice organisé par MM. Waldeck-Rousseau et Millerand a permis d'esquiver jusqu'ici.

Par une singulière fortune, personne n'a contribué plus efficacement que M. Joseph Reinach à la formation de ce gouvernement qui devait mentir à ses promesses, trahir toutes les espérances par le concours desquelles il prit possession du pouvoir. Cette histoire sera dite un jour. En attendant, le livre de M. Joseph Reinach est un assez beau commencement de revanche. Je me borne à le signaler aujourd'hui, en même temps que je prends acte du silence par lequel il est accueilli dans le camp de l'Eglise. Où donc cette vertueuse rage d'antan? N'avez-vous donc point entendu parler du livre qui, simplement parce qu'il est vérité, se trouve contre vous un acte de mortelle offensive, ô défenseurs d'Esterhazy, de Henry, de Mercier, de Boisdeffre et de tous les faussaires ? Que faites-vous ? Pourquoi laisser passer cette occasion tentante de traîner et de retraîner le Juif aux gémonies ? Ils se taisent les malheureux ! La vérité obstrue la gorge des menteurs. On implore vainement de du Lac un dernier mensonge pour Arthur Meyer. Ils se taisent, et jamais silence ne contint plus d'aveux, ne proclama plus manifestement une vérité plus accablante.

1° On leur dit, on leur prouve, que le bordereau n'est pas arrivé par le cornet et en morceaux, comme en ont témoigné, sous la foi du serment, mais contrairement à la vérité, Mercier, Boisdeffre, Gonse et Cavaignac.

Pas une protestation. Pas un mot.

2° On leur dit, on leur prouve, que le bordereau a été volé dans la loge du concierge de l'ambassade d'Allemagne par l'agent Brucker, aujourd'hui encore à la solde de l'Etat-major.

Pas une protestation. Pas un mot.

3° On leur dit, on leur prouve, que le bordereau était intact dans son enveloppe, qu'il a été frauduleusement déchiré par Henry, pour faire croire qu'il venait du cornet et que l'enveloppe a été détruite, enveloppe qui portait, selon toute probabilité, le timbre de Rouen.

Pas une protestation. Pas un mot.

4° On leur dit, on leur prouve, que Mercier, pendant tout le cours de l'enquête, a systématiquement trompé Casimir-Périer, indifférent, Hanotaux, perspicace, mais poltron, — Dupuy, poltron, mais point perspicace.

Pas une protestation. Pas un mot.

5° On leur dit, on leur prouve, que la fameuse scène de la dictée a été une indigne comédie, parce que l'arrestation de Dreyfus était décidée d'avance, et que Mercier, Boisdeffre et Gonse se sont, ici encore, parjurés en passant sous silence le conseil secret, enfin reconstitué, où l'ordre d'arrêter le juif fut donné ferme.

Pas une protestation. Pas un mot.

6° On leur dit, on leur prouve, que Mercier, Boisdeffre et Du Paty, sous une inspiration évidemment monacale et selon les procédés de l'Inquisition, ont cherché, systématiquement, à jeter Dreyfus dans le suicide ou dans la folie, et qu'ils ont perfectionné l'ancienne torture.

Pas une protestation. Pas un mot.

7° On leur dit, on leur prouve, qu'Henry, pour forcer la main à Mercier encore hésitant, a révélé l'arrestation de Dreyfus à la *Libre Parole*, et que Cuignet et Roget ont mis, faussement, cet acte d'audace et d'indiscipline sur le dos de Du Paty.

Pas une protestation. Pas un mot.

8° On leur dit, on leur prouve, qu'Hanotaux a laissé ignorer à Casimir-Périer les déclarations formelles, officielles, du comte de Munster affirmant, par ordre de l'empereur Guillaume, que jamais les agents prussiens n'avaient travaillé avec Dreyfus.

Pas une protestation. Pas un mot.

9° On leur dit, on leur prouve, que Mercier n'a pas conçu, de lui-même, la forfaiture — la communication des pièces secrètes — mais qu'elle a été la condition de sa capitulation, à la suite d'une campagne de chantage organisée dans la presse par Henry, Boisdeffre et — sans doute — le Père du Lac.

Pas une protestation. Pas un mot.

10° On leur dit, on leur prouve, que Boisdeffre, Gonse, Sandherr, Henry ont dissimulé les pièces qui étaient parvenues à l'Etat-major, après l'arrestation de Dreyfus, et qui prouvaient que la trahison continuait.

Pas une protestation. Pas un mot.

11° On leur dit, on leur prouve, que les fausses lettres de l'empereur d'Allemagne et le bordereau annoté ont été fabriqués en 1894, au grand atelier de Henry.

Pas une protestation. Pas un mot.

12° On leur dit, on leur prouve, que l'existence de ces faux a été affirmée par Boisdeffre à la princesse Mathilde et au colonel Stoffel, par le colonel Stoffel à Robert Mitchell, par Robert Mitchell à Ranc.

Pas une protestation. Pas un mot.

13° On leur dit, on leur prouve, que l'empereur Guillaume est au courant de toute cette histoire et a déclaré que Boisdeffre est le seul Français à qui il ait adressé une lettre autographe.

Pas une protestation. Pas un mot.

14° On leur dit, on leur prouve, que le commentaire de Du Paty sur les pièces secrètes ayant paru insuffisant à Mercier et à Boisdeffre, ce n'est pas ce commentaire qui a été communiqué aux juges ni aux membres du conseil, mais une notice biographique de Dreyfus fabriquée par Henry, approuvée par Boisdeffre et Mercier, laquelle n'est qu'un tissu de calomnies et de faux.

Pas une protestation. Pas un mot.

15° On leur dit, on leur prouve, qu'une traduction falsifiée de la dépêche de Panizzardi a été communiquée aux juges.

Pas une protestation. Pas un mot.

16° On leur dit, on leur prouve, que, sur tous ces points encore, Mercier, Boisdeffre et Gonse ont commis des faux témoignages, — aujourd'hui amnistiés.

Pas une protestation. Pas un mot.

17° On leur dit, on leur prouve que Saussier, opposé aux poursuites, a été réduit à un honteux silence par une autre campagne de chantage, et que le généralissime a mieux aimé laisser condamner un innocent que de voir divulguer ses relations avec le juif Weil, ami d'Esterhazy.

Pas une protestation. Pas un mot.

18° On leur dit, on leur prouve, que Mercier et Boisdeffre, conscients de leur forfaiture, ont voulu faire disparaître les traces de leur crime, mais que Sandherr et Henry, pour se couvrir, ont désobéi à l'ordre qui avait été donné de disloquer et détruire les pièces du dossier secret.

Pas une protestation. Pas un mot.

19° On leur dit, on leur prouve, que, si Dreyfus a été envoyé à l'Ile du Diable, c'est sur son refus d'avouer à Du Paty, envoyé de Mercier, un crime qu'il n'avait pas commis, et, selon toute vraisemblance, sur le conseil du Père du Lac qui connaissait « le climat délétère et meurtrier de l'île ».

Pas une protestation. Pas un mot.

20° On leur dit, on leur prouve, que la légende des aveux de Dreyfus a été inventée par Henry.

Pas une protestation. Pas un mot.

21° On leur dit, on leur prouve, que Mercier, Boisdeffre et Gonse ont dénaturé, dans leurs dépositions successives, le récit, primitivement véridique, de

M. Lebrun-Renault, et ont, de ce chef encore, commis des faux témoignages.

Pas une protestation. Pas un mot.

22° On leur dit, on leur prouve que la lettre de Gonse à Boisdeffre sur Lebrun-Renault a été écrite en 1897 et, frauduleusement datée par Gonse du 7 janvier 1895.

Pas une protestation. Pas un mot.

Quoi qu'on dise, quoi qu'on prouve, l'Etat-major de la raison sociale Boisdeffre et du Lac se réfugie dans le silence. Les coupables implorent l'oubli de leurs crimes. L'histoire, moins indulgente que MM. Waldeck-Rousseau et Millerand, ne peut pas oublier. Pour le grand pilori qui se prépare, M. Joseph Reinach a construit une plate-forme qui ne sera pas renversée.

7 *Avril* 1901.

LA CONFESSION DE LABORI

C'est un lieu commun que l'Affaire Dreyfus a « déclassé les partis ». Si cette formule ne peut être prise au pied de la lettre, comme cela va de soi, il n'en est pas moins vrai que des hommes, venus de tous les groupements politiques, se sont rencontrés pour reconnaître que les partis, trahissant parfois les grandes idées, les nobles sentiments, les passions généreuses dont ils se vantent d'être l'organe, le devoir était de se débarrasser, en ce cas, des attaches de discipline volontaire, devenues des entraves, pour marcher librement à l'étoile.

L'HOMME SEUL ET LES PARTIS

Zola avait donné le magnifique exemple. Mais Zola ne se trouvait engagé dans aucun parti. Il n'en était pas ainsi de ceux qu'il appelait à la grande bataille pour la justice et pour la vérité. Condé jetait son bâton dans la place ennemie et commandait qu'on le lui rapportât. Par un des plus beaux mouvements dont s'honorera à jamais l'histoire humaine, Zola s'élança seul au plus fort du combat, sans s'inquiéter de savoir qui pourrait le suivre.

De tels actes d'héroïsmes emportent des conséquences. La première fut la stupeur des adversaires, des indifférents, aussi bien que de tous ceux qui n'étaient pas préparés au bouleversement de toutes les notions reçues. Les partis surtout, quels qu'ils fussent, ne pouvaient considérer sans mauvaise humeur, sans dispositions hostiles, cet intrus qui se permettait, sans avoir passé par leur filière, de tenter une œuvre devant laquelle tous, jusqu'aux plus révolutionnaires, sentaient fléchir leur faible courage.

A la suite de l'Eglise catholique, brûleuse d'hérétiques, les conservateurs de toute dénomination, depuis ceux qui se classent officiellement dans les partis réactionnaires jusqu'à ceux, plus habiles, qui se sont insinués sous des masques divers au cœur du parti républicain, ne pouvaient hésiter — quand toute leur espérance est dans le triomphe de la force sur l'idée — à excuser, à couvrir les méfaits de l'Etat-major, de quelques crimes qu'on le trouvât coupable.

La race haïssable des « gouvernementaux » qui, faute de pensée, aussi bien que de courage, s'imaginent bêtement qu'on est « homme d'Etat » — classé dans l'aréopage des gouvernants européens — dès qu'on déserte l'idée pour l'empirisme aveugle des charlatans d'autorité, ne pouvait manquer de se sentir particulièrement offensés par cet audacieux qui, sans mandat, sans caractère officiel, sans avoir derrière lui aucun de ces groupes fastueux dont se réjouit l'orgueil parlementaire, osait défier, et prétendait terrasser tout ce formidable appareil d'institutions et de lois théoriquement réglé pour faire l'ordre par la justice désintéressée, mais produisant, par de curieuses déviations de mécanisme, le désordre d'iniquité.

Restaient les radicaux et les socialistes. Depuis longtemps déjà on avait vu les radicaux se *gouvernementaliser* avec une facilité singulière. Les portefeuilles ont des appâts auxquels la faiblesse humaine est coutumière de se rendre. Quelques chefs du radicalisme, M. Bourgeois, M. Brisson, firent des efforts dont il faut leur tenir compte, pour entraîner leur parti. Mais quelle timidité ! Et quelle incohérence ! Jamais je n'oublierai que ceux qui se vantent aujourd'hui d'avoir fait la revision, commencèrent par jeter en prison le colonel Picquart, parce qu'il osait démasquer les faussaires.

Les socialistes, champions de la justice sociale universelle, offraient, semblait-il, plus de garanties à la justice vulgaire si outrageusement lésée, au droit humain succombant sous la tyrannie de secte et de classe. Mais, là encore, la force de parti s'est trouvée supérieure à la puissance de l'idée. Tant il est plus facile de prêcher sincèrement des choses sublimes que d'accomplir le plus simple des actes de droiture lorsque l'intérêt de chapelle sollicite l'esprit en sens contraire.

Ce sera l'éternel honneur de Jaurès d'avoir, par l'exemple de sa belle vaillance, entraîné une importante fraction de son parti — plutôt à contre-cœur — aux âpres combats pour la revendication de l'idée fondamentale du socialisme lui-même. Pourquoi faut-il qu'au moment où nous tenions la victoire, Jaurès — en parfait désintéressement d'esprit, je tiens à le reconnaître — ait cédé aux sollicitations intéressées d'un ministérialisme empirique, et favorisé l'amnistie de Mercier et de toute la bande des faussaires ?

« L'OPINION PUBLIQUE » ET LES PARTIS

Et si l'on cherche sur quoi se fondait l'intérêt des partis à agir au rebours des idées mêmes qu'ils inscrivaient magnifiquement sur leur drapeau, on n'a pas de peine à découvrir que le monstre qui terrorisait tous ces braves, à l'heure même où ils n'hésitaient pas, dans les conversations privées, à le proclamer un agent d'ignorance et d'erreur, n'était autre que l'opinion publique elle-même, l'opinion souveraine du Peuple-Roi.

Le suffrage universel, nous disait-on, ne savait pas, ne pouvait pas comprendre avant un fort long temps. Il fallait bien que les partis institués pour l'éclairer, pour le conduire, se résignassent à le laisser provisoirement dans les ténèbres et à l'y suivre docilement, à leur tour. Telles sont les confidences que j'ai reçues chaque jour pendant deux années. Alors j'ai bien été forcé de comprendre que les oligarchies politiques nouvelles n'étaient pas d'une mentalité très supérieure à celles de l'ancien régime, violemment détruites par le populaire, dans un formidable accès de révolution.

Quel autre fondement des autocraties que la faiblesse des masses inconscientes ? Quel autre reproche faire aux grandes oligarchies que d'abuser de leur force au lieu de s'en servir pour fortifier les faibles et les élever, par le développement progressif des hautes facultés humaines ? Les petites oligarchies politiques dénommées partis sont assurément moins redoutables — même dans l'incohérence démocratique de ce temps — parce qu'elles sont ouvertes, variables dans leurs erreurs, changeantes dans leurs fautes, et qu'il se fait parfois une balance de bien moyen par des tiraillements en sens contraire.

Mais il n'en est pas moins nécessaire à qui veut éviter les illusions, avec le cortège des déceptions correspondantes, de reconnaître que tous les groupements d'idées finissent par se constituer — comme le plus grand de tous : l'Eglise chrétienne elle-même — en groupements d'intérêts. Malheur à qui demeure plus fidèle à l'idée qu'au groupe qui s'en proclame le support. Un prophète comme Jésus, mort pour les déshérités de ce monde, verrait, s'il pouvait revivre, ses disciples devenus princes de la ploutocratie qu'il dénonça si violemment et de l'oligarchie cléricale qui le fit mourir.

ÉVOLUTION MENTALE

Ces réflexions, qui vaudraient d'être développées, sont un des enseignements de l'Affaire Dreyfus, mais elles ne se présentèrent pas de prime saut aux esprits les mieux disposés à les accueillir. Trop d'attaches nous restaient encore avec les organisations où nous avions mis nos espérances.

Pour moi, je l'ai dit souvent, je fus un de ceux chez qui la vérité ne se fit pas jour sans de grands combats intérieurs. J'avais admis la culpabilité de Dreyfus dès l'abord, et j'avais estimé son crime impardonnable. Les premières confidences de Scheurer-Kestner tendaient à établir qu'on s'était trompé, qu'on l'avait mal jugé, pour des raisons qui restaient à connaître. Mais j'éprouvais la plus grande difficulté à croire qu'on l'eût condamné sur rien. Je supposais qu'il avait commis quelque grave imprudence, quelque faute impossible à absoudre, qui nous serait un jour révélée et fournirait — contre le prisonnier de l'île du Diable — l'explication du mystère.

C'est pourquoi je blâmais Zola, dans mon for intérieur, d'avoir si hautement proclamé l'innocence, et prêté ainsi le flanc au fameux « coup de massue » que l'ignoble Billot nous faisait prédire. De là vint la plaidoirie très modérée que beaucoup m'ont reprochée. Je puis bien le dire aujourd'hui puisque Labori l'indique assez clairement dans l'article dont je vais parler : c'est le procès Zola et les conversations qui s'en suivirent avec le colonel Picquart qui établirent définitivement dans mon esprit la conviction de l'innocence de Dreyfus. Jusque-là j'avais simplement pensé qu'il avait été jugé en dehors des garanties légales auxquelles il avait droit et qu'une revision s'imposait.

LABORI

Labori se trouvait dans une situation bien différente. Il était entré dans l'affaire, non pas, comme Zola, en moraliste qui jette le gant à l'ordre établi pour une haute revendication de justice humaine, non pas, comme Picquart, en témoin impassible, résolu à servir la vérité aux dépens de sa liberté, contre une tourbe capable de tous les guet-apens. Labori était avocat. On lui avait offert une grande cause, pleine de périls, où il fallait risquer sa réputation, tous les avantages d'une situation acquise par un obstiné labeur, la paix des siens, sa vie même. La balle qui est incrustée dans sa chair témoigne qu'il a joué jusqu'au bout la partie. Quelques entretiens avec Zola le gagnèrent à la grande cause. L'intuition de l'un suggestionna l'intuition de l'autre. Il vit, il voulut, il fit. Je n'ai pas à dire sa vaillance.

L'affaire terminée — boîteusement, par la défection des chefs, dont quelques-uns avaient fait mon admiration au plus fort de la bataille — mais ramenée des hauteurs de la généralisation sociale à une simple question d'intérêt individuel, le moment devait venir où Labori éprouverait le besoin de faire un retour sur lui-même.

Républicain à tendances modérées, il avait vécu, jusque-là, en marge de la politique, bien qu'il eût été candidat aux élections législatives et qu'il eût été tout prêt de réussir. Etait-il possible après la prodigieuse épopée, qui demeurera l'aventure de sa vie, qu'un tel homme n'en vint pas à faire son examen de conscience, à passer la revue de son esprit, afin de constater pour lui-même — et d'en inférer pour les autres — les effets de la foudroyante leçon qui s'était abattue sur lui en coup de tonnerre ?

Rien de plus instructif, étant donnée l'éclatante bonne foi de Labori, que le bel effort mental dont il donne à chacun l'exemple par son article de la *Grande Revue*, intitulé : *Le mal politique et les partis*. Tous ceux des Français que l'esprit de secte ou la fureur des ambitions déçues n'ont pas jetés hors la raison se doivent à eux-mêmes — les passions se trouvant désormais apaisées — de rechercher avec sincérité quels enseignements résultent de l'effroyable crise qui nous conduisit, il y a deux ans, tout au bord de la guerre civile. Pour cet impartial examen, Labori, si remarquablement éloigné de l'esprit politicien, nous offre, en raison de sa situation personnelle, un guide dont l'évolution mentale nous devrait être à tous d'un intérêt particulier.

J'ai hâte de lui donner la parole :

Je n'intervenais que comme avocat. Mon passé politique se bornait à ceci, que j'avais été dans la Marne, en 1893, en qualité de républicain modéré, candidat aux élections législatives contre M. Mirman. Dans le courant de 1897, j'avais été reçu par M. Méline, alors président du Conseil. Celui-ci sur la demande du comité républicain modéré de Châlons-sur-Marne et d'accord d'ailleurs avec M. Waldeck-Rousseau, avait bien voulu m'exprimer le désir de me voir me présenter, en 1898, contre M. Léon Bourgeois. Je ne pouvais, après la visite de Mme Dreyfus, avoir aucune illusion sur les conséquences que devait avoir pour moi, au point de vue politique, la décision que j'allais prendre. Dès la fin de 1897, en effet, M. Méline avait nettement et publiquement marqué la direction qu'il entendait donner à sa politique relativement à l'affaire Dreyfus. Déjà il s'était asservi à cette fausse Raison d'Etat qui, à travers tant d'incroyables fautes, devait conduire son parti à la désorganisation et le faire tomber lui-même dans le plus complet discrédit. Dans ce conflit entre le devoir et l'intérêt politique, il ne m'était pas permis d'hésiter. Au surplus, et comme par un coup de foudre, *je venais d'apercevoir l'abîme qui me séparait des hommes que j'avais suivis jusque-là, parce que, les jugeant sur leurs paroles, je les avais crus, à une heure où je n'avais pas reçu la leçon de l'expérience, les amis sincères du Droit et de la Liberté.*

En 1893, je m'étais présenté à Reims sans investiture pour y défendre spontanément un programme républicain franchement libéral et démocratique, et je n'ai pas aujourd'hui un mot à retirer de ce que j'ai dit alors quotidiennement pendant une « campagne » de plus de deux mois. Soutenu par les républicains les plus éprouvés de l'arrondissement, j'avais également l'appui du parti catholique. Dans mes entretiens avec certains chefs de ce parti, je n'avais caché ni mes opinions ni mes sentiments. N'ayant pas eu à prendre d'engagement qui ne fût public, j'avais simplement promis la liberté de conscience à des hommes qui, pour moi, ne demandaient pas autre chose. J'étais apparemment bien naïf. D'un coup, au commencement de l'Affaire Dreyfus, mes yeux se dessillèrent. Au moment où une question, je ne dirai pas même de justice, mais d'humanité, a soulevé la conscience du monde, quelles voix se sont élevées dans les chaires pour faire entendre la doctrine de charité et d'amour qui, selon l'Evangile, « doit être prêchée jusque sur les toits ? » Serait-il vrai que le christianisme et le catholicisme n'ont rien de commun ? L'Eglise est-elle si loin de la religion ? et la liberté que les catholiques demandent, n'est-elle donc que la liberté de l'oppression à leur profit ?

J'ai tenu à donner tout ce morceau, parce qu'il pose l'homme, sans artifice possible, en pleine lumière. C'est le point de départ. Il faut voir maintenant la route et l'arrivée.

L'AFFAIRE DREYFUS

De l'affaire Dreyfus, quelques mots seulement.

Les journées de Rennes et l'acceptation de la grâce ont été terriblement décisives. En acceptant sa grâce, Alfred Dreyfus n'a, ni de près, ni de loin, reconnu sa culpabilité. Il a, pour des raisons que je n'ai point à juger, préféré sa liberté immédiate à la continuation héroïque, ininterrompue, de l'effort pour sa réhabilitation judiciaire. Bien qu'il dût son salut uniquement à un ensemble d'hommes soulevés dans l'intérêt de la justice commune et préoccupés avant tout de poursuivre une œuvre de progrès social ou plutôt de défense humaine, c'était son droit d'homme privé. Un particulier peut se mettre au-dessus de la justice des hommes — et qui nierait qu'Alfred Dreyfus fût bien placé pour la trouver méprisable ? — Il peut, satisfait du jugement de sa conscience, et quel que soit l'intérêt de tous, préférer sa liberté à l'honneur légal. Mais il se conduit par là comme un être indépendant et isolé, non comme un homme épris d'humanité et conscient de la beauté du devoir social ; il agit comme un pur individu, non comme un membre de la collectivité humaine qui se juge solidaire de tous ses semblables. Du même coup, et quelle que soit la grandeur du rôle qu'il a pu tenir, il ne représente plus rien.

Et c'est pourquoi, au point de vue général, l'Affaire est close.

Elle peut se rouvrir désormais comme une affaire particulière, et nul ne peut empêcher Alfred Dreyfus de poursuivre par les voies légales la revision de son procès... Elle se fera sans violence et sans bruit quand il le voudra. Mais même la réhabilitation légale n'aura plus désormais la signification d'un grand événement universel. Alfred Dreyfus a cessé d'être un symbole, l'Affaire Dreyfus d'être un programme.

Le drapeau abaissé, les troupes se sont dispersées. Chacun, isolé de nouveau, s'est trouvé une fois de plus face à face avec sa conscience et il lui a fallu chercher, pour le suivre, où brille maintenant l'Idéal.

LE GOUVERNEMENT DE LA DÉFENSE RÉPUBLICAINE

Où brille maintenant l'idéal? Voilà la question posée. Pour la résoudre, Labori, dans sa longue et consciencieuse étude, aborde tour à tour les grands problèmes de notre temps, et tente, après tant d'autres, de les lier en une forte synthèse, d'où découle la méthode politique des individus et des partis.

Il me serait impossible de le suivre dans ces généralisations compréhensives, dont le résumé n'est rien moins qu'un programme historique et philosophique d'action républicaine. J'y renvoie le lecteur, tant pour l'esquisse, à grands traits, de la situation créée par le gouvernement de défense républicaine, que pour les nobles suggestions d'avenir capables d'entraîner les hommes à se dépenser en efforts, récompensés ou non, contre toutes les entraves qui retardent la libération de la conscience humaine.

On ne s'étonnera pas que Labori, malgré son ordinaire modération de pensée, se voie conduit à juger avec sévérité le fameux « gouvernement de défense républicaine ».

En prenant le pouvoir, M. Waldeck-Rousseau voyait devant lui une situation plus belle qu'aucune de celles qui s'étaient antérieurement offertes aux cabinets qui l'avaient précédé. Celle-ci n'avait rien de comparable, ni quant aux difficultés à résoudre, ni quant aux efforts à oser, avec la situation que le cabinet Brisson avait rencontrée lorsqu'il avait eu à décider la revision. Parlement, Magistrature, Presse, Opinion publique, tous les pouvoirs, en 1898, semblaient opposés à cette mesure. Le ministère, par surcroît, était alors notoirement divisé contre lui-même. Sans doute, le faux Henry venait de semer la stupeur, mais les adversaires s'étaient bientôt repris et leur audace redoublait.

Le cabinet Waldeck-Rousseau, au contraire, trouve la route déblayée des obstacles qui avaient paru infranchissables. Quand il arrive aux affaires, la lumière est devenue éclatante par la publication de l'Enquête et par les débats publics de la Cour de Cassation. Celle-ci vient de rendre un arrêt qu'on dit unanime. Le principal soutien des adversaires, M. Félix Faure, a disparu. Le Parlement s'est retourné. Les choses ont tant changé que la politique des « Dreyfusards » arrive aux affaires. Ce sont, — qui l'eût cru quelques mois plus tôt ? — les propres acteurs du drame, où il ne manque d'ailleurs que l'épilogue et l'apothéose, qui désignent pour le pouvoir des hommes investis de leur confiance. Enfin, relativement à l'affaire Dreyfus, le ministère est homogène. A la vérité, M. le général de Galliffet prend le portefeuille de la guerre ; mais c'est M. Waldeck-Rousseau qui l'a choisi et, derrière le président du Conseil, se groupent, à côté de vieux républicains, quelques hommes nouveaux, jeunes, pleins de talent et sans doute aussi de courage (1).

Et cependant le gouvernement s'est montré incapable d'imprimer au procès de Rennes la direction que l'arrêt de la Cour suprême imposait. Il n'a su ni donner au commissaire du gouvernement, comme cela était son droit et son devoir, les ordres nécessaires pour conduire à l'acquittement, *ni laisser à la défense une liberté qui eût mené à la même solution.*

Qu'on ne dise pas que la défense était impuissante à assurer l'acquittement. On a vu pendant deux ans ce que pouvaient, dans l'ordre pratique, le courage et la franchise

(1) L'expérience a démontré qu'il s'en fallait de beaucoup que le courage fût à la hauteur du talent.

G. C.

tout nus au service du droit. Ce n'est ici, au cours d'une étude générale qui sort de l'Affaire mais qui n'y rentre pas, ni le lieu ni le moment de montrer comment ce qui fut possible sous M. Méline, sous M. Brisson, ou sous M. Charles Dupuy, était facile sous M. Waldeck-Rousseau, *ni comment la défense libre eût procuré la victoire.* Il faudrait pour cela des explications peut-être un peu longues et des pièces. Il convient provisoirement de les réserver pour l'Occasion ou pour l'Histoire.

Il faut noter ici l'accusation formelle dirigée à deux reprises par Labori contre M. Waldeck-Rousseau de n'avoir pas laissé la liberté à la défense. Il n'y a pas à s'y tromper, car le texte est précis. Nous devons voir là, sans doute, l'annonce d'intéressantes révélations qui viendront à leur jour.

Si le gouvernement avait employé à défendre les principes le dixième seulement de l'habileté et de la force dépensées en efforts mal placés ou en compromissions, qui peut douter qu'il eût abouti à un succès franc et complet? Au contraire, il est tombé de faute en faute. Il a paralysé tous les courages et, désertant le vrai terrain de combat, il a, en confondant, pour les amnistier en ensemble, les grands criminels avec les innocents et les héros, tandis qu'il se montrait rigoureux pour quelques comparses, *donné pour base à sa politique la loi la plus scandaleuse dont le parti républicain, qui l'a subie, ait encore eu à porter la responsabilité.* A une politique de principes et d'intérêts bien entendus, il a substitué une politique de personnes et d'intérêts mesquins. Condamnant théoriquement l'œuvre, il a cru réparer le mal en essayant de récompenser les ouvriers — le plus souvent ceux de la dernière heure, les tièdes, les hypocrites, les fourbes, pêle-mêle d'ailleurs avec les coupables avérés. *Au lieutenant-colonel Picquart lui-même il offrait, se trompant d'adresse, la rançon de la capitulation, que celui-ci, pour l'honneur de son nom, a repoussée d'un geste fier et accusateur.*

Tout cela ne veut pas dire que ceux qui ont soutenu le cabinet Waldeck-Rousseau ont eu tort, ni même qu'ils ont pu faire autrement.

D'abord, le plus grand nombre des républicains sincères, ne possédant pas toutes les indications susceptibles de les avertir, ne pouvaient que suivre en confiance et même aveuglément un homme qui, étant donnée l'heure à laquelle il avait accepté la direction des affaires, ne semblait la prendre que pour mettre en œuvre la politique de Vérité dont il n'était au pouvoir que le représentant. Pour les esprits informés ou clairvoyants, la désillusion fut prompte, mais la masse ne pouvait être instantanément désabusée. D'autre part, les difficultés de la situation — créées sans doute en grande partie par le manque de décision et de franchise du gouvernement lui-même, mais pourtant indéniables — empêchaient les hommes politiques autorisés de rien entreprendre qui pût conduire à une crise ministérielle. Non pas que la chute du cabinet Waldeck-Rousseau soit susceptible d'amener je ne sais quel triomphe de la réaction, que, provisoirement et tant que les élections n'auront pas rendu à la majorité toute son instabilité, on ne peut même pas redouter. A l'heure actuelle, si M. Waldeck-Rousseau était renversé, son successeur serait apparemment un politique de la même école ; il s'appuierait, ou à peu près, sur les mêmes moyens de gouvernement ; et, sous un nouveau ministère, nous ne verrions guère rien de changé que pour l'avancement de quelques « créatures ». Seulement une crise, dès qu'elle est inutile, n'a que des inconvénients.

... Mais il est urgent aussi que les partis prennent pour la lutte prochaine des positions très nettes et il ne faut pas que le pays puisse croire que la politique de M. Waldeck-Rousseau représente la véritable politique républicaine, ni que tous les républicains l'approuvent et encore moins qu'ils se solidarisent avec elle.

LA CONSTITUTION D'UN NOUVEAU PARTI

Mais Labori n'est pas homme à se confiner dans la critique de l'état de choses actuel. D'évidence, son principe directeur, au cours de son étude, c'est de ne s'occuper du passé que dans la mesure où il le juge utile pour y découvrir le levier dont il cherche l'usage pour débarrasser le sol des mines du monde ancien et faire place au monde nouveau.

Sur l'engin lui-même, ou plutôt sur l'éventualité de

sa fabrication prochaine, je pourrais différer d'avec l'écrivain de la *Grande Revue*. Non que les principes, assurément, nous séparent, car l'accord est complet entre nous sur l'urgente nécessité de mettre en valeur, dans notre monde d'empirisme, les idées.

Avec un instinct très sûr des nécessités de l'heure présente, Labori donne pour base à sa reconstruction des organismes de progrès une étude très poussée de l'esprit socialiste et de ses données. Cela, dans le dessein d'ouvrir la voie à « l'évolution libérale » qui lui paraît nécessaire pour rendre acceptables, à tous, des changements dans l'ordre social qui, à échéance plus ou moins prochaine, lui semblent inévitables. Que sa démonstration puisse emporter toutes les convictions il serait le dernier à le croire. Il apporte son effort, et cet effort est de ceux qui appellent la méditation de tous les hommes de bonne foi.

La question religieuse fait également l'objet d'un rapide examen, et je n'ai pas besoin de dire qu'elle est résolue par Labori dans le sens de la liberté. Il ne pouvait en être autrement dès que la politique, remontant aux principes, se proposait pour but « *l'élargissement du socialisme en un grand parti capable d'offrir un abri à tous les républicains vraiment préoccupés du développement de la démocratie, à tous les hommes de progrès et de liberté* ».

La constitution de ce parti hante évidemment la pensée de Labori. Il l'appelle de tous ses vœux. Il s'est donné pour œuvre d'en rechercher les conditions, et l'on sent au frémissement du verbe que l'éloquent politique ne demanderait, si l'occasion lui en était donnée, que de consacrer à la grande œuvre, toute son énergie, tout son labeur.

Il est urgent que ce parti se constitue et s'organise; urgent qu'il fixe sa doctrine en posant des principes très hauts, très généraux, très clairs, en les posant... *et en les appliquant*. Et qu'il se nomme comme on voudra, socialiste républicain, socialiste libéral, socialiste évolutionniste, socialiste individualiste, ou simplement démocratique républicain, pourvu qu'il soit en somme un grand parti de Vérité, de Liberté, de Fraternité ! Ce parti doit se recruter sur des bases très larges, en appelant à lui tous les démocrates sincères et indépendants. En même temps il doit être ouvert à toutes les idées et à toutes les recherches.

Et pour conclusion dernière :

La Vérité, et par elle la Liberté et la Fraternité, qui en sont manifestement les corollaires au point de vue social, voilà l'Idéal à la fois triple et un sur lequel doit, selon moi, s'orienter la politique du XXe siècle.

LA CRITIQUE DU NOUVEAU PARTI

Tout cela est excellent : mais ce qu'il me plaît d'en retenir surtout, c'est l'affirmation — qui ne se trouve pas là par inadvertance — que les principes posés ne mènent à rien sans l'application.

L'application, voilà, mon cher Labori, la difficulté supérieure que la constitution de votre « grand parti » ne saurait suffire à résoudre.

Si vous êtes député, quelque jour, comme je vous le souhaite, au cas où cela vous serait agréable, vous ne tarderez pas à découvrir comment tout est organisé, dans notre démocratie, pour rendre toute réforme profonde impossible, ainsi que déjà vous en avez pu juger par les résultats. Le char de l'Etat est une vieille patache branlante où les freins ont fini par remplacer les roues. Et le plus surprenant c'est que la grande puissance d'impulsion sur laquelle tous les théoriciens comptaient pour mettre la machine en mouvement s'est révélée, à l'expérieuce, comme l'instrument d'inamovibilité par excellence.

C'est du suffrage universel que je veux parler. Je ne vous propose, ami, ni de le maudire, ni de chercher ailleurs que dans la nation elle-même la source des pouvoirs publics. Je vous avertis simplement que notre organisation de « progrès » est grossièrement rudimentaire, et que, dans l'état présent, les forces légales de réformation sont annihilées par l'effroyable poids mort d'un atavisme d'inertie.

L'intérêt des *beati possidentes* et l'ignorance des masses qu'ils exploitent : voilà les deux grandes puissances déterminantes de la conservation à tout prix. La monarchie organise la résistance des privilégiés, notre démocratie attend des foules, complices de leur propre servage, l'effort méthodique d'émancipation dont elles se sont montrées jusqu'ici incapables. Où donc est le point d'appui pour soulever ce monde où les apparences changeantes cachent un fonds pesant d'immobilité ? Labori le sait. L'expérience de la grande crise le lui a appris : le point d'appui est dans la conscience humaine, la force est dans l'idée.

Or, l'idée est de l'individu, non d'une compagnie d'hommes si distingués qu'ils puissent être. Shakespeare ni Newton n'ont réuni de comités ni de groupes pour penser, pour écrire. S'associer, c'est non s'accroître, comme on le répète tous les jours, mais se diminuer, puisque c'est restreindre, pour un but qui semble désirable, une part de son activité. Je ne me propose point d'en tirer argument contre l'association qui est un des phénomènes naturels, nécessaires, de la vie humaine. J'en constate simplement la condition fatale à laquelle nul ne peut se soustraire.

Je n'ignore pas que l'idée isolée n'est rien tant que la masse humaine ne se l'est pas assimilée. Je reconnais que le rapprochement des hommes est infiniment propre à cette contagion mentale, dénommée suggestion, qui se résout, d'ailleurs, par la projection d'une force individuelle au travers d'une foule passive. Je sais que l'idée répandue groupe les hommes pour l'action, et que le progrès lui-même n'est que le *consensus* universel des hommes groupés, organisés en vue de l'application d'une idée. J'avertis seulement que les groupes, étant d'essence passive, sont des agents de diffusion, non des sources d'idées, non pas même autre chose, pour l'action, que des forces subordonnées, comme une troupe militaire qui n'est rien sans le commandement.

C'est pourquoi je demande à Labori de ne pas le suivre dans son beau voyage à la recherche d'un nouveau groupement d'hommes en vue de l'application des idées. Ce n'est pas les idées qui nous manquent. C'est nous qui manquons aux idées. Serait-il possible que nous fussions parvenus jusqu'à ce jour sans que les généreux sentiments de Labori se soient manifestés publiquement et sans que les foules, toujours éprises de beauté morale — théorique — ne fussent accourues autour du drapeau dont la seule vue, en attendant le sacrifice à venir, est pour tous un si grand réconfort ?

Le parti que veut fonder Labori a toujours existé, il existera toujours. Les noms, les apparences ne nous importent guère. Ce qu'il faut rechercher, c'est comment on empêchera les plus beaux groupements pour l'idée de dégénérer en syndicats d'intérêts, ainsi qu'il est arrivé pour ces immenses forces d'idéalisme constituées en Eglises, comme l'Eglise du Christ notamment qui, sans choquer prêtres et fidèles, viole tous les jours ouvertement les préceptes mêmes qu'elle proclame dans ses chaires. Le grand desideratum de la politique est là. Je le soumets avec confiance à Labori. Il m'excusera de l'avoir conduit seulement jusqu'au seuil du problème. J'aime à penser qu'il me fournira prochainement l'occasion d'entrer plus avant dans le sujet.

Tout ce que je puis dire aujourd'hui, pour ne pas laisser ce trop long article sans conclusion, c'est que le désintéressement des hommes croît en proportion de leur attachement aux idées, c'est que le progrès social — dont on fait, non sans raison, tant de bruit — ne peut être que la résultante des progrès individuels : d'où je conclus que l'œuvre, qui domine toutes les autres, est d'éducation individuelle d'abord.

Au lieu de réformateurs ardents à nous réformer, mais insuffisamment préoccupés de se réformer eux-mêmes, il nous faut des hommes au sens le plus complet et le plus noble du mot, des hommes de pensée, de volonté, de caractère.

Pour cela l'enseignement de l'éloquence n'est point superflu, et je n'aurai garde d'en médire. Mais la puissance de l'exemple est bien autrement suggestive. L'acte le plus modeste portera plus haut et plus loin que le plus beau discours.

Quand tous les partis magnifiquement organisés pour l'action, en vertu des idées mêmes que recommande Labori, se refusaient au devoir, Zola, tout seul, agit, et, par les concours spontanés venus de toutes parts, mit la France et l'Europe en mouvement. Labori, ce jour-là, sans mandat du peuple ni d'un groupe quelconque, sut se faire une part assez belle dans l'action. Eût-il pu le faire s'il fût entré à la Chambre, et que des préoccupations électorales lui eussent barré la route, comme à tant d'autres, qui, libres de toute attache, eussent agi en hommes de cœur ?

Je ne demande qu'à le croire. Même dans ce cas, pourtant il doit reconnaître combien plus rude est l'effort. Qu'il m'excuse donc si je me permets, pour le progrès républicain, d'avoir plus de confiance dans Labori lui-même que dans son groupe futur.

3 *novembre* 1901.

TABLE DES MATIÈRES

L'AMNISTIE

APRÈS L'AMNISTIE

LA CONFESSION DE LABORI

N. 8300. — IMPRIMERIE DE CHOISY-LE-ROI

www.ingramcontent.com/pod-product-compliance
Ingram Content Group UK Ltd.
Pitfield, Milton Keynes, MK11 3LW, UK
UKHW020128220726
13923UKWH00001B/50